知のスイッチ

「障害」からはじまる
リベラルアーツ

嶺重 慎、広瀬浩二郎、村田 淳《編》
京都大学学生総合支援センター《協力》

岩波書店

はじめに

きよ子は手も足もよじれてきて、手足が縄のようによじれて、わが身を縛っておりましたが、見るのも辛うして。

それがあなた、死にました年でしたが、桜の花の散ります頃に。私がちょっと留守をしとりましたら、縁側に転げ出て、縁から落ちて、地面に這うとりましたですよ。たまがって駆け寄りましたら、かなわん指で、桜の花びらば拾おうとしよりましたです。曲った指で地面ににじりつけて、肘から血ぃ出して、「おかしゃん、はなば」ちゅうて、花びらば指すとですもんね。花もあなた、かわいそうに、地面ににじりつけられて。

何の恨みも言わじゃった嫁入り前の娘が、たった一枚の桜の花びらば拾うのが、望みでした。それであなたにお願いですが、文《ふみ》ば、チッソの方々に、書いて下さいませんか。いや、世間の方々に。桜の時期に、花びらば一枚、きよ子のかわりに、拾うてやって下さいませんでしょうか。花の供養に。

（石牟礼道子「花の文を——寄る辺なき魂の祈り」『中央公論』二〇一三年一月号）

ひとはいったい何のために学ぶのでしょうか。お金もうけするため？　人に自慢するため？

いえいえ、学びはひとが生きることと直結しているはずです。ひとは一人では生きていけないのですから、学びとは自分と異なる人を、過去の人も今生きている人も、その人が考えている(考えた)ことも感じている(感じた)ことも、すべてそっくりそのままを受け入れることではないでしょうか。そして「人を受け入れる」とは、単にその人の受け売りではなく、自分の頭でしっかりと考え直す習慣を身につけて初めてできることなのでしょう。私たちが人や社会との関わりの中でそれを学ぶとき、「知のスイッチ」が入るのです。

私たちはふだん「考えること」「感じること」を避けて、日常生活を惰性的にかつ忙しく過ごしています、なんて書くとあなたは驚くかもしれません。いや反発するかもしれません。でもよく考えてください。人の受け売りでない、実感を持って語ることができる言葉ってどれくらいあるでしょうか。自分の手で確かめた、体で感じた事実はどれくらいあるでしょうか。

社会の規制や周囲の人々の思惑、自分自身の先入観などにとらわれず、自由にものを考えるということは、「リベラルアーツ」の原点です。そしてもう一つ大事なこと、それは多様な学問体系を、つながりをもって分野横断的に捉えるということです。そのつながりを媒介するのが本書では「障害」になります。

私の専門は天文学です。その天文学者が、バリアフリー学習教材を製作したり、「障害」がテーマの本書の執筆をしたりしていると「なぜですか」とよく聞かれます。そう簡単に答えられる問いではないのですが、活動の原点をあえて書くと「ひとつとして無駄なものなどありはしない」(遠藤周作)という言葉に集約されます。

私の研究対象はブラックホールです。ブラックホールはかつて、周りのものを吸い込むだけで何もプラスのものを生み出さない悪ものと思われていました。ところが現代天文学は、ブラックホールこそは宇宙最強のエネルギー源であり種々の現象を生み出していることを突き止めました。悪ものと思っていたのは私たちの勝手な思い込みだったのです。とかく私たちはものごとをシンプルに整理して理解しようとします。無駄と思えるものをどんどん切り捨てます。人に対しても同様です。しかしそれは人生の大事な部分をそぎ落としているのではないか。そのことを本書で問い直したいと思います。非障害者が見過ごし、障害当事者がみいだしているものに学びたいと切に願います。

「文《ふみ》ば書いて下さいませんか」との水俣病患者の遺族の願いに応えて石牟礼道子さんは『苦海浄土』を書きました。「おかしゃん、はなば……」花の代わりに本書をきよ子さんに捧げたいと思います。

嶺　重　　慎

目次

カバー絵　大庫真理
表紙絵　ほのか
カバー触図協力　日本点字図書館

序章

学問は普遍的だろうか[1]

「学の世界」と「生の世界」をつなぐ

嶺重 慎

はじめに

私は体の弱い十六歳の女の子です。学校でクラブに入っていますが、先輩たちが聞こえよがしに「体の弱いやつは、いるだけで迷惑だ」といいます。でも私は思うんです。人間、価値があるから生きているんじゃなくて、生きているから価値があるんだと。〔一〕

この文章を読んで、あなたはどう思いましたか？ 少し考えてみてください。

ここでは「人間の生きる価値」について述べられています。その答えは立ち位置によって大きく変わることはすぐ分かると思います。グループリーダーの立場に立てば、足をひっぱる人がいたら「迷惑だ」と思ってしまうのも当然かもしれません。いっぽう弱い人の立場に立てば、「生きているから価値がある」というメッセージに共感を覚えるでしょう。どちらの立場ももっともですが、本書では後者の立場に立って考えていきます。

この少女の言葉は、「成果」や「効率」ということばに追い立てられ、私たち一人ひとりにとって切実なはずの「生きる」という課題が後回しにされている社会への鋭い問いかけとも言えるでしょう。「競争社会」「生産性」……といった、人をあおりたてるような言葉が以前にも増して満ちているような気がします。「がんばろう」「努力！」「前進！」……威勢のよい言葉が飛び交っています。それらの言葉に励まされ自分の人生を切り拓く人ももちろんいます。そのいっぽうで「ついて行けない」「休みたい」……と疲れはてている人がいるのも事実です。

あなたは、二〇一六年七月に相模原の障害者施設（津久井やまゆり園）で起きた障害者殺傷事件のことを覚えているでしょうか？「意味のあるものだけに取り囲まれていると、いつの間にか、意味のないものの存在が許せなくなってくる。（中略）障害があって動けない人たちの生存に、どういう意味があるのか、そう犯人は問うた。（中略）自分がわからないことを、「意味がない」と勝手に決めてしまう。その結論に問題がある。」と養老孟司氏は述べています［一］。私たちはとかく、自分本意の思いで周りのものを意味づけしたり、価値をつけたりしてしまいます。でもそれでは、真の意味で「考えている」とは言えないのではないでしょうか。

1　学問の危機？

私たちは自分と社会との間に微妙な距離を保って生きています。孤立したくない、排除されたくない。でも周りに同化したくはない、自分のアイデンティティは保ちたい。そういう思いはあなたも共感できるでしょう。若者に人気のソングライター、音楽グループ「いきものがかり」リーダー、水野良樹さんがうまく表現しています（朝日新聞二〇一八年一月一日朝刊）。

いま、同じ夢であるとか、ある種の共同体意識を、持ちにくい時代になっています。「みんな一緒だよね」と言い合えていた時代はとうの昔に終わり、いまは「いや、それぞれだよね」という前提が以前より広く認識されています。

本書で問いたいのは、「みんなそれぞれだよね」という時代にあって大学で何を学ぶのかということです。伝統的に大学の学問は「普遍性」「反証可能性」を大事にしてきました。普遍性がなければ学問体系の根幹がゆらぎ、反証できなければ学問とは認められないからです。いつどこで誰が答えようとも答えは同じ、これが普遍性です。普遍性の裏には「原理原則主義」があります。人により場所により時により答えが違うと学問の基準がなくなります。それでは学問になりません。「普遍性」「原理原則」といったしっかりとした土台があること、これが学問が成り立つ最低条件です。

しかしそれは学問という狭い世界(「学の世界」と呼びましょう)に閉じた話であって、日常生活(「生の世界」と呼びましょう)に即していないことを意味するのではないでしょうか? 「学の世界」が「生の世界」から乖離してはいないでしょうか?

このような問いかけは、最近出てきたものではありません。すでに前世紀から幾度となく投げかけられてきています。たとえば、哲学者フッサールは、晩年に著した著書[三]においてこう断言します。

学問の「危機」は、学問が生に対する意義を喪失したところにある。

「あれっ？」と思った人がいるかもしれません。「科学は急速に発展しているではないか、どこに危機があるのか」「学問は日常の疑問から生み出されたのではなかったか……」と。

でも私たちは知っています。専門化があまりにも進んだ現在、第一線の研究の意義が一般市民にみえづらくなっていることを。いや研究者にとってさえも、他分野の学問は遠いのです。その結果、生についての大事な問いが抜け落ちてはいないでしょうか？　学問世界においても、冒頭の少女の問いかけに通じるものがありそうです。

本書の究極の目標は、「障害」を切り口に新しい学問を創出することにあります。なぜあえて「障害」を切り口に？　いくぶん唐突な発想だと感じられるかもしれません。その意味を本書の各章でじっくり練り上げていきます。

「障害を切り口に」というと、「あぁ多様性ですね」と思う人は多いでしょう。「世の中にはいろいろな人がいます。人種も民族も性別も異なる多様な人がこの地球に住んでいます。そうした多様な人たちを排除しない社会の実現は人類に託された課題です。」この主張自体間違ってはいないでしょう。しかし、よく聞く「多様性」という言葉の裏には、マジョリティがうちたてた「自然観」「社会観」「人間観」があり(それらを元に学問が構築されてきました)、それを中心として(すなわち自らの立ち位置やものの見方は変えずに)少し視野を広げるだけで多様性を理解した風を装うものが少なくないように思えます。でもそれは見かけの多様性に過ぎないのではないでしょうか。

そもそも多様性は「その他大勢」でも「大事な例外」でもありません。多様性に立った見方とは、個々(一人ひとり)をあるがままに受け入れることを言います。それには意識改革が必要です。自分がもっているものの見方や考え方を根本的に変革することが求められるからです。そして当事者に聴き当事者に習い当事者の立ち位置に立つのです。あるがままに受け入れられるとき多様性は活力を生み出します。多様なる個々の間に働く活き活きとした関係性が新しい動きを生み出し、それが全体に波及するからです。その意味で多様性には変革を生み出す力が内在していると言えます。逆に従来の原理や規範の枠に囚われていると変革は起きません。既存の枠を打ち破らねばならない、という必然性が感じられないからです。[2]

以上の考察に鑑みて、序章では、自然や人間社会を論じるとき、大きく二つの見方があるという話をします。端的に言うと、原理や規範に則った従来の見方と、対象をそのままあるがままにとらえる「生の世界」に基づく見方です。[3]それには「近代化」という話から始めないといけません。

2 近代科学の発展に取り残されたもの

「効率」「生産性」……といった言葉は、どこから出来したのでしょうか？ どうやらこれらの言葉は社会の近代化と関係がありそうです。近代になり工業化が進み、人々は労働者となり合理性が重んじられる近代社会が成立しました。まるで人は「生産性」なる数値で評価できる機械であるかのようです。

このような考えの根本には、近代における急速な科学・技術の発展と、それによって変革された自然観・世界観があるのかもしれません。科学は偉大なる成功を収めたがゆえに、その合理的な考え方(原因があって結果がある)や、主観と客観とに分けた二元論的なものの見方(わたしたち＝主観が、自然現象＝客観を、理解し支配する)[4]、実証主義なる手法(客観的証拠を積み重ね証明しながら先に進む)が、そのまま人間社会にもあてはまるものとして、人間社会に適用されているようにみえます。

近代科学の発展というとき、真っ先に物理学を思い浮かべる方も多いでしょう。物理現象は数式という普遍性あることばで記述され、それが物理法則という原理原則でまとめられています。すべての物理現象は物理法則から導かれると信じられているのです。そしてそれはおおむね正しいと言えます。私たちは日常生活において、物理学の発展から派生した技術の進歩に支えられているからです。

しかしその物理学研究に転回のきざしが見えて久しいと、宇宙物理学者の池内了氏は言います。

> 人々の自然観の基礎的概念を打ち立てるべき物理学の目標が、統一的原理の探究から、多様性発現の論理の追究へと移りつつあることに留意すべきだろう。(中略)差違を捨てて共通の対称美を求める方向から、初心に戻って差違をそのまま受け取り、記述し、その根源を探る方向へと転回する時代にさしかかっている。［四］

デカルトを祖とする要素還元主義は科学の進展に大いに貢献してきました。全体をいくつかの要素に分け、その要素の振舞いを法則の形にまとめ、実証によって法則を確立する、これが近代科学の根本で「実証科学」と呼ばれる所以です。仮説→検証→法則化というステップをふむことで近代科学は大いなる発展を遂げてきました。

でもそれは、シンプルな法則で表すことができない現象を排除した発展ではないでしょうか？

誤解のないように強調しておきますが、要素還元主義なり原理原則論なり実証主義なりが間違っていると主張しているのではありません。それらが現代科学の偉大な成功をもたらしたのは事実です。そうではなくて、そこから見過ごされてしまう(フッサールの言葉を借りると「隠されてしまう」)事実があるということです。異なる見方、ものごとをあるがままに捉える(フッサール式に言うと「先入観や思い込みを括弧に収める」)見方が必要だというのです。

しかし多様性が示す複雑な振舞いをそのまま、明晰かつ論理的に記述することは簡単ではありません。どうしても現象論的な記述になりがちで、そこに批判が集中します。「物質の究極的な姿は何か？」「宇宙はいかにして誕生したか？」といった普遍的・根源的目標を追求する学問の方が、高く評価されてきたのです。

3 露わにされた二項対立

ブラックホールのソフトな状態とハードな状態

ここで、どうして筆者が多様性や複雑系の問題に興味を持つに至ったのか、説明しておきましょう。筆者の専門はブラックホール天文学です。アインシュタインの相対性理論で定式化されたブラックホールは、二〇世紀前半までは数式で表された理念的な(想像上の)存在でした。それが二〇世紀後半、天文観測の急速な発展を受けてブラックホールが現実に存在するらしいことが明らかにされました。そして二一世紀に入り、ブラックホールから出たとされる重力波が観測されてその存在は確固としたものとなりました。ブラックホールは理念世界から現実世界へと現れ出てきたのです。

図１　ブラックホールの二つの状態の概念図。同じように光り続けるソフトな状態(左)と活動性に満ち、時に爆発的にエネルギーを放出するハードな状態(右)(落合隆郎図)。

ブラックホール自体は物質も光もすべて吸い込むため、直接観測はできません。しかし、ブラックホールに落ち込むガスは電波やX線などの光を出すので観測できます。その結果、ブラックホールの見え方、すなわちブラックホールへのガスの落ち込み方に二種類あることがわかってきました。「ソフトな状態」と「ハードな状態」と呼ばれる二つの状態です。

「ソフトな状態」は穏やかな状態です(図1左)。ガスがしずしずと乱れなくブラックホールに吸い込まれるため、いつも同じ光り方をして変化の少ない状態です。これに対し「ハードな状態」は興奮状態といえます(図1右)。

小爆発や大爆発を繰り返し、出てくる光は激しく変動する状態です。

こうした「平穏状態」と「興奮状態」の併存は、宇宙によくある現象であることが近年わかってきました。平穏状態は宇宙や天体の安定性に寄与し、活動(興奮)状態はその変遷や進化に寄与します。どちらの状態も宇宙のなりたちを理解する上で欠かせない存在です。

詳しく言うと、平穏状態とは、統制がとれた状態と言えます。個々の要素間の結びつきが強いため、個の特性が抑えられて系全体で統一した振舞いをする状態です。だから全体として変化が少ないのです。いっぽう興奮状態は、個々の要素が緩くつながった(つながったり切れたりする)状態です。統制がとれていないので常時揺らいでいる(小爆発を繰り返す)のですが、時として全体が協調して激しくエネルギーを放出するのです。ダイナミズムを内に秘めた活動的な状態ともいえます。そのダイナミズムがどこから生まれるのか、解明しようとするのが「複雑系の科学」です。

規則的な系と複雑系

複雑系とは文字通り「複雑な系」を意味します。決して特殊なものではなく、身の周りあちらこちらに見受けられます。たとえば雲の形、川の流れ、海岸地形、山に生えている木々の枝の形……これらはすべて複雑系で、フラクタルやカオスといった概念と関係しています。むしろ正三角形とか平行四辺形といった教科書に出てくるような単純な図形を自然の中に探そうとしても、どこにもないことに気づくでしょう。自然の現象は複雑系に満ちているのです。

こうした複雑系の様相や振舞いをどう理解すればよいのか、普遍的な法則や方程式はありません。しかし、個体間の緩やかなつながり、すなわちつながったり切れたりする、その関係性が系全体の振舞いを理解する鍵であるらしいことが、シミュレーション研究によりわかってきています。

筆者は、ブラックホールの複雑なX線変動を理解するため、鹿威《ししおど》しを組み合わせたモデルを考えてみました（図2上）。鹿威しとは、インプット（水の注ぎ込み）は一定だが、アウトプット（排水）は間欠的（一定時間を措いて繰り返す）という特徴をもちます。ある臨界点まで水が溜まって初めて鹿威しがひっくり返り、水が流れ出るからです。これを二次元平面上に並べて、鹿威しから流れ出た水が下流の三つの鹿威しに均等に流れていくと仮定します（図2下）。水が分散するため一つの鹿威しがひっくり返っても下流の鹿威しに影響するとは限りません。水の溜まり具合によるからです。しかし、もしも多数の鹿威しに臨界値ぎりぎりまで水が溜まっていたら、ドミノ倒しのように鹿威しが連鎖的にひっくり返って大きな変動が生み出されます。このように、自発的な運動をする個体が緩くつながっていると、複雑な様相が生まれ出てきます。

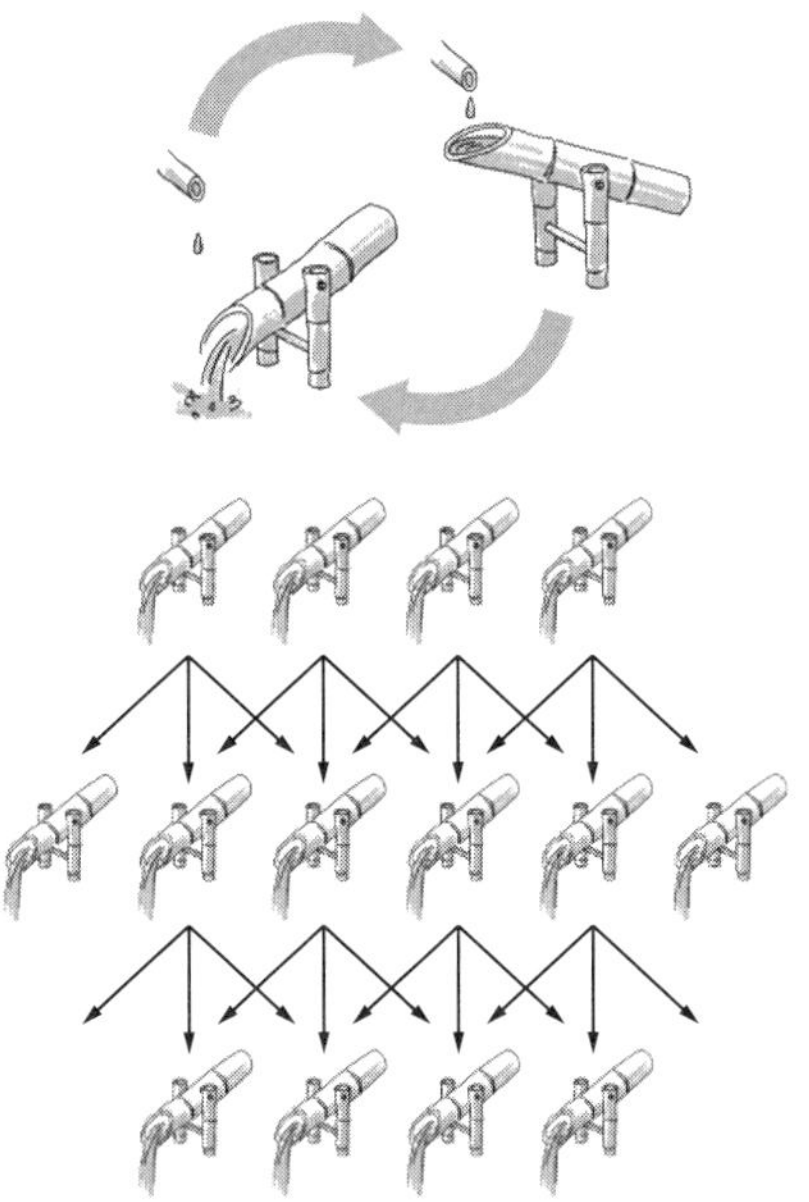

図2　鹿威し（上図）と鹿威しを2次元的につなげたモデル（下図）（落合隆郎図）

“More is different.”という言葉があります。[5] これは、物性物理学とよばれる分野の研究から生まれたことばで、平凡な振舞いを示す個々の因子が多数集まると質的に新しい挙動が現れることをいいます。俗に「三人寄れば文殊の知恵」と言いますが、これは1＋1＋1が3（という単なる数字の足し算）でなく、三人寄れば、一人ひとりの頭では決して出ないアイデアが出ることを指します。

どうしてそのようなことが起こるのでしょうか？　それは現実世界において全体は個の単純な足し算で

表1　規則的な系と複雑系の対照表

	規則的な系（平穏な系）	複雑系（活動性に満ちた系）
系の振舞い	定常ないしは単純な振動。	見かけ上ランダムに揺らいでいる状態。
個のつながり	強く結束している。	つながったり離れたりする。
個と全体	個は全体の中に完全に埋没し、その姿を現すことはない。	個は全体に影響されると共に、個の間の関係が系全体に影響することにより系はダイナミックに様相を変える。
因果関係	明確（同じ刺激がいつも同じ応答を生み出す）。	不明確（複数の要因が応答に影響するため、いつも同じ応答とは限らない）。
科学的記述の方法	数式で表現可能。未来の振舞いは正確に予言できる。	数式での表現は困難。過去の統計データに相関が現れるが、未来を予言することは難しい。

はないからです。[6] なぜ単純な足し算にならないか？　ふだんばらばらの関係にある個と個が、時に一致結託し協調し合うことにより、系全体を動かす革命的な運動を発現しうるからです。[7]

物理現象でみられる「多様性」は、単に個（ユニット）がたくさんある状態ではなく、個と個との関係性（つながり）が系全体を多様に変化させるダイナミズムに満ちた状態であることがしばしばあります。全体の規則で縛られ個々の自由度の少ない規則的な状態とは異なるのです。自然界には規則的な（全体が強くつながった）系と、複雑で活動性に満ちた（個と個がつながったり離れたりする）系のどちらの状態も見られます。表1にその対照をまとめました。

免疫抗体の多様性――パーツの組み替え

これまで、個と個の関係性が複雑な物理現象を生み出しうることを述べてきました。しかしこのような個と個のつながりが多様性を発現する例は物理現象に限りません。いやむしろ生物においてごくふつうに見られることなのです。そう、あなたの体においてもとても大事な働きをしています。

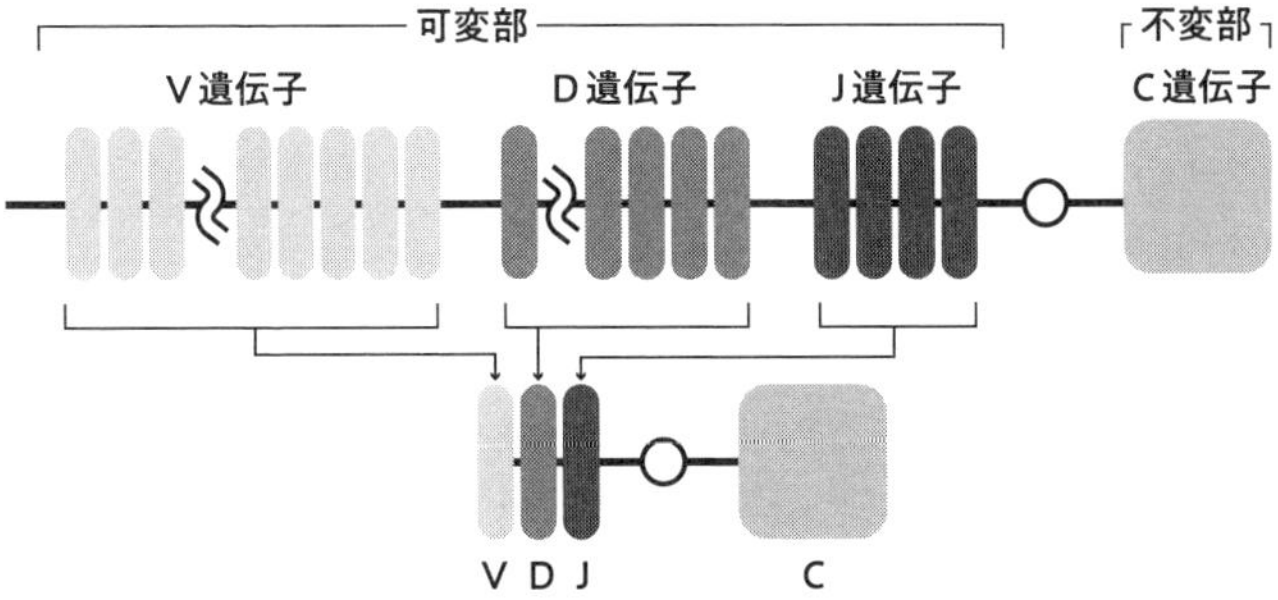

図３　遺伝子再構成の模式図(参考文献[七]をもとに改変)。抗体を生み出す遺伝子(上)は多くのパーツからなっています。Ｖ遺伝子、Ｄ遺伝子、Ｊ遺伝子の中から一つずつ選び出され、不変部のＣ遺伝子とくっついてＨ鎖遺伝子(下)ができ、これがさらに他のパーツと結合して一つの抗体ができます。こうして、一つの遺伝子から多種の抗体ができるのです。

たとえば「免疫」が好例です。筆者が海外で研究員をしていた時のこと、研究に行き詰まると決まって開いた本がありました。立花隆・利根川進『精神と物質』[六]です。この本に込められた科学する楽しみとスピリッツに元気をもらった故ですが、それはさておき、利根川氏のノーベル医学・生理学賞の受賞研究「抗体の多様性生成の遺伝学的原理の解明」がここでの話題です。

　私たちの生は病原菌などの外敵(抗原)に囲まれています。その中で人類が生き延びているのは、抗原という外敵に抗体をもって対抗する免疫作用が備わっているからです。外敵の数は無数にありますが、抗体というタンパク質をつくり出す遺伝子の数は限られています。どのようにして限られた数の遺伝子で無数ともいえる敵に対抗するのか。これが、抗体の多様性生成という難問でした。

　利根川氏は、胎児から成体へと成熟する過程で免疫抗体の遺伝子がパーツごとにダイナミックに組み替わる(再構成する)ことにより、無数ともいえる多様な抗体をつくり出すことを実験で証明したのでした[8](図3)。これは「一つの遺伝子・一つのタンパク質」という生物学の常識を破る、「百年に一度の大発見」となりました。ここでも多数の個のつなぎ替えで多様性が生み出されています。個と個がつながったり離れたりすることにより初めてそれが可能になるのです。

4　近代化の生み出したもの

生の世界と学の世界の逆転

さて学の世界が生の世界から乖離しているのではないか、という問いに戻ります。フッサールは、近代社会において「生活世界（生の世界）」と「学の世界」が逆転したと主張します。

> 生活世界は、人間がそこで日常生活を営む具体的世界である。しかし近代の実証主義のプロセスを通じてそれは、あいまいで相対的な、主観的な世界と見なされるにいたった。これに対して、学的な理念的世界は、もともとは具体的な世界からの抽象物にすぎないものなのに、厳密で確かな法則や公理が成立している客観的な世界と考えられるようになった。
>
> 近代の実証主義が作りあげたこの構図は、生活世界が主観的で相対的な世界であるという理由で、これを学の対象から追放してしまった。生活世界から取り出された因果連関や法則としての論理的で抽象的な世界、これだけが普遍的な領域として学の対象とされるものと見なされるようになったのである。［八］

いっぽうで、近代化による「生産性」や「合理性」といった価値観が、社会を成り立たせる強力な指導原理として導入され、それが弱い立場にある人に抑圧を与えてきています。障害（ディスアビリティ）[9]の社会モデルの代表的な論者の一人V・フィンケルシュタインは、障害は近代産業社会の発展に伴って創造されたと主張しています。前産業社会的農業社会は必ずしも障害のある者を排除しなかったが、工場労働が中心的な労働形態となる産業化段階において、工場の生産のペースについてこられない者は「障害者」として労働現場から排除されるようになり、ひいてはあらゆる経済的社会的活動から排除され施設に収容されるようになったと主張するのです[九]。

二元論の呪縛

近代化に関してさらに指摘しておきたい点があります。近代科学の成功は、「主観と客観の分離」「心と身体の分離」「知と情の分離」といった二元論を前提にしているという点です。

たとえば、先にあげた「学の世界」と「生の世界」との分離という問題は、「客観世界」と「主観世界」との分離の問題として、広くとらえることができるでしょう。自然科学がいい例です。科学は「自然という客観を、主観を交えずに記述すること」と一般に思われているからです。しかし本当にそうでしょうか？　これに重大な疑問を投げかけたのが二〇世紀物理学の最大の成果である量子力学でした。あまりに専門的になるので深入りは避けますが、現代物理学の最先端において「客観と主観の分離」は自明なことではないとだけ述べておきます。

「知と情の分離」も近代化の所産です。伝統的に大学での学問は「知」を偏重してきました。それは当然だと、読者のみなさんも思うでしょう。「情」は人それぞれ、それは音楽・美術・文学などが対象とするものだ、心理学など「情」に関係する学問はあるが「情」を客観化するところに学は成り立つ、そう思っている方も多いでしょう。まして理系学問に「情」は無用どころか害である、とお思いの方がおられたら、ぜひ次の文章を味わってください。数学者岡潔の述懐です[一一]。

数学は知性の世界だけに存在しうると考えてきたのですが、そうでないということが、ごく近ごろわかったのです(中略)何を入れなければ成り立たぬかというと、感情を入れなければ成り立たぬ。(中略)知とか意とかがどう主張したって(中略)情が同調しなかったら、人はほんとうにそうだとは思えませんね。そういう意味で私は情が中心だといったのです。

「知」に限定し「情」を見失った科学は、社会と出合うところで行き詰まります。古くは公害問題、最近では環境汚染。これらの課題にどう取り組むか、これは科学に内在する論理では扱いきれない問題なのです[一二]。「学の世界」ですら「情」のファクターが決して無視できないのですから、「生の世界」においてはなおさらでしょう。周囲の人々の誤解や心ない所作に傷つくこともあれば、逆に美しい風景や人々の共感に至福感を味わうこともあります。それが生きるということです。そのような「知」も「情」も包み込んだ、生活にそのまま密着したタイプの学問の創生が希求されています。

5 大学の学びが新しく拡がる

本書は二〇一七年九月に開かれた「京都大学バリアフリーシンポジウム2017」をふまえて企画されました。シンポジウムの狙いは、非障害者が当たり前のこととして見過ごしている当たり前でない事実を障害者視点で掘り起こし、みなで共有し、新しい学問の流れを創出することにありました。このシンポジウムは二〇一三年から毎年開いているもので、第一回シンポジウムの内容は『知のバリアフリー』[一三]として刊行されています。

本書は三部構成です。第I部「今までとは違う問いから始める」では、宇宙空間や弱いロボットなど従来の常識や普遍性が通用しない学問世界を紹介し、そこから「障害」とは何かを問いかけます。第Ⅱ部「学問×障害＝？」では経済学や倫理学、日本語学といった既存の学問分野に「障害」を取り入れた結果、生じつつある発展の具体例を示します。第Ⅲ部「当事者とは誰か？」では、障害当事者が生み出したまったく新しいタイプの研究（学問）を紹介します。

以下、新しいタイプの研究について、いったいどこが新しいのか、少し丁寧に考えてみることにします。

「当事者研究」（13章）は（主に）障害当事者が主体の研究です。著者の熊谷晋一郎氏は当事者研究を「獣道」に喩え、従来型の研究である「舗装された道」と対比して説明しています。獣道とは多くの障害当事者が歩んできた道であり、当事者研究はそうした先人たちの物語の中に跡をたどる自分の物語を重ね合わせる旅といえます。当事者研究の一つの大きな特徴は、頭の中での思考のみならず感じたことや思い、深い情念をそっくりそのまま受けとることです。それを言葉にしその場の方々と共有するところから、当事者研究は始まります。まさに生に密着した研究といえます。

これまで述べてきた観点で、私なりに当事者研究の特徴をまとめると次のようになります。

1　従来の研究とは根本的に異なる、今まで学問として注目されていなかった視座からの研究。
2　原則論・抽象論よりお互いの関係性を重視する。
3　「知」の探究にとどまらず「情」も含め、あるがままの姿を受けとろうとする活動。
4　障害当事者がリードする研究であり、しかしその成果は非当事者とも共有される。

これらの特徴の多くが他の章の記述にも重なります。たとえば安井絢子氏の論ずる「ケアの倫理」（9章）をとりあげましょう。キャロル・ギリガンは、従来の規範的な倫理とは異なる「ケア」の倫理を提唱しました。それは、原理原則ではなくてお互いの関係性に基づく倫理であり、多分野の研究者に大きなインパクトを与えました。ギリガンは「ケアする立場の倫理」に力点があるのに対し、安井氏は障害当事者の立場からそれを「ケアされる倫理」へと発展させ、新しい世界の可能性を展開してみせます。

広瀬浩二郎氏は「さわる文化」(11章)を提唱しています。触覚は、わたし(主観)と世界(客観)が直接作用するという点でユニークです。さわることはまさに物そのものを感じることであり、単に形や肌触りだけでなく、温度やなめらかさ、堅さ、重さなど、さまざまな情報を直接得ることができます。直接体験は「頭の中での思いこみ」を排除する強力なパワーとなります。

広瀬氏は「視覚が使えない不自由でなく、視覚を使わない自由」を主張します。「使わない自由」を行使することにより非障害者が見逃している事実や情感を発見し発信することが、学問の新展開を生み出します。そしてそれは、まさに人間の生きる活動です。生きることそのものに喜びを見出し、その経験を多くの方と共有する活動なのです。

おわりに

これまで本書のねらいや成立に至った経緯について、お話しました。本書を貫くキーワードを一つ挙げるとしたら「つながり」あるいは「関係性」でしょう。その背後にある思いは「個々の要素(ひとやもの)の間に働く関係性がダイナミックな世界現象を生み出す」ということです。この「関係性」という言葉、筆者が大学教養時代にある講義で出会い、それ以来、何かものごとを考えるときに常に念頭にある言葉でもあります。

その講義とは廣松渉先生による「哲学入門」。古代ギリシャ以来の哲学者が考えてきたことを一旦吸収し、自らの言葉で語り直すという臨場感あふれる講義であり、先生のにこにこと楽しそうに話す姿は今も忘れられません。じつは本稿の準備中、同じ思いで廣松先生の講義を聞いていた方の文章を目にして心底驚きました。

下まぶたには異様ともうつる翳があり、眼のありかさえもさだかではない。一八歳の私には、まぶたの重みが、知のいとなみそのものの重さとも見えた。(中略)意外なほどオーソドックスなその講義は、けれどもその背後に、いいようもない凄みを感じさせるものであった。ほんとうの哲学者がそこにいる。目のまえで口を開き、哲学史を語りだしている。それでもなお衝撃を受けないものがいたならば、そのものは、哲学とは最初から縁の遠い存在であったことだろう。〔一四〕

廣松先生の講義の中でも現代物理学が変革した世界観に関する認識論的考察の講義は圧巻でした(一三頁、「二元論の呪縛」参照)。廣松先生の持論は「関係の一次性」「まず物と物があって、その間に関係が成り立つのではない。まず関係があって、そこから物が出来してくるのだ」です。奇しくもこの言葉は、「物」を「ひとの価値」に、「関係」を「つながりをもって生きること」に置き換えれば、冒頭に挙げた少女の問いかけと見事に呼応します。年月を経てからも時に思い起こす講義に出会えることは、その人の一生を貫く宝といえるでしょう。願わくば読者のみなさんも本書においてそのような出会いを体験されますように。

参考文献

〔一〕渡辺和子『面倒だから、しよう』幻冬舎文庫、二〇一七年、二七頁
〔二〕養老孟司『遺言。』新潮新書、二〇一七年、三六—三七頁
〔三〕E・フッサール、細谷恒夫、木田元訳『ヨーロッパ諸学の危機と超越論的現象学』中公文庫、一九九五年、第二節、第三三節。*Die Krisis der europäischen Wissenschaften und die transzendentale Phänomenologie*, 1936

［四］池内了『転回の時代に――科学のいまを考える』岩波書店、一九九六年、まえがき
［五］G・ニコリス、I・プリゴジーヌ、小畠陽之助、相沢洋二訳『散逸構造――自己秩序形成の物理学的基礎』岩波書店、一九八〇年。*Self-organization in nonequilibrium systems : from dissipative structures to order through fluctuations*, 1977
［六］立花隆、利根川進『精神と物質――分子生物学はどこまで生命の謎を解けるか』文藝春秋、一九九〇年
［七］鈴木隆二『カラー図解 免疫学の基本がわかる事典』西東社、二〇一五年
［八］竹田青嗣『現象学入門』NHKブックス、一九八九年、一四一頁
［九］石川准「ディスアビリティの削減、インペアメントの変換」『障害学の主張』石川准、蔵本智明編、明石書店、二〇〇二年、一七―四六頁
［一〇］朝永振一郎『量子力学Ⅱ』みすず書房、一九九七年（初版一九五二年）、第九章六五節
［一一］小林秀雄、岡潔『人間の建設』新潮文庫、二〇一〇年（初版一九七八年）、三八―三九頁
［一二］柴谷篤弘『反科学論――ひとつの知識・ひとつの学問をめざして』みすず書房、一九七三年、一七一頁
［一三］嶺重慎、広瀬浩二郎編『知のバリアフリー――「障害」で学びを拡げる』京都大学学術出版会、二〇一四年
［一四］熊野純彦『戦後思想の一断面――哲学者廣松渉の軌跡』ナカニシヤ出版、二〇〇四年、六―七頁

注

1　本稿は国立民族学博物館発行『月刊みんぱく』二〇一八年四月号に掲載の拙稿を大幅加筆したものです。
2　少し話がずれますが、ここにあげた意味で、障害のない生徒・学生が障害のある先生から学ぶことの意義はいくら強調してもしきれないと私は思っています。
3　養老孟司氏は、「差異」と「同一性」を対照させ、意識中心の都市型社会では同じにすることが優先され、差異を列挙する感覚側が敗北する、と述べています（［二］一六八頁）。本章の主張と重なるものがあります。
4　これはどちらかというと西洋的なものの見方かもしれません。東洋思想では「私は宇宙の一部」という意識が強いのです。たとえば宮沢賢治は「わたくしといふ現象は（中略）ひとつの青い照明です」（『春と修羅』）と詠いました。

5　直訳すると「多は異なり」。ノーベル賞受賞の物性物理学者P・W・アンダーソンの論文タイトルです。
6　専門用語で非線形(現象)と言います。単純な足し合わせが成り立つことを線形(現象)と言います。
7　このメカニズムを理解するキーワードが「非平衡開放系」です。「非平衡」とは系が平衡(落ち着いた)状態になく過去の履歴等により様々に変化すること、「開放系」とは外部に向かって開かれている系を指します。非平衡と開放系の組み合わせが、ダイナミックに変貌をとげる多様世界を実現します[五]。
8　現在では、遺伝子の再構成だけでなく突然変異も多様性に寄与していることがわかっています。また、免疫以外の場面では「一つの遺伝子・一つのタンパク質」という原則が成り立っています。
9　障害学(3章)では、障害をインペアメント(身体機能の欠損)とディスアビリティ(社会的障壁)とに分けて議論します。
10　量子力学による物理事象の記述における大きな特徴は不確定性、すなわち「位置と運動量を同時に正確に決めることができない」という主張にあります。それは観測行為が物理事象に影響すると言い換えることもできます[一〇]。

I

今までとは違う問いから始める

世界は今、激動の時代を迎えています。従来の常識や普遍性が通用しない変革の波が、地球規模で拡がっています。

第Ｉ部では、従来の常識や普遍性が通用しない世界がすでに「障害」の現場にあったことを示し、「障害」に関わる研究がいかに従来の人間観、社会観、自然観を変革するのかを論じます。

1

われわれはよき宇宙人になれるだろうか

磯部洋明

このおおきなうちゅうはにんげんがはたらいたりかんがえたりたのしんだりするところです。

——加古里子

はじめに

図1は一九七二年に月面探査船のアポロ17号が撮った地球の写真です。ザ・ブルー・マーブルという名前がついているこの写真は、恐らく世界でもっとも有名な写真の一つでしょう。漆黒の宇宙空間に青く丸い地球がぽつんと浮かんでいます。この写真は二つの相反する感情を喚起しました。一方はこのような事業をなしえた科学技術の進歩への賛美であり、地球で生まれた生命がついにゆりかごから飛び立ったのだという自由と希望のイメージ、もう一方は生命の生存を許さない苛酷な環境である宇宙空間に囲まれた地球のはかなさであり、ここを出たら生きてはいけない不安と恐怖のイメージです[一]。東西冷戦という時代背景や環境問題に対する意識の向上もあり、この写真は「国境のない世界」「かけがえのない地球」「宇宙船地球号」といったコスモポリタニ

ズム的思想のシンボルとなってゆきました。

グローバル化が進んだ現代において再びこの写真を見返す時、そこから受けるイメージはどのようなものでしょうか。インターネットの登場と交通手段の発達により、世界はそれまでよりずっと狭くなりました。もちろんそのことがもたらす様々なよい面はあるのですが、一方で文化の均一化が進んでいます。また人口の増加や経済格差、紛争や環境破壊によって住み慣れた土地からの移動を強いられる人々の増加が、世界のあちこちで軋轢《あつれき》を生んでいます。二一世紀の最初の五分の一ほどが終わろうとしている今、ザ・ブルー・マーブルが喚起するのは、この狭い地球上で百億人近い人間がひしめき合いながらなんとか生きていかなければいけないという悲壮感と閉塞感です。

図1　The Blue Marble（NASA）

宇宙へ出てゆくことは、この閉塞感を打破してくれるだろうか？
宇宙へ行くことは人間とその社会に何をもたらすだろうか？

宇宙の研究といえば理工系のイメージが強いと思いますが、宇宙研究の最前線ではこのような人文社会系の学問に関係するような問題が生じつつあります。本書のテーマは「普遍性を基盤に発展してきた学問を障害という観点から見直してみる」ということでした。以下では私の専門である宇宙分野が障害という観点とどのように切り結ぶことができるのかを考えてみたいと思います。

1 宇宙研究の広がり

『からすのパンやさん』や『どろぼうがっこう』などの作品で知られる絵本作家の加古里子《かこさとし》は工学博士の学位を持っており多くの科学絵本も描いています。その一つ『宇宙――そのひろがりをしろう』という作品では、ノミがジャンプするページから始まり、ページをめくるごとにスケールが大きくなって、やがて銀河系のさらに外側まで、出版当時知られていた宇宙全体のスケールにまで広がって終わります。この本が出版されたのは一九七八年のことで、私もこの本を読んで宇宙への憧れを育んだ多くの子どもたちの一人でした。

その中の一ページに、オリオン座のベテルギウスやさそり座のアンタレスなど、「赤色巨星」と呼ばれる星が描かれています。太陽のような恒星はその一生の最後のステージになると、急速に赤く膨らんで赤色巨星になります。感覚的に理解するのは難しいですが、身長一六〇センチの人間を縦に四〇〇万人つなげると、地球の半径にほぼ等しい六四〇〇キロメートルになります。太陽の半径はその地球のおよそ一〇〇倍、そして赤色巨星は太陽の一〇〇倍から一〇〇〇倍もの大きさになります。絵本では一ミリほどの大きさの太陽の横にページに入りきらないほど巨大な赤色巨星が描かれています。この絵は当時小学校一年生だった私に恐ろしさとワクワク感の入り交じったような不思議な感情をもたらしました。今も心の奥底に住んでいるその時の感情を言語化してみると、それは異世界への畏怖と憧れがないまぜになったものであり、自分の知っている日常世界とは全く違う世界が存在しているということに対する不安と、同時に感じる解放感であったのだと思います。

異世界としての宇宙に惹かれた私は、大学と大学院で物理学・宇宙物理学を学び、宇宙の研究をするようになりました。天文学者としての私の主な研究対象は太陽です。太陽フレアと呼ばれる爆発現象のメカニズムや、その地球への影響などに関心を持って研究しています。大学に入ったばかりの頃は、宇宙の始まりや物質を構成する素粒子などを研究対象にするつもりでした。ですが色々勉強していくうちに、日常世界に比較的近いように思われる太陽や惑星にも、とても複雑で多様な物理現象があることが分かってきました。そのことによって、徐々に「宇宙の究極の姿」から「複雑で多様な宇宙」に関心が移ってきました。

ここで「天文学」と「宇宙物理学」という二つの言葉が使われていることに気づいた方もおられるかもしれません。リベラルアーツ＝自由七科の一つでもある天文学は古くからある学問ですが、現代では物理学を使って宇宙を理解するという意味で宇宙物理学という言葉もよく使われます。ところが最先端の宇宙研究は、物理現象だけでなく生命や人間へもその対象を拡げつつあります。

宇宙の中でこれまでにその存在が観測されている中でもっとも複雑怪奇な現象といえば、生命、なかでも人間の営みではないでしょうか。実は今、天文学でもっとも熱いトピックスの一つは、太陽系外の惑星とそこにいる「かもしれない」生命の探査です。この十—二十年ほどでもっとも大きな天文学の成果の一つは、地球のように固体の地面と液体の水を持ち、生命の生存に適していると思われる惑星が、宇宙にはたくさん、それこそ星の数ほどあるということを実証したことです。次の大きな研究テーマはそれらの惑星に生命がいるかどうかですが、そもそも何を見つけたら生命を見つけたことになるのでしょうか？　地球上の生命はすべてDNAとRNA、それにタンパク質を使った共通のメカニズムから成り立っていると考えられていますが、他の星に住む生命的なものが同じであるとは限りません。こうして天文学の進展が生命とは何かという根元的な問いに交差したところで、「宇宙生物学」と呼ばれる新しい研究分野が生まれています。

一方で最近の宇宙開発の進展により、地球で生まれた私たち自身がやがて宇宙へ出てゆき「宇宙人」になる日がくることが少しずつですが現実に起こりうる可能性として考えられるようになってきました。人間が宇宙に出てゆくことになれば、そこには法、経済、倫理など人文社会科学分野が対象とする様々な問題群が現れてきます。中でも、宇宙へ行くことは人間とその社会に何をもたらすだろうか？ というとても基本的な問いに関心を持った文化人類学者たちを中心にして二〇一〇年頃から始まったのが「宇宙人類学」という研究分野です。次節で書くことは、宇宙人類学という学問の最初の論文集に寄稿した唯一の天文学者として私が書いた内容が元になっています[二]。

2 宇宙科学の最先端

前節で触れた問題に立ち戻ってみましょう。現在の地球には、資源・エネルギーの不足、環境悪化などの様々な問題があり、その根元的な理由の一つが人口の爆発的な増大です。生身の人間を宇宙へ送り出すことはこの問題の解決策となるでしょうか？ 物理的な意味では現実的とは言えません。現在地球の人口は一日約二十万人ものペースで増えており、それを軽減できるようなペースで人を宇宙へ送り込まねばならないからです。しかし、文化的な観点では意味があるかもしれません。文化人類学者のレヴィ＝ストロースは、「創造に満ちた偉大な時代とは、遠く離れたパートナーと刺激を与え合える程度に情報交換ができ、しかもその頻度と速度は、集団・個人間に不可欠の壁を小さくしすぎて交換が容易になり、画一化が進み多様性が見失われない程度にとどまっていた時代」であると書いています[三]。グローバル化と均一化の圧力のかかる地球に生きづらさを感じている人々にとっては、例え行った先にどんな試練が待っていようとも宇宙に逃げ出す可能性があるということが一つの希望になるかもしれません。そしてもし地球から離れたどこかに新たに人間の作る社会ができたならば、それは人類がその文化的多様性を増すことに貢献するでしょう。

物理学者のフリーマン・ダイソンは、大航海時代のアメリカ大陸への移民との比較から、将来の宇宙移民は「何のためにそれをするのか」を国民に説明しなくてはならない国家機関ではなく、社会の大多数を納得させられるような合理的な理由はなくとも強い意志と自らの資金で実現しようとする民間の団体――例えば宗教団体など――によって為されるだろうと一九七〇年代に予測しました[四]。二一世紀になった今、その予想は当たりつつあるようにも見えます。二〇一一年にはマーズ・ワンという民間の団体が設立され、二〇二〇年代半ばに火星で居住を始めるという計画を打ち出しました(二〇一八年夏の時点では計画は二〇三〇年代にずれこんでいます)。資金的・技術的な裏付けがあるとは思えない彼らが、アメリカのNASA等に比べてもはるかに野心的なこの計画を立ち上げるにあたって取った戦略は、それが片道切符であるというものでした。

実は一九七二年にアポロ17号が月へ行ったのを最後に人類は地球外の天体へ一度も人間を送り込んではいません。地球周回軌道にあって常時宇宙飛行士が滞在する国際宇宙ステーションは完成しましたが、月、あるいは火星や小惑星などへの有人宇宙探査はアポロ時代に期待されていたほどのペースでは進みませんでした。予算不足や技術的困難など色々な要因はありますが、究極的には宇宙開発を進める各国が大きなリスクと膨大なコストを負ってまでそれを推進する理由を見いだせなかったことが理由であろうと思います。しかし、科学目的の無人探査機は既にいくつも火星に着陸して、鮮明な画像を地球に送ってきています。つまり人類は既に精密機械や生身の人間のような壊れやすいものを火星まで運んで着陸させる技術を持っているのです。まだ技術的に実証されていないのは、帰りのロケットを火星に持ってゆき、火星から打ち上げて地球へ帰ってくることです。まともな公的機関が人間を火星表面に着陸させる計画を立てるなら、この地球への帰還のための技術を確立させてからということになるでしょう。マーズ・ワンはそれが実現するのを待たずに、行けるようになったのだからとりあえず行ってしまおうと言っているのです。

そのようなことが許されるのでしょうか？　もちろんマーズ・ワンの計画は法的にも倫理的にも様々な問題をはらんでいます。しかし、もし彼らが本当に火星に行ってしまったら地球に残った私たちはどのように対処するのでしょうか。犯罪と認定するにもどの国の法律に基づいてそれができるのか考えないといけませんし、そもそも火星にまで逮捕しに行くわけにもいきません。宇宙へ行くということは単に物理的に地球から離れるだけではなく、地球上の社会を成り立たせている様々な前提や常識から逸脱した存在になるということなのです。

マーズ・ワンの計画が本当に実現すると思っている専門家は多くありません。私自身は技術面の専門家ではありませんが、やはり極めて懐疑的です。しかし宇宙移民の計画を持っているのは彼らだけではありません。まずアメリカの起業家であるイーロン・マスクが火星へ百万人規模のコロニーを作るという構想を発表しました。彼はインターネットの会社で財を築き、二〇〇二年にはスペースXという会社を立ち上げてロケットの開発に成功し、今や多くの宇宙機関や民間企業から人工衛星の打ち上げや宇宙ステーションへの物資補給を受注する、世界でもっとも注目される宇宙企業へと成長させました。マスクの登場で火星移民は夢物語から現実的な可能性をもった計画へと近づきます。そして二〇一七年にはアラブ首長国連邦が百年以内に火星に都市を建設すると発表して世界を驚かせました。アラブ首長国連邦は国家ではありますが、二一世紀になってから宇宙機関を設立して独自の宇宙開発に取り組み始めた、いわば宇宙開発の新しいプレイヤーです。

図2は二〇一八年二月にスペースXが動画配信サイトYouTubeでリアルタイム中継した動画から取った画像です。これはアニメでもCGでもありません。マスクが設立した別の会社であるテスラ・モーターズの電気自動車に人形を載せ、スペースX社の大型ロケットに搭載して宇宙へ打ち上げて、その様子を宇宙から動画で配信したのです[五]。新たに開発したロケットの試験のためにダミーの重量として載せたものですから、この動画を撮るためだけに打ち上

げを行ったわけではないようですが、このような遊びを日本政府が税金で行ったらそれなりの批判は浴びるのではないでしょうか。七〇年代にダイソンが予想したように、大国の国家プロジェクトではない、自らの意志と資金で宇宙開発を行うプレイヤーが主役になる時代が来たことを強く印象づける出来事でした。

もし人類の宇宙移住が実現する時がきたら、それがもたらすのは社会的・文化的インパクトだけではありません。恐らくそれは人間や生命の身体をも変えてゆきます。現在でも、ほぼ無重力状態である宇宙ステーションに長期滞在すると、運動など適切なケアをしない限り筋肉の萎縮や骨密度の低下など様々な生理的影響が出ることが知られています。また、環境が異なることで新たな身体技法が生じます。例えば宇宙ステーションの中では手を使って壁や手すりをつかんで移動することが多く、その際に大きな荷物は足にはさんで運んだりすることもあるそうです。つまり手と足の役割が逆転するわけです。また私たちは部屋の広さという時には通常床の面積を考えますが、床と壁と天井の区別がなく、どの方向の壁面も同じように利用できると、「広さ」の感覚も違ってくるようです。宇宙飛行士を対象にした心理学的研究によって、宇宙滞在が身体だけでなく価値観などの精神的な変化も引き起こすことも知られています[六]。現在の有人宇宙活動は地球へ帰ってくることが前提ですから、地球上の生活に適応した身体能力を維持するために宇宙飛行士には毎日欠かさず運動が課されています。しかし、宇宙ステーションや他の天体など地球外の環境に定住してそこを生活の基盤とする人々が将来もし出現したならば、その人たちにとっては地球の生活に適応した身体を維持することよりも今住んでいる場所に適応することの方が重要になってくるでしょう。

図２　宇宙へ打ち上げられたTesla社のロードスター（YouTube/ Space X）

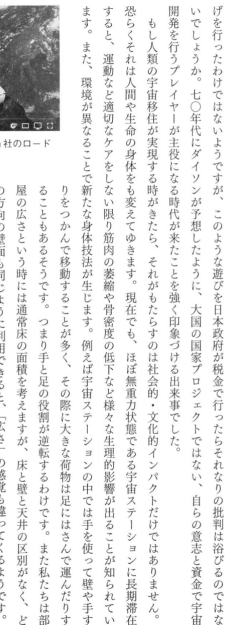

宇宙の環境で地球と異なるのは重力だけではありません。宇宙空間はもちろん、ほとんどの他の天体には地球上の生命にとって必要な液体の水や大気が存在していません。今の太陽系内で地球にもっとも近い環境を持っている火星には、少なくとも氷の形で水はあり、また植物が光合成を行うのに必要な二酸化炭素を主な成分とする大気がありますが、気圧は地球の一パーセント以下、平均気温も約マイナス五〇度と、例え酸素ボンベを背負ったとしても宇宙服なしで過ごせる場所ではありません。

人間が宇宙で暮らす上で重力や大気と同じくらいやっかいな問題が、実は太陽からやってきます。太陽には「黒点」と呼ばれる周囲より明るさが暗い場所があります。黒点の正体は巨大な磁石(正確には石ではなくて磁場を帯びたガス)です。この磁場のエネルギーで、時折「太陽フレア」と呼ばれる巨大な爆発現象が起きています。太陽フレアが起きると、生命にとって有害なエックス線や紫外線、そして高エネルギー粒子(放射線)が大量に発生します。これらは大部分が地球の大気と磁場によって防がれるため、地上にいる間は人体への影響を心配する必要はありません。ですが、最大級のフレアで発生する放射線を船外活動中の宇宙飛行士が浴びると致死量に達する被曝をすることになります。宇宙船の中にいたとしても影響はあり、例えば火星へ行って帰ってくる約三年間の宇宙飛行では、発ガンなどのリスクが明らかに上昇するレベルの深刻な被曝をすることになります。

人間やその他の生命が宇宙へ進出しようとするにあたって、太陽フレアの放射線はもっとも対策の難しい問題の一つです。地球上のほとんど全ての生命活動のエネルギー源は太陽光であり、太陽なくして私たちの存在はありません。ですが一旦地球の外に出ると太陽は非常に恐ろしい存在でもあるのです。ここでさらに付け加えると、宇宙空間を飛び交っている放射線の起原は太陽フレアだけではありません。実は太陽フレアによって発生するものよりさらにエネルギーの高い、銀河宇宙線と呼ばれる放射線が太陽系の外から飛んで来ています。フレアを起こす太陽黒点の磁場は、太陽系の中に侵入する銀河宇宙線の量を減らすバリアーの役割も果たしているという側面があります。私たちの子孫が恒星間旅行を実現するためには、銀河宇宙線対策が必要となるでしょう。

人間は技術を用いて様々な身体能力を補い、強化します。視力が下がれば眼鏡をかけるし、電話やメールで遠隔地の人とコミュニケーションできるようになったことも広い意味ではその範囲に入ると思います。同じことは地球とは異なる宇宙の環境に適応するためにも行われます。現在の宇宙開発では空気のない宇宙空間で生きてゆくための宇宙服や生命維持装置などがそれに相当しますが、やがて生命工学やロボット工学を応用して人間や家畜などの生命そのものを作り変えようとするようになるかもしれません。特に遺伝子改変の技術を人間に応用することは倫理的問題が大きく、現在の地球社会では病気の治療などごく限られた目的に限って慎重に進められています。しかし地球外の環境に適応してその場所でよりよく生きていくためであれば、倫理的な判断も変わってくるかもしれません。

科学技術が人間や生命、知性のあり方を変えてしまうのではという問題は宇宙開発に限ったものではなく、現代の科学技術と社会の関係を考える上で普遍的な問題です。そもそも宇宙は、地球外生命や知性を持った宇宙人との遭遇を想像することを通して、人間とは何か、生命とは何か、知性とは何かという問題を昔から問いかけていた分野と言えます。そして系外惑星の発見と宇宙開発の進展がそれを思考実験から現実的な課題へと引きずり下ろしつつあるというのが今の宇宙科学の最先端です。[1]ここに障害と宇宙研究の一つの交差点があります。障害とは何か、何をもって健常と呼ぶのかといったことに対して常に疑問を投げかけ、その問題を考え続けてきた人々の知見は、宇宙を始めとした科学技術が人間のあり方を揺らがせている今、ぜひとも参照されるべきだと考えます。人間社会とは一見何の関係もないかのように思われる宇宙科学の最先端にも、障害という視点によって見えてくる新しい展開があるのです。

3 広瀬浩二郎の「障害の宇宙モデル」

この本の編者でもある広瀬浩二郎氏は、医学モデル(個人モデル)、社会モデルに続くものとして、「障害の宇宙モデル」という考えを提唱しています[七]。ある人が何らかの困難に直面するのが、その人個人に障害があるからではなく、社会の側がそのような障害、あるいは障壁を作り出しているのだという「障害の社会モデル」という考え方は、障害というものの捉え方を従来から一八〇度転回させたものであり、これからの社会を考える上で立脚すべき立場だと私も思います。広瀬氏ももちろんその意義を認めた上で、「果てしなく拡張する宇宙には、排除も包摂もない。目に見えないもの、耳に聞こえないものに満ち溢れている宇宙に飛び出せば、視覚障害、聴覚障害という社会通念自体が成り立たなくなる。」と述べ、障害/健常という陳腐な二分法に改変を迫り、障害という社会通念を広大な宇宙に解き放つ考え方として「障害の宇宙モデル」を提唱しています[八]。以下では前節に書いたことを広瀬氏による「障害の宇宙モデル」という視点からもう一度考え直してみたいと思います。

広瀬氏によれば、「宇宙は無限の可能性を秘めていると同時に、否応なく人間に不可能を突きつける機能をも有する」ものです。たしかに私たちは地球上の環境に適応している身体を持っていますから、地球外では誰もが医学モデル的な意味の障害を持つことになります。もしも地球以外の居住場所が一つか二つしかなくて、それぞれの環境においてある身体的特性においてマジョリティとなる人々に最適化された社会が構築されたならば、「障害の社会モデル」が宇宙でも再現されることになってしまうでしょう。そうならないためにも、未来の宇宙移民はこれまでの知見をフルに取り入れながら進められなくてはいけません。

ですが、ここでもうちょっと先の未来まで見て、宇宙のあちこちに様々な環境下で社会が形成され、その間を人々が行き来する時代のことを考えてみましょう。その時には「標準的な環境」というものが定義できなくなってしまいますから、当然「標準的な身体」もありません。思考や感情、知性の仕組みまでが多様化すれば「標準的な知性」や「定型のコミュニケーション」もありません。もし将来「知性らしきもの」を持った宇宙人と出会う時が来れば、そもそも私たちは他者を理解できるのかという哲学的問題が実際的な問題として立ち現れてくるでしょう[九]。そうして、あらゆる「標準的」なものが相対化され、誰にとってもある環境下において不自由があるのが当たり前だということになった時、社会モデル的な意味での障害という考え方はなくなるか、少なくとも今とは全く違う意味になってくるのではないでしょうか。そして障害研究が培ってきた蓄積の少なくとも技術的な部分は、人間(みたいなもの)が生きて活動するための基本的な技術の一群のようになるでしょう。これが「障害の宇宙モデル」に対する宇宙科学研究者としての私の解釈です。

しかしよく考えてみると、「障害の宇宙モデル」は何も宇宙移民時代を待たなくとも実現できるはずです。広瀬氏は視覚障害者を題材にした戦前と戦後の教科書を取り上げています[七]。戦後の教科書には、中途失明した文学青年が点字をマスターして読書のたのしみを取り戻し、教員として自立・社会復帰を果たすストーリーが書かれています。それに対し戦前の教科書には、視覚障害者の職業が音曲または按摩や鍼灸に限られていた時代に苦労して学問の道で大成した盲目の国学者・塙保己一が、講義中に蠟燭が消えて困っている弟子たちに向かって「さてさて、目明きとは不便なものだ」と言ったという逸話が書かれています。広瀬氏は戦後の教科書に書かれたことの積極的な意義は認めつつ、塙保己一の逸話の方により共感を示しているのですが、私はそこに広瀬氏が「障害の宇宙モデル」を提唱するに至る思想を感じます。「めくら」である自身に不便があるように「めあき」もまた不便なものだと嘆息した塙保己一は、「障害の宇宙モデル」を体現していたのではないでしょうか。そして、「めくら」や「めあき」だけでなく、様々な「障害」あるいは「違い」を抱えた人が、それぞれ違う世界の捉え方をしつつもお互いにコミュニケーションをしようと努める世界は、まさにレヴィ＝ストロースが「創造に満ちた偉大な時代」と呼んだ世界だと思います。

4 よき宇宙人になるために

前々節で論じたように、人間や社会のあり方についての常識や固定観念を揺るがすことは、宇宙という観点が障害という観点と共通に持つ面白さの一つです。しかしそのことには、多様であれば何でもアリの極端な相対化や、一人一人の人間がよい生を送るために大切な価値観や倫理観をもないがしろにしてしまう危険が潜んでいます。

地球上の人間の営みをもまるで宇宙の中の自然現象のように記述する自然科学の方法論に対して、近代自然科学の成功をもたらしたものであると認めながらも警鐘を鳴らしたのが政治哲学者のハンナ・アレントです〔一〇〕。アレントは自然科学者のこの立場を、てこの原理を説明するために「適切な支点があれば地球をも動かして見せよう」と言ったとされるギリシャの哲学者アルキメデスになぞらえてアルキメデスの点と呼びました。図1のように宇宙から地球を眺める視点です。アレントによれば、アルキメデスの点から見ると生命の創造のようにかつては冒瀆的と考えられていたこともはや冒瀆的とは見られなくなります。ドイツ生まれのユダヤ人としてナチスの迫害からかろうじてアメリカに逃れ、何がナチスのような全体主義をもたらすのかを探求していたアレントは、人間を一人一人の生の意味を背負った存在ではなく複雑だが意味のない自然現象として見てしまう危険をはらんだものとしてアルキメデスの点を捉えていたのではと思います。J・F・ケネディ大統領が「容易だからではなく、困難だからこそ」月面有人探査を行うのだと述べ、アメリカ国民を熱狂させた演説の翌年、一九六三年にアレントは「宇宙空間の征服と人間の身の丈」という論文を発表しました。そこにはこのような言葉が書かれています〔一一〕。

この地点から地球上の出来事や人間のさまざまな活動を俯瞰するなら、つまり、アルキメデスの点をわれわれ自身に適用するなら、人間の活動は、実際「客体的行動」——それは鼠の行動を観察するのに用いるのと同一の方法で観察できる——としてしか眼に映らないだろう。

宇宙物理学者としての私は、アレントの言うアルキメデスの点的な見方が自分にもあることを自覚しています。地球上の数十億の人々による多様で膨大な営み、その一つとして私がこの章を執筆していることだって、ある意味ではビッグバンで始まった宇宙が物理学の法則にのっとって進化した結果としての「一つの現象」として見ることができます。アルキメデスの点から見たこのような見方は、人間社会の不条理や日々の生活のストレスから解放してくれることも時にはありますが、アレントはその裏に潜む危険を指摘しました。物理学者のスティーブン・ワインバーグは『宇宙創成はじめの3分間』という一般向け書籍のエピローグで、「宇宙が理解できるように見えてくればくるほど、それはまた無意味なことに思えてくる」と書いていますが[一二]、この言葉はまさにアレントが危惧した自然科学者の見方がふと現れてしまった言葉のように思えます。

ワインバーグのこの言葉に対し、第2節でも紹介したダイソンは少し違った見方をしています。ダイソンは物理学の雑誌の中で宇宙における知的生命の超遠未来の運命を当時の物理学が言える範囲で予測した論文を書いていますが、その中でワインバーグの言葉を批判的に取り上げ、人間のような知的生命の能動的な営みを考慮することなしに宇宙の未来を予測することはできないと書いています[一三]。そして同じ意味でダイソンは「われわれは、単なる観察者ではなく、宇宙のドラマの俳優なのだ」という言葉を残しています[四]。

物理学者であるダイソンのこの言葉はアレントの警鐘に対する応答のヒントになるのではと私は考えていたのですが[一四]、この章を執筆している時に、本書でも取り上げられる「当事者研究」という考え方とダイソンの「宇宙のドラマの俳優なのだ」という言葉が重なるように思えました。私は障害について体系的に学んだことはありませんが、それが学問的研究の対象となるには、障害という現象を客観的に分析し、類型化、理論化することが要求されるのだと思います。しかし障害研究においては、学問的な冷徹さと同時に、類型化の中にある多様な困難に目を向け、一人一人がよりよい生を生きることを目指してきた、少なくともそのような姿勢が強く意識されていると私は感じます。その中で「当事者研究」という考え方や当事者である研究者たちが果たしている役割は大きいのではないでしょうか。

前述したように広瀬氏は「障害の宇宙モデル」を提唱した論文の中で、「果てしなく拡張する宇宙には、排除も包摂もない」と述べています。もちろん私たちの社会は「排除」から「包摂」を目指すべきです。しかし「包摂」という概念には、包摂する側と包摂される側という非対称な構造があります。この構造が残っている限り排除と包摂の歴史は半永久的に繰り返されるのではないかというある種の閉塞感を、そこから解放してくれるものとしての障害の宇宙モデルを着想するに至った背景として広瀬氏は書いています。「排除も包摂もない」という言葉には、解放感と同時にどこか突き放したような感じを受けなくもありません。その行き着く先にはアレントの言うアルキメデスの点に通じるものがあるように思えなくもないのですが、しかしそこに無関心や冷たさを感じないのは、障害研究という学問が持っている一人一人を大切にする姿勢が背景にあるからではないかと思います。あるいは「視覚」より「触覚」に長けた広瀬氏の場合、遠く離れたアルキメデスの点から眺めるのではなく、宇宙に出ても地球を触りに戻ってくるのかもしれません。

人類が本当に宇宙に出てゆくのがいつになるかは分かりません。異世界としての宇宙に惹かれて研究者になった私は、科学技術を駆使して自らの形を変えてゆきながら宇宙へ拡がる人類が作る複雑怪奇な未来を見てみたいと切望しています。しかし、そのような未来がそこに生きる個々の人間(みたいなもの)にとって幸せなものになるかと言われれば自信はありません。人間や社会のあり方についての常識を覆すことと、一人一人の生を大切にすることを両立させてきた障害研究から学ぶべき点がここにあります。

おわりに

本章の最後にもう一つ私的な経験を書くことを許して下さい。私は学生時代に自閉症の子どもたちの余暇活動をサポートするサークル活動をしていました。週末や長期休暇中に、子どもたちをキャンプやハイキング、街遊びのレジャーに連れて行くというものです。毎回十数人程度の子どもたちが参加していましたが、重度の自閉症の子もいましたので、基本的に一人の子どもに一人の学生がマンツーマンで一日中行動を共にする形で参加していました。その時の経験で今も忘れられないものがあります。

たしか大阪にある遊園地に行った時だと思うのですが、ある男の子の担当になりました。彼は身体が大きく力も強かったのですが、時折強い自傷行為、まれには他傷行為も出てくる子でしたので、体力のある男の学生が担当することが多かったのです。その日、分かりやすいきっかけがあったかどうかは覚えていませんが、彼は軽いパニックになり、大きな声をあげて自分の頭を何度も強く叩きながら走り回りました。そういう時は特に危険がない限り落ち着くまでそっと見守ることが多いのですが、その時は遊園地の敷地内で周囲に幼い子どもたちも多かったため、私は彼を追いかけて腕をつかみ、顔を近づけてなるべく声を落ち着かせて「どうしたの?」と聞きました。

その時の彼の表情は、笑っているように私には見えました。しかし彼の目にはうっすら涙が浮かんでいて、かなりの至近距離でしばらくの間見つめ合ったように思いますが、その目の奥にどんな感情が宿っているのか私には全く感じ取ることができませんでした。ただ、この子の中には何か自分にはうかがい知ることのできない内面世界があるのだろう、ということが強く印象に残りました。

後年、ドナ・ウィリアムズ[一五]や東田直樹[一六]ら自閉症当事者の著作を読み、これらの著作に書かれているような、私自身や私自身がよく知っている(と信じている)人たちとは少し違ったところがあって、しかし分かり合えることもたくさんあるような、そんな内面世界がやはりあの時の彼にもあったのだということを知りました。もっとも自閉症者の内面について私は専門的に勉強したことはないので、それについては専門家や当事者の方にご教示頂ければと思います。

最後にこの思い出を持ち出した理由は、自閉症の彼の内面世界に、加古里子の絵本に描かれた赤色巨星と同じ魅力と通じるものを感じたからです。それは、自分の知らない世界が存在していること、世界の認識の仕方には色々な形があることを教えてくれるものなのだと思います。

参考文献

[一] 大村敬一「クオ・ヴァディス・アントロポス(人類よ、いずこへ行きたもう)?」『宇宙人類学の挑戦』岡田浩樹、木村大治、大村敬一編、昭和堂、二〇一四年
[二] 磯部洋明「天文学者から人類学への問いかけ」前掲『宇宙人類学の挑戦』
[三] レヴィ＝ストロース『レヴィ＝ストロース講義　現代世界と人類学』川田順造、渡辺公三訳、平凡社、二〇〇五年
[四] F・ダイソン『宇宙をかき乱すべきか』鎮目恭夫訳、ちくま学芸文庫、二〇〇六年

[五] https://www.youtube.com/watch?v=aBr2kKAHN6M

[六] 佐藤和久「宇宙空間での生は私たちに何を教えるか」前掲『宇宙人類学の挑戦』

[七] 広瀬浩二郎「共活社会を創る」嶺重慎、広瀬浩二郎編『知のバリアフリー――「障害」で学びを拡げる』京都大学学術出版会、二〇一四年

[八] 広瀬浩二郎「「障害の宇宙モデル」の提案に向けて」『天文教育』二〇一七年一月号、三九―四六頁

[九] 木村大治「ファースト・コンタクトの人類学」前掲『宇宙人類学の挑戦』

[一〇] H・アレント『人間の条件』志水速雄訳、ちくま学芸文庫、一九九四年

[一一] H・アーレント『過去と未来の間』引田隆也、齋藤純一訳、みすず書房、一九九四年、三八〇頁

[一二] S・ワインバーグ『宇宙創成はじめの3分間』小尾信彌訳、ちくま学芸文庫、二〇〇八年

[一三] Freeman J. Dyson, "Time without end: Physics and biology in an open universe," *Review of Modern Physics*, vol.51, 1979, p. 447

[一四] 磯部洋明「宇宙の演者か、それとも観察者か」『現代思想』二〇一七年七月号

[一五] D・ウィリアムズ『自閉症だったわたしへ』河野万里子訳、新潮文庫、二〇〇〇年

[一六] 東田直樹『自閉症の僕が跳びはねる理由』エスコアール出版部、二〇〇七年

注

1 宇宙開発と人間改変の問題については、宇宙開発の倫理的側面を研究する宇宙倫理学という分野でも論じられています。詳しくは以下を参照。稲葉振一郎『宇宙倫理学入門』(ナカニシヤ出版、二〇一六年)、伊勢田哲治、神崎宣次、呉羽真編『宇宙倫理学』(昭和堂、二〇一八年)。

2

弱いロボットとテクノロジーの受容

塩瀬隆之

「『ロボット』の姿を頭に浮かべてください」と尋ねられたら、どんなロボットが頭に浮かびますか？　すごい速さで自動車を組み立てる工場のロボットアームでしょうか。人間よりも力が強く、人間ではとても持ち上げられないような重いモノも持ち上げるロボットでしょうか。そのような速くて力強いロボットのことを、「強いロボット」と名づけることにします。それに対して、この章で取り上げるのはまったくの反対、「弱いロボット」です。果たして、「弱いロボット」とは何でしょうか。

1　弱いロボットと引き算のデザイン

京都、大阪、奈良の二府一県にまたがる「けいはんな学研都市」に国際電気通信基礎技術研究所という最先端の電気通信技術や人工生命、ロボットの研究者が多数集まる研究拠点がある。著者が大学院生だった頃、この研究所に所属していた岡田美智男リーダー（現、豊橋技術科学大学）の下で、「弱いロボット」に関する研究プロジェクトに参加する機会に恵まれた〔一〕〔二〕〔三〕。自立型ロボットの研究としては、がっしりとした筐体《きょうたい》に安定した移動、正しい文法、正確な発音で、まるで流暢な弁士の言葉を再現したような会話システムこそが一般的なロボット研究の目標となっていた時代、岡田プロジェクトはまったくの逆張り、「ひとりではなにもできないロボット」というコンセプトを研究の主軸に据えていた。機能を足し合わせていく従来のものづくりとはまったく異なる、むしろ「引き算のデザイン」とも称す研究手法は、幼児の喃語《なんご》研究や発達心理学、自閉症児とのコミュニケーション研究など、およそ従来のロボット開発とは異なる専門家やフィールドからも注目を集めた。

図１　Muuと名付けられたコミュニケーションロボット

発達段階の幼児の行動観察や会話研究の知見を活かし、Talking Eyeと呼ばれるコンピュータエージェントやMuu《むー》というコミュニケーションロボット（図1）など、次々に新しい概念のロボットを提案していった。ゆらゆらと予測不能な動作にたどたどしい発話、自立どころかむしろ思わず手を差し伸べてしまうような頼りなさそうな動作を設計原理の基本としていた。自立を焦って孤立してしまうのでは本末転倒、むしろ周囲に頼るような相互の依存関係を構築できる設計原理を模索することが研究チームの共通認識であった。発話応答システムにおいても、文法の正しさや発音の正確さどころか、音声に音声で返さなくとも、ちょっとした首振りや体を揺らすなど、とにかく何らかの反応を即座に返すことを重視した。距離センサは人間との距離を一定に保ったり、障害物を回避したりするために使うというよりはむしろ、人間との距離が一定にならないようにお互いの微妙な間合いの調整に腐心したりと、独自の設計原理に忠実な行動デザインに細心の注意を払った。

さらにこのプロジェクトの延長線上で開発された新たなロボットには、ゴミ箱ロボット（図2）と呼ばれるプロジェクトがあり、これも集団の中でのコミュニケーションを前提と

図２　ゴミ箱ロボット

した社会性ロボット研究の成果の一つである。ゴミ拾いが役割のゴミ箱ロボットなのに自らはロボットアームを備えずにゴミが拾えないという、一見すると致命的とも言える、何とも頼りない奇妙な仕掛けが施されている。しかしこのロボットがすごいのは、むしろ周りの子どもたちの手助けを引き出しながら、結果としては一緒にゴミを拾い集めてしまうという他力本願なロボットとして開発されたことだ。「手伝ったほうも、まんざら悪い気はしない」という、子どもたちの優しさや工夫が引き出されるとする反応もあって興味深い。ロボットの移動に使う車輪は高速に回転されるのではなく、左右の回転数を変えてたどたどしい歩行を再現し、どのようにすれば他者の行動を引き出せるかという関係構築に重点を置いた行動デザインが駆使された。

テクノロジーに関する研究開発においては、他の学問分野同様、多くの場合は完全性や普遍性を基盤に発展してきた。頑健さ、速さ、強さこそが価値であり、機能を追加していくことが完全性や普遍性を実現する最短距離、そして最初に目指すべき目標であった。機能の多さや生産性の高さこそが価値であるとする足し算のデザインでは、目標とされる発話やコミュニケーションもまた、よどみのない流麗な言葉の連鎖であった。しかし完成度の高い口上は付け入るスキがなく、対話相手はかえって傍観者に仕立て上げられてしまう。たとえばこの近寄りがたいコンピュータ上のバーチャルエージェントやロボットに対しては、実験協力者は自ら話しかけることはなく、実験者から促されてはじめて半ば無理をしながら会話をはじめるような状態であった。

「弱いロボット」の設計原理は、新しいテクノロジー開発に極めて示唆に富む視点転換を迫った。強さや自立を焦ることがむしろ孤立につながり、逆に「弱さ」とも言える他者への投機的な行為こそが協働性や関係性を引き出す鍵となったのである。コミュニケーションにはむしろ話し手と聞き手との共犯性があり、常に二人三脚の共同作業として成り立っているというモデルに立てば、逆に速度を落とし、語数を減らし、ゆらぎとよどみのある発話に向かうことこそが自然なコミュニケーションの基盤となることが期待された。多機能や高生産性とは異なる、新たなテクノロジー設計のための原理である。

2 「ために」から「ともに」へ

大量生産大量消費時代には、できるだけ多くの消費者に製品を購入してもらう必要があるため、できるだけ人数が多いボリュームゾーンを対象に製品をデザインする必要がある。そのときには平均的なユーザー像を想定しなければならない。人口分布が正規分布していると仮定するならば、最も平均的な中央値に位置するユーザーを代表的なユーザー像として設定すればよいのかもしれない。しかし実際にはユーザーのスキル格差、嗜好や選好の多様さにより、想定する対象ユーザーは必ずしもマジョリティと同一の技能や類似の選好とは限らない。製品やサービスをデザインする年代が、団塊の世代のように最大人数の場合には、自分たちを頭に思い浮かべればよかった。しかし、世界にも類をみない高齢化社会に突入した我が国においては、製品やサービスをデザインする年代と、最大消費者層との間に年齢の格差、価値観の差が生まれてきてしまった。

マジョリティの最大公約数的な意見とは違って、むしろマイノリティの小さな声から出発するデザイン手法の一つに、インクルーシブデザインがある[四][五]。これまでのデザイン手法とは大きく異なり、たとえば目の見えない人やリウマチを患っている人など、デザインプロセスの初期段階で想定されることの少なかったマイノリティを起点にデザインをはじめる点が、新たな手法として注目される。インクルーシブデザインは、英国王立芸術学院（RCA）を中心に世界へと広がったデザイン手法でありデザイン思想でもある。手早く形に仕上げるラピッドプロトタイピングなどの開発上有効な手法だけでなく、これまでのデザインプロセスを刷新するようなまったく異なる設計視点を提供しうる効果も注目を集め、それを期待したデザイナーやエンジニアの研修目的で導入されることもある。

その最大の特徴は、これら特別のニーズを抱える人々をエキストリームユーザーとして開発プロセスのできるだけ初期の段階から招き入れることである[四]。ここで述べるエキストリームユーザーとは、当該製品をおよそ使わない、使えないなどの理由で忌避している人のときもあれば、特段にこだわりをもって激しく使い倒す人のときもある。通常招き入れられるボリュームゾーンユーザーとは異なる設計プロセスになることが興味深い。複雑な形状のパッケージを開封するのに困難を抱えるリウマチを患っている人や、細かな情報表示を見にくい弱視者をエキストリームユーザーに迎えることで、マジョリティを想定していたままだと設計者やデザイナーが見過ごしてしまうさまざまな前提を疑うきっかけとなる。

たとえば万歩計には、ある一定の基準に達すると「健康」とされるサインが表示されるものがある。ここで仮に歩数が一万歩に達すると健康サインが表示される場合、一万歩も歩かない妊婦さんがエキストリームユーザーの一例である。すると、どんなに本人の限界に近い三〇〇〇歩や四〇〇〇歩を歩いたとしても、いつまで経っても「健康」と機器が認定してくれずにがっかりすることをデザインチームがその場で共有することができる。本来はユーザーの健康に向かう運動、活動を応援する機器であったはずにもかかわらず、世間で言われる一万歩の先にしかユーザー自身の健康がないのかどうか疑う間もなく製品開発が行われてきた。ユーザーそれぞれにとっての健康というものを、デザイナーやエンジニアが再定義しなおす必要性があると気づくきっかけとなる。

設計過程においてエキストリームユーザーと行う対話は、製品やサービスをデザインする専門家の先入観を払拭してくれる。障害者や高齢者と直接向き合うことは、その人がもっているネガティブな経験ではなく、それを乗り越えるポジティブな経験に光を当てられるような、新しい対話をその場で生み出すことができる。その製品をおよそ使わなさそうな人、使えなさそうな人、使おうと思わない人、この三者との向き合い方がまさにその製品の利用可能性を広げる契機となる。分かりやすく障害者や高齢者を招くのは、障害を考えることが、結局はその製品やサービスの根源的価値を考えるきっかけになるからである。障害者であるかないか、その線引きは、製品設計において直接、意味をもつというよりは、一つ一つの機能や操作に対してできるできないの境界線が露わになることである。頭で理解することよりも、その事実をデザイナーもエンジニアも一緒に体験することが重要である。

ドライヤー一つとっても、力が入らなくて重いドライヤーを長時間持ち続けられないというのは、障害のあるなしにかかわらず潜在しているニーズに他ならない。髪の毛が含んだ水分を取り除くという状態変化を達成しさえすればどのような経路で実行されてもよいはずで、送風機を手で持ち上げることが必須という思い込みを捨てるきっかけになる。専門家になればなるほど、よく知っていると思い込んでしまい、目の前のユーザーの行動を直視しなくなりがちであり、インクルーシブデザインで招き入れるエキストリームユーザーは、その先入観を目の前で払拭してくれる。よく知らないままであれば、最初に引いた線を引きなおすこともできないのだ。

障害福祉やバリアフリーデザインという立場に無理に立とうとすると、それこそ障害者と健常者の間に安易に線を引こうとしてしまう。そうすると、障害者という言葉で一括りにしてしまい、見えない人、聞こえない人、車いすの人を十把一からげに境界線の向こう側であると早合点してしまう。実際には、見えない人は聞こえない人のことが分からない。聞こえない人は車いすの人のことはよく知らない。当たり前のことであるが、人それぞれ、できることとできないこと、みなバラバラである。

3 逆文化人類学の手法

インクルーシブデザインによってデザイナーやエンジニアの設計視点がどのように変革するのか、これを適切に説明する言葉として「逆文化人類学」という表現を最近使っている。文化人類学の研究者は、たとえば狩猟採集民の村に赴いて、その民族の暮らしに没入する中で感じる微細な違和感を頼りに、民族特有の意思決定方法をあぶりだしたり、複雑な上下関係を解明したりする。デザイナーやエンジニアのすべてが文化人類学者のような目をもつことができれば、どれほど多くのインスピレーションを行動観察から得られることか。

しかし、インクルーシブデザインの現場では、疑似的にこの文化人類学的視点が立ち現れてくる瞬間に遭遇する。見えない人と一緒に券売機で切符を買う場面、耳の聞こえない人と一緒に映画を鑑賞する場面、それぞれに今まで当然視していた先入観に気づくことがある。わたしたち素人が、最も短時間に疑似的な文化人類学的視点を得るとすれば、それは、自らのホームだと考えているデザインの現場に違和感を持ち込む方法こそ有効だろう。勝手な先入観から理想的なユーザー像を措定するのとは逆のアプローチであり、道具がうまく利用できない場合の困難とそれを回避しようとする工夫を出発点にして先入観を払拭すれば、個別性と真正面から向き合うことができるのである。ここでエキストリームユーザーは、言葉や身体表現によって、自らが経験してきた困難やそれを乗り越えるための工夫について、他の参加者に提示する役割が期待される。注意すべきは、「視覚障害者は……」「高齢者は……」などと、拙速に障害者、高齢者の行動として一般化してしまうことである。インクルーシブデザインのワークショップを構成するときに、ファシリテーターが自覚しておかなければならないことであるが、良かれと思って一般化を焦ってしまう。

周囲も同時に一般化、普遍化を焦ってしまう。

インクルーシブデザインについて、我が国でも一〇年以上の活動が続いており、講演会などで、「カタカナでは意味が分からないので日本語に訳してほしい」と言われる機会がある。しかし、何度考えても、置き換える日本語が見当たらない。村八分文化の傾向がある日本においては、もしかしたら「違和感のあるものをありのまま受け入れる」ということを一言で表せる日本語が見当たらないのかもしれない。包摂するデザイン、巻き込みつつ巻き込まれるデザイン、いずれもしっくりはこないため、やはりインクルーシブデザインという言葉に戻ってきてしまう。企業組織においても、障害者や女性の受け入れをもってダイバーシティ（多様性）に配慮した組織変革を図ることが増えてきたが、多くの場合は旧来の男性的な労働環境を受け入れるならばそこにいることを許容するという条件付き受け入れであることが少なくない。予め定められた「できること」リストのすべてを達成できることが、組織参加の条件として課されてしまう。インクルーシブかどうかの大きな相違点の一つは、受け入れる側に変革の覚悟があるかどうかである。

本来、バリアフリーデザインも、ユニバーサルデザインも、それぞれ広義にとらえて活動している人々にとっては、言葉の違いはあまり意味をもたない。ユニバーサルという言葉を広義にとらえている人にとってみれば、どのデザイン手法であれ、誰か特定の人に適した場所に無理に合わせる必要はなく、自分自身がありのままでいられる場所にいていいはずだと考えている。時間や空間を区切って、別の視点でとらえてみることで、新たな共通項が見えてくる。たとえば、知的障害や精神障害の場合に、ある特定の作業に集中できる時間が短いとする。これは、時短勤務で仕事を切り上げて家に帰らないといけない育休明けの人と時間制約という観点で同じ課題に遭遇していると考えることができる。視覚障害や聴覚障害は認知的制約を受けていると考えれば、会議に途中参加して前半の議事を把握できていない参加者、耳が聞こえずに複雑な言葉のラリーに取り残された人と同じであって、同様の情報保障が手助けになることがある。

4 Disable から Disabled の視点へ

「障害のある人」の英語表記は時代とともに目まぐるしく変化してきた。Disable person(できない人)と言っていた時代もあれば、Challenged person(挑戦する人)や Handicapped person(ハンディキャップのある人)などさまざまである。最近でも Differently able など、時代の要請によって、時代の解釈によって、いろいろな表現の仕方がある。その中で、インクルーシブデザインを日本に紹介したジュリア・カセムは、disable person という表現が disabled person(できなくさせられている人)と受動態で読み替えられた時代が一つの節目であると指摘した[四][五]。たとえば脳梗塞で片麻痺になった人がリハビリをしている時、香辛料の入った小さくて堅い袋をうまく開封できなくても、それを開封できなくさせられている(disabled)と考える。しかし、サイズが大きくなったり、開封のための切れ目が入っていたり、さらには膨らみを押すだけで中身が出てくる容器の場合には、たとえ利き腕をうまく動かせないリハビリ中の人にとっても容易に香辛料を取り出すことができる。すなわちこのユーザーはできない(disable)のではなく、できなくさせられていた(disabled)だけなのである。製品やサービスを提供するエンジニアやデザイナーの工夫によって、「できない人」を「できる人」に変えられるかもしれない、これはデザインの極めて大きな可能性を感じる言葉である。できないことをユーザーの責任ではなく、エンジニアやデザイナーの責任として引き取るという新しいものづくりの視点である。

これまで製品やサービスが新たに開発されるときには、新たなテクノロジーが導入されることが多かった。しかし、そのテクノロジーが、利用者に対して一定の利用リテラシーを要請するものが多い。PCの操作で「マウスを上にしてください」と言われて、垂直方向にマウスを持ち上げてしまう高齢者ユーザーに対して、一笑に付してしまうエンジニアやデザイナーはその人を「できない人(disable)」だと考え、タブレットのようにカーソルの移動方向と手指の操作方向とが一致している直観的なインタフェースを設計するエンジニアやデザイナーにとっては、ただただ「できなくさせられている人(disabled)」だと考えることができる。これは極めて重要な視点の転換だ。昨今、市場拡大を図るときに闇雲に顧客拡大を図ろうとする嫌いがあるが、その製品やサービスを使うことができない人、使わない人、使おうとしない人にまず向き合うという論理的な新市場開拓の端緒がインクルーシブデザインの設計思想から手に入る。

このような考え方は、デザインの世界だけに閉じ込めておく必要はない。生活においても、何かができないときに自分の技能や努力にその解答を求めることが、唯一の選択肢ではないという新たな社会との向き合い方を手に入れることにつながる。もちろん技能や努力の不足を補うことで解決できることもあるが、実は道具や環境を変えることで一気にブレークスルーがもたらされることもたくさんあるからである。道筋を多数もつこと、それがありのままの自己を認め、ありのままの他者を認める、インクルーシブ社会の基盤となる。

5 はたらきかた改革とワークプレイス

昨今、長時間労働の弊害に対する社会的な関心が高まっているが、一方で、単純に労働時間だけを減らそうとする狭義のはたらきかた改革が現場をかえって混乱させているとの指摘がある。長時間労働によって心身に不調をきたすことは当然避けなければならないが、労働時間にのみ限定した対応はかえって問題を見誤らせる。ここでインクルーシブデザインの視点は、製品やサービスにとどまらず、ワークプレイスのような労働環境デザインについても、そのまま拡張することができる。

たとえば国外の自動車メーカーでは、工場のエンジニアが高齢化して、早期リタイアすることが人材不足の問題の一つだった。しかし、工場のラインの組み方や作業環境を変更することで、四十肩や五十肩で腕を上げてネジが回せないといった問題から解放され、高齢化したエンジニアにとっても身体の不自由さに制約されることなく今まで以上に作業をこなすことができるようになった。その結果として優秀なエンジニアをつなぎとめることに成功した例もある。あるいは、音声や振動など他の情報も使った視力に依存しない形での情報提示を考えることによって、視力が衰えてきたエンジニアにも引き続き活躍してもらうこともできる。工場に限らず、工場を模したワークプレイス環境でも、作業工程が先に出来上がっており、そこに人員を配置するという手順でしかマネジメントシステムが構築できなくなってしまっている。そのようなワークプレイス環境においては、育児休暇明けの女性は「時短で一六時までしか会議に参加できない人」、外国人留学生は「日本語での意思疎通が十分でない人」、精神障害を患っていて集中力が長時間もたない人は「三時間しか働けない人」という「できない(disable)」という消極的な能力評価に陥ってしまう。それぞれの人員がそれぞれ発揮できる能力に焦点を当てるのではなく、決められた業務との差分に評価の目を向けてしまう。もしこのようなワークプレイスのデザインにおいても、インクルーシブデザインの視点を持ち込むことができれば、いかに多様な人材を労働力として活躍させることができるのか。はたらきかた改革とは、単に労働時間を切り詰めて会社から追い出すという意味ではなく、一人一人の「できること」に真正面から向き合い、その多様な資源をありのまま活かすことができる多様な選択肢を備えた豊かな組織への変革のことだろう。

6 デザインされないテクノロジー

さまざまなテクノロジーは、その目的を果たすためにデザインされ、ユーザー自身は個人の目的や自身が抱える課題解決のためにテクノロジーを手に入れ、使用する。しかし、そのテクノロジーとユーザーは、エンジニアやデザイナーが想定した以上に不可思議な関係性を構築し、デザインを超える。テクノロジーは時に人の身体を拡張し、時に縮小させることもある。

マイケル・ポランニーは、盲人の探り杖を例に身体の拡張可能性を説明している[六]。目の見えない人が杖をつきながら歩くときの杖の使い方は、はじめ指や手のひらに感じた衝撃が徐々に杖の先へ、ついには突っついている物体が杖と接する点にあたかも感覚そのものが備わっているような衝撃を直接的に感じるとした。それはまるで杖もまた延長された身体の一部のごとく働くという意味である。これは習熟という文脈で語られる場合もあるが、実際にニホンザルが道具を使う事例を調べた神経科学的実験においても実証されている[七]。腕を交差させたときに活性化する脳の触覚受容野が、両手に握った熊手様の棒の先だけを交差させても腕が交差していなければ通常は当然活性化しない。しかし熊手の使用に習熟したニホンザルにおいては、棒と棒の先端を交差させただけで腕を交差させたときと同じ領野が活性化することが確認されている。まるで棒の先までもが自らの身体の延長かのごとく道具を使いこなす身体拡張は、頭の中で思考した結果というよりももっと身体の根底に備わった基本機能の一つである可能性を考えてしまう。このようなテクノロジーによる身体拡張は、顕微鏡切開装置や遠隔操作装置の操作者が熟練していく過程においても、ミクロの世界や数百キロメートル先に感覚が転移したような感覚にとらわれる事象が報告されている。習熟化とは、中枢の脳から末梢に伝わる遠心性信号と逆に末梢から中枢へ伝わる求心性信号との関係が相関をもち、必然というよりはむしろ、その変動を制御するための規則的な関係を行為者がモデルとして身につけることである。わたしたちの習熟は、ミクロンオーダーの極小世界から数百キロメートル離れた遠隔地にまで、その感覚を飛ばすことができるようになる。

テクノロジーによる身体の拡張は、ミクロや遠い世界だけにとどまらない。ヴァーナー・ヴィンジの『マイクロチップの魔術師』は、the Other World（別世界）と呼ばれるネットワーク上でほとんどの情報を得るようになった近代アメリカを舞台にしたSF小説である［八］。この物語の中で人々は、脳波で直接に電子空間上でのやりとりができ、アバターのように電子空間上の人格をもって別世界に参加するという設定である。その世界の中で国家機関に完全に管理された世界の抜け道がどこにあるのか、といった空想上の物語であるが、これはもはや現実世界においても十分に起こりえる出来事である。オンラインゲームや投稿動画の視聴に長時間を仮想空間上で過ごす姿を見ると、ネット中毒という一つの疾患名が新たに認定されるほどに人々は電子空間での滞在が長時間化している。脳波インタフェースそのものは、いまだブレインマシンインタフェースという研究途上のものが多いが、すでに玩具レベルではラジコンを操作したり、自身がリラックスしているか否かを表出したりする程度の簡易装置として商品化されており、これらがよりリアリティを上げて仮想空間と結びつければ、もはやマイクロチップの魔術師は絵空事ではなくなる。

テクノロジーはわたしたちの日常生活を進化させている側面も当然ながらもっているが、同時に身体としては退化させているという論調もある。代表格は電子辞書をはじめ、漢字変換ソフトに依存して字を忘れるという指摘である。文字を自ら書く機会が減ったことで、漢字を思い出すのではなく、画面上で選択するようになったためである。同じことは自動車の運転にも言える。カーナビゲーションのなかった時代に、わたしたちが一体どうやってドライブをしていたのかもはや思い出せないほどに、ナビゲーションに依存した移動が増えている。裏を返せば地図を読めなくても運転手を務めることができるという意味であり、これを是とするか否とするかは社会が決めるべきことである。電子メールは聴覚障害のある人同士のコミュニケーションにもはや欠かせないメディアとなっているが、結果として手話を覚えない若者世代が増えたことで手話を母語とする親世代との間でコミュニケーションがとりにくくなっているといった弊害が指摘されることもある。テクノロジーにその弊害の罪を背負わせることはできるのか。

7 テクノロジーは誰の味方か?

昨今、人工知能やロボットという新しいテクノロジーに仕事が奪われるかもしれないという悲観論が多く聞かれるが、仕事がテクノロジーにとって代わられる経験は実は今にはじまったことではない。電車の改札の仕事はすでに多くの路線で自動改札に置き換わっている。自動改札は駅員の仕事をテクノロジーで置き換えただけではなく、裏返しの切符や定期券をも一瞬で表側にひっくり返し、なおかつ利用者が改札を通過するわずか〇・六秒の間に返却する処理を実現する極めて複雑な機械機構の修復や維持を支えるメンテナンスエンジニアの新たな仕事を生んだ。しかし、昨今ではICカードの普及により、リーダーライターに照らすだけで物理的な券の回収機構が不要となり、メンテナンスエンジニアが修理する出番がなくなるという新たな問題が生じているという。さらに国外の高速鉄道の検札に目を向ければ、そもそも自動改札すら設置しない新たなサービスまでが実現されている。それはインターネットでチケットを予約した後は、駅舎に入るや否や、ホームまで何にも足止めされることなく直接に目的の列車に乗り込み、そのまま予約した座席に座ることができる無検札サービスである。そうなると、もはや改札という概念そのものが不要となってしまうため、メンテナンスエンジニアの仕事どころか自動改札機の開発から製造、設置すら必須ではなくなる可能性が出てきてしまう。もちろん、現在のところは無賃乗車の多さが社会問題化しているとのことであるが、特

表1　弱いロボットと強いロボットの設計原理の対比

	弱いロボット	強いロボット
着眼点	機能を引き算して減らすこと	機能を足し算して増やすこと
対象	マイノリティ	マジョリティ
自立／依存	他者依存であるが包括的で親密	自立するが排除的で孤立しがち
設計原理	緩やかさ／不完全性／余白	速さ／完全性／正確性
意味の付与	利用者との共創関係で決まる	設計者から所与のものとする

筆すべきは無賃乗車による損失を含めても、改札設置とメンテナンスコストが不要という低コストを鑑みると、どちらが経済的であるかは悩ましい水準だという指摘もある。

つまり、本来はテクノロジーが中立であるという事実を再考する必要がある。テクノロジーが何か敵意をもって、誰かの仕事を奪ったり、何かを与えたりするものではない。テクノロジーが誰かの身体を拡張したり、後退させたりすることもテクノロジーが望んだことではない。テクノロジーとはその役割を単純化して考えるならば、あるエネルギーを別のエネルギーにただ変換する装置に過ぎず、その使用者やそれをとりまく社会が、当該テクノロジーがもたらす効果や結果を、どのように受容するかを選択するだけである。すなわちテクノロジーを受容するわれわれ社会の側にその選択権があるはずである。従来のテクノロジーに関する研究開発が、頑健さ、速さ、強さを価値として、その目標達成に邁進してきたことは疑いない事実である。しかし新たなテクノロジーが人と相対し、また人と人とをつなぐ仲介役を担おうとするとき、完成度の高い口上は付け入るスキを与えず、対話相手をかえって傍観者にしてしまう。これはまさに「強いロボット」の弱点だった。

これに対して「弱いロボット」の設計原理は、これからのテクノロジー開発に新たな視座を与えるだけでなく、われわれの日常生活においても、大きな視点転換を迫る（表1）。強いロボットや足し算のデザインのように、完全性や正確性にとらわれて計画との差分に固執するのではなく、むしろ余白を残してこれから相対する他者とともに共創される不確定の価値を受容するもう一つの姿勢である。インクルーシブデザインにおいても、そのデザイン対象となる製品やサービスの機能や価値を、従来のようにエンジニアやデザイナーが一方的に決めつけてしまうのではなく、利用者を巻き込みながらその企画、設計、開発の過程で共創していくことが、その一つの特徴となっている。いずれも択一的な選択肢ではなく、テクノロジーとの向き合い方そのものであり、そのいずれにより注力するかは社会にその選択が委ねられている。バランスのよい態度を示すためにも、この極端な二つの視座があることを心にとどめ置いていただきたい。

参考文献

［一］岡田美智男『〈弱いロボット〉の思考』講談社現代新書、二〇一七年
［二］岡田美智男『弱いロボット』医学書院、二〇一二年
［三］岡田美智男、松本光太郎編著『ロボットの悲しみ』新曜社、二〇一四年
［四］ジュリア・カセム、平井康之、塩瀬隆之、森下静香編著『インクルーシブデザイン』学芸出版社、二〇一四年
［五］ジュリア・カセム『「インクルーシブデザイン」という発想』平井康之監修、フィルムアート社、二〇一四年
［六］マイケル・ポランニー『暗黙知の次元』高橋勇夫訳、ちくま学芸文庫、二〇〇三年
［七］入來篤史『神経心理学コレクション　道具を使うサル』医学書院、二〇〇四年
［八］ヴァーナー・ヴィンジ『マイクロチップの魔術師』若島正訳、新潮文庫、一九八九年

3

障害学とは何か

歴史、スポーツ、テクノロジー

杉野昭博

1　障害学とは何か？

障害研究のパラダイム転換

「障害学(Disability Studies)」という用語は日本においてもだいぶ流通するようにはなったが、「障害」についての研究全般をさしていると思っている人も少なくない。障害学は、たんなる「障害の研究」ではなく、障害のある当事者の視点から、障害の社会的側面、すなわち「社会的障壁」あるいは「ディスアビリティ(disability)」を主として研究する学問であり、障害者に対する社会の偏見や差別を訴えてきた障害者運動の主張に端を発した学問である。これに対して、障害医学やリハビリテーション学や障害児教育学など、従来の障害研究の多くは、障害の個人的側面、すなわち「機能障害」あるいは「インペアメント(impairment)」に焦点をあててきた。

このように障害の個人的側面であるインペアメントに着目する従来の障害研究の視点を、障害学では「個人モデル」、あるいは「医学モデル」と呼び、その研究目的が、障害を治療、訓練、教育することで、障害者を健常者社会に適応させることにあり、障害による不適応の原因を障害者個人に求めているとして、その認識論上の立脚点そのものを批判した。一方、障害の社会的側面であるディスアビリティに着目する障害学の視点は「社会モデル」であり、障害の原因を健常者社会に求め、その変革によって障害者の包摂を可能とする研究を目指している。

近年では、国連で二〇〇六年に締結された障害者権利条約(Convention on the Rights of Persons with Disabilities: CRPD)をはじめ、障害をめぐる国際基準や各国の障害者差別禁止法において、障害学の「社会モデル」の考え方が採用されているので、障害学が障害者施策や障害研究にも一定の影響を与えてきていることは確かである。一方で、世界保健機関WHOが二〇〇一年に策定した障害分類の国際基準である国際生活機能分類(International Classification of Functioning, Disability and Health: ICF)など、インペアメントを中心とした個人モデルの障害研究視点も存続していて、障害者権利条約も、社会モデルとともにWHOによるICFの視点を認めている。

このように、現在の障害研究においては「個人モデル」と「社会モデル」は併存している。ここで言う「モデル」とは、障害を研究する際の方法上の「視点(perspective)」のことである。ただ、どのような研究分野でも同じことだが、一つの視点が支配的になった時、それはその学問の「範型(paradigm)」となり、社会的にも政治的にも大きな影響力をもつと同時に、似たような研究しか生まれなくなり、パラダイムの転換が起きるようになる[一]。障害学と社会モデルは、障害研究のパラダイム転換をもたらしたといえるだろう。

ところで、障害学の成立につながる障害者権利運動と障害者自身による言論活動、および、その主要な論点である「障害の社会モデル」の主張は、おおむね一九七〇年代に、アメリカ、イギリス、日本でほぼ同時期に誕生したと言ってよい。英語圏以外の状況は日本ではまだよくわかっていないが、ドイツをはじめ非英語圏でも同じような時期に障害者の言論と社会モデルの主張が誕生しているようである[二]。障害学の特徴は、障害は障害のある人個人ではなく、社会との関係でとらえられるべきだという「障害の社会モデル」の主張にある。本章では、この主張が日米英三か国でどのように創られてきたのかを振り返った後、現在の障害学で注目されている研究テーマとしてスポーツとテクノロジーを取りあげたい。

日本の障害学の淵源としての「青い芝の会」

まず日本の障害学の淵源は、一九七〇年代初頭におきた母親による障害児殺しの事件に対する社会の同情に反発して、脳性まひ者の運動団体である「青い芝の会」が障害者の生きる権利を主張したことにある。彼らの主張を端的に表しているのが、以下の五項目の行動綱領である。

一、われらは、自らが脳性マヒ者であることを自覚する。
一、われらは、強烈な自己主張を行なう。
一、われらは、愛と正義を否定する。
一、われらは、健全者文明を否定する。
一、われらは、問題解決の路を選ばない。

(http://www.arsvi.com/o/a01.htm#6　二〇一八年八月二三日閲覧)

この行動綱領が意味するところは、脳性まひという自らの障害を自覚して、まさにその障害に立脚して社会を見た時、健常者による愛や正義としての「障害者福祉」は障害児を殺した母親に同情するようなものでしかなく、そうした欺瞞的な障害者福祉を成り立たせている健常者社会の価値観、すなわち、障害者は不幸でしかなく、生きるに値しないという優生思想を批判しなければならないということである。さらに、そのためには健常者一人ひとりと障害者が対等な対話をおこなうことが必要であり、それは問題解決をめざすのではなく、むしろ問題提起を徹底することで成り立つと彼らは考えていた[三二]。

この青い芝の会の行動綱領は、とくに後半の三項目は、障害者が健常者にケンカを売っているかのようにも受け取られることが多く、非常識だとか、過激だとかしばしば論評されてきた。しかし、これらの主張が一九七〇年代の日本社会の厳しい障害者差別のなかで生まれたものであることや、少なくとも綱領制定当初は健常者よりも脳性まひ者に向けて呼びかけられたものであるということを忘れてはならないだろう。こうした時代背景や綱領の文脈を考慮するならば、その趣旨は、障害を否定せず、障害に立脚して社会に働きかけ、障害を持ちながら生きられる社会を建設していこうという一九八〇年代以降の世界の障害者福祉の常識を先取りしたものだといえる。

その意味で、青い芝の会の行動綱領は日本における最初の社会モデルの主張であり、そのことは「健全者文明を否定する」という綱領に端的に現れている。つまり、従来は健常者の視点からとらえられていた障害を、当事者の視点からとらえ直したとき、「健全者文明を否定する」とまで言わざるを得ないような認識の逆転が必要だったのである。障害学の視点は、障害の認識について、まさに世界観を逆転したパラダイム転換だったといえるだろう。こうして、青い芝の会の行動綱領にこめられた日本版の障害の社会モデルは、その後、一九八一年の国際障害者年をきっかけとして、ノーマライゼーションや自立生活運動などの外来思想の影響も受けながら発展して、社会で幅広く受け入れられるようになった。

米英の障害者運動と障害学

アメリカにおける社会モデルの成立も日本と同じく一九七〇年代であり、障害者問題を人種差別や女性差別と同様に公民権問題としてとらえる主張が現れたのがきっかけである。アメリカでは第二次世界大戦後早くから、人種や民族や性差に対する偏見と同じように、身体障害についての偏見を取り上げる心理学研究があった。これは人種や民族への偏見が、身体的特徴と強く結びついていることを考えれば自然なことだった。人種差別や民族差別とは、容貌差別にほかならないからである。一九四〇年代の社会心理学などの研究では、こうした身体的特徴への偏見は、身体障害への偏見に端的にあらわれていると考えられた。アメリカではこの頃から人種差別と障害者差別を同じ問題としてとらえる見方が存在していた。

その後、人種差別に反対する公民権運動がアメリカで隆盛を極めた後の一九七〇年代になって、公民権の主張が、身体障害者差別にも適用されるようになった。これが、一九七〇年代におけるアメリカの障害者権利運動である。そこでは、障害問題とは社会の偏見による部分が大半であるという主張がなされ、黒人や女性と同様に障害者の高い能力がしばしば強調されることもあった［四］。

イギリスでは、ヴィク・フィンケルシュタインとマイケル・オリバーという二人の車いすユーザーが大学教員の職についた一九八〇年代に、障害学と障害の社会モデルが広く提唱されるようになった。イギリスの障害学と社会モデルが普及するうえでは、アパルトヘイト反対運動に関与していた南アフリカ出身のフィンケルシュタインの功績が大きかった。その意味では、イギリスでもアメリカと同様に障害問題を人種問題と同じ枠組みでとらえることで障害の社会モデルが成立したともいえる。しかし、アメリカと異なるのは、イギリスで社会モデルを主張するうえでは、比較的良質な身体障害者福祉を提供してきた民間福祉法人、いわゆるチャリティ団体を批判する必要があった点である。

イギリスの障害学の淵源は、一九七二年にポール・ハントらによって組織された「隔離に反対する身体障害者同盟(Union of the Physically Impaired Against Segregation: UPIAS)」に求められ、このUPIASが一九七五年に発表した身体障害の定義が、マイケル・オリバーによる「障害の社会モデル」へと発展した[五]。ところで、脊髄性筋萎縮症のハントは五歳から三三歳まで長年、障害児学校や老人病棟や身体障害者施設など、チャリティ団体の施設で社会から隔離された人生を過ごしてきた[六]。このようにイギリスの上中流階級の良心の象徴とも言うべきチャリティによる労働者階級の障害者を対象とした「福祉」という名の「隔離と管理」を批判して、福祉国家による障害者の生活保障を要求したのがUPIASの運動だった。イギリスの障害学が「階級対立」を重視して、マルクス主義理論の影響を強く受けているのは、イギリスにおける「障害者福祉」が日米のように「健常者から障害者への恩恵」という偏見に支配されていただけでなく、「上流階級から下流階級への恩恵」というチャリティの精神によっても強く影響されているからである。

社会モデルの意義と課題

以上のように、日本では優生思想への反発から障害者の生存権が主張され、アメリカでは人種問題に連帯するかたちで障害者の公民権が主張され、イギリスでは障害者のチャリティ団体からの自立と国家による福祉が階級対立の文脈で主張されるという違いはあるが、いずれの国でも障害者の生きにくさをもたらしているのは、医学的にみた障害ではなく、社会であるという主張、すなわち社会モデルの主張は世界共通の主張となった。この社会モデルは、障害者インターナショナル(Disabled Peoples' International: DPI)などの国際的な障害者運動を形成していく大きな力となった。こうして二〇〇六年に採択された国連障害者権利条約でも障害の社会モデルが採用され、その結果、日本でも障害者差別解消法などが実施され、大学でも障害学生支援のみならず障害のある研究者への合理的配慮の提供もようやく視野に入ってきた。

こうした障害の社会モデルについては、障害問題の医学的側面や個人的な側面は否定できないといったさまざまな批判があるが、社会モデルの重要な意義として二点強調しておきたい。一つは、障害の原因を社会に帰属させようとする社会モデルは、障害のある人が、その障害ゆえに自分を責めるという考え方、いわば「障害の自己責任」説から解放してくれた。マイケル・オリバーは、障害の個人モデルのことを「障害の個人的悲劇理論」と呼んでいるが、障害者が自ら「悲劇の主人公」として自己否定しなくてもよいという新たな障害観を社会モデルはもたらした。

社会モデルの二つ目の意義は、それが多様な障害者を団結させたことである。障害の医学モデルは、障害者を障害種別に分断してしまう働きがある。障害種別の違いや、個人差を強調するのが医学モデルや個人モデルと呼ばれる認識枠組みであり、障害のある人を個別的にとらえることは重要だが、この認識の枠組みが政治的な文脈で用いられると障害者運動は分断されてしまう。実際に多くの国でこれまで障害者運動は障害種別の分裂や対立につねに悩まされてきた。社会モデルはこの問題をはじめて解決した。これまで障害者は集合的に差別されながらも、その差別は不可視化され、その対応は、医学もリハビリも教育も福祉も徹底的に個別化されていて、政治的には分散化され無力化されていたといえる。そうした状況を一変させたのが社会モデルだった。

2 「障害のある身体」とスポーツとの出会い

再び注目されるインペアメント

さて、社会モデルという障害学の視点は、その後どのように発展したのだろうか？　英米では一九九〇年代ころから、「障害学の第二の波」が現れたと言われている。これはフェミニズムの第一の波と第二の波になぞらえた言い方をしている。フェミニズムの第一波が単純な男女平等を主張したのに対して、第二波フェミニズムは男女の差異と平等を主張したとされるが、障害学も同様に第一波が差別と平等を主張して社会的障壁としてのディスアビリティに焦点化したのに対して、第二波障害学は身体的差異としてのインペアメントを重視して、社会モデルは障害のある身体を無視していると批判した。さらに現在は、「男女の差異は社会的構築物に過ぎない」と主張する第三波フェミニズムと同様に、「障害」は社会によって作られたレッテルに過ぎないといった主張も登場している。

心身における障害(インペアメント)と、社会における障壁(ディスアビリティ)を本質的に区別したり、障害者差別を人種差別や女性差別とほぼ同様に扱おうとする考え方に無理があることは第一波の論者自ら承知していた。ただ、彼らは、社会的偏見や差別を批判することで解決する問題は数多くあり、まずそれらの差別を解消してからインペアメントの問題に取り組むべきだと考えていた。一方、第二波以降の障害学は、インペアメントとディスアビリティは分けて論じることはできないと考えたのである。障害のある身体と社会の障壁の関係については、理論的には論争が続いているが、近年では、個人モデルと社会モデルといった区別があてはまりにくいテーマや、身体と環境、障害と健常といった境界があいまいになる領域に関心が集まる傾向がある。

障害とスポーツをめぐる研究

障害学の新たな研究分野の一つが障害とスポーツの研究である。この研究テーマはアメリカでもっとも盛んだが、その典型的な例は、障害アスリートを取り上げて障害者の力強さを描く傾向にある。たとえば、車いすバスケットが盛んなウィスコンシン大学ホワイトウォーター校の社会学者ロナルド・バーガーによる *Hoop Dreams on Wheels* というタイトルの著作がある[七]。「Hoop Dreams」というのは「バスケに夢を託して」といった意味だが、貧しい黒人少年がプロバスケット選手になる夢を描いた映画のタイトルである。バーガーの著作は、この映画タイトルにちなんで「車いすバスケに夢を」と名付けられており、車いすバスケットを通じて障害を克服する選手たちと周囲の支援の様子が描かれている。バーガーは、例外的に成功した障害者を強調することは一般障害者の排除と差別を強化することになるという批判、いわゆる「障害者ヒーロー(super-crips)」批判にも目配りしながら、車いすバスケットのトップレベルの選手たちは、それぞれ本人の努力だけでなく、周囲の支援や環境、人脈があってこそプロ選手になれるのであって、彼らが「障害者ヒーロー」という偏見を強めるとして批判することは見当違いであると述べている。

アメリカの障害者運動は、障害者を弱者とみなす社会の偏見を相対化し、スティグマ(恥の烙印)としての障害を払拭することにまず目標をおいているので、プロリーグもある車いすバスケットのトップレベルの選手たちを取り上げることは、まさしく障害者運動の目的にかなっている。しかし、その一方で、障害者の有能性ばかりを強調することは無能さの強調と同じリスクがあることも十分に意識されていて、「障害者ヒーロー」をもてはやす危険性が常に警戒されている。たしかに、バーガーの本を読んでいると、一定の身体能力がある障害者であれば、誰にも成功するチャンスは開かれているかのように思えるし、そういう意味では、車いすバスケの世界はアメリカの一般社会の理想となにも変わらないようにも思える。しかし、この本を読んでいると、ロバート・スコットの名著『盲人はつくられる』を想起してしまう。スコットは、アメリカの盲人施設が寄付金集めという組織的利害に基づいて、晴眼者がイメージしている「盲人像」を作り上げ、実際の盲人の多くもこれに同化することを指摘した[八]。これと同様に、ホワイトウォーター校をはじめとする車いすバスケットの強豪大学も、その組織的利害からアメリカ社会が期待する「車いすバスケット選手」を組織的に生産していると言えないだろうか。本来スポーツ社会学がもつべきこうした批判的視点が、バーガーの研究では不十分なように思う。

これに対して、車いすの人たちを「異文化」という視点からとらえた岩隈の研究は、バーガーよりも慎重なアプローチをとっている。岩隈は異文化コミュニケーション論の理論仮説によって、マイノリティに対する多数派文化による同化圧力に着目する。したがって障害者スポーツを分析する際にも、それが「理想の身体」という健常社会の価値観による同化圧力から無縁ではないことに留意している。これはバーガーの著作には欠けていた視点である。そして岩隈は、フーコーの「従順な身体と抵抗」という概念を援用して、障害者がスポーツを通じて主流文化に影響されながらも、これに抵抗していくプロセスを描いている[九]。

このように、バーガーと岩隈では対象へのアプローチに大きな違いがあるが、社会から孤立しがちな中途障害者たちが、車いすバスケットなどの障害者スポーツを通じて人間関係を広げ、社会参加しながら成長していくことを強調している点は共通している。これらの研究から、障害者スポーツには、当事者にとって単なるスポーツ以上の魅力があることが推定できる。しかし、そこまで障害者を魅了する車いすバスケット、あるいは車いすスポーツの魅力とは何なのだろうか。

車いすバスケットがもたらした「逆統合」現象

この問いへのヒントを与えてくれるのが、日本の車いすバスケット選手たちへのインタビュー調査をおこなった渡の研究である[一〇]。日本における障害とスポーツをめぐる議論は、スポーツをする障害者の視点に焦点を当てることよりも、社会の主流のスポーツ文化やスポーツ規範を相対化して、たとえばアダプテッド・スポーツといった近代スポーツ競技のオルタナティブを追求する傾向が強い。そうした先行研究を踏まえて渡は、「障害者スポーツ」について、「障害者がするスポーツ」と「障害者のためにルールが変更されたスポーツ」と「障害を無意味化するようなスポーツ」という三つのとらえ方を紹介する。そして、コートの中では健常者と障害者の区別なく、誰もが競技能力の機能的要素の客観的評価によって付与される「持ち点」に応じたプレーヤーとして認識される車いすバスケットは「障害を無意味化するようなスポーツ」だと述べている。

車いすバスケット選手のなかには、日常生活では車いすを使用しない人もいることはあまり知られていない。下肢切断の車いすバスケット選手は、競技機能の損傷がもっとも少なく、四・〇や四・五といった高い持ち点プレーヤーとして、試合でもっとも活躍する中心選手たちだが、彼らは日常生活では義足歩行をする人も多い。近年では健常者が車いすバスケットに参加することも増えてきている。健常者の場合は、最高点である五・〇あるいは、片足切断の人と同様に四・五の持ち点選手となる。車いすバスケットでは、同時にコートに入る五人の選手の持ち点の合計は一四点以内というルールがあるので、四・五の選手を二名使えば、残りの三名の合計は五点以内におさめないといけないので、持ち点が一点や二点の選手の存在が不可欠になる。持ち点一点の選手とは、たとえば、体幹の安定を保持できないために、車いすの背もたれが高く、座面は低く深く座れるようになっているので、体を旋回したり高い位置に手を伸ばしたりできない。しかし、守備や攻撃で相手の持ち点の高い選手を妨害することでチームに貢献する役割がある。

このような車いすバスケットのルールに似たものとして将棋をあげることができるだろう。持ち点の高い選手とは、将棋で言うと飛車とか角で、縦横無尽に活躍するが、持ち点三の金銀や、持ち点二の桂馬や香車、持ち点一の歩と、うまくバランスを取らないと勝てない。それが車いすバスケットのゲームや戦略の面白さだと渡は述べている。車いすバスケットをこのように理解すると、障害がすでに競技のなかでルール化されているために「障害そのもの」に特別な意味はなくなるといえるだろう。持ち点は、障害と健常の区別や、障害の重さによる区別でなく、役割あるいはポジションの違いと考えられる。このような車いすバスケットの競技としての特質が、健常者と障害者という区別を無意味化しているのであり「障害を感じない時空間」を作っている。このことこそ、多くの障害者が車いすバスケットを生きがいとし続ける理由の一つだと考えられるだろう。

もちろん、バリアフリーの「障害を感じない時空間」は車いすバスケット以外にもあるだろう。しかし、渡の調査によれば、車いすバスケットの実践者の多くは「健常者もできる」という点を重視している。このように障害者が「健常者の世界」に参加するのでなく、健常者が「障害者の世界」に参加して成立する統合を、岩隈は「逆統合(reverse integration)」と呼んでいるが、この逆統合こそ車いすバスケットの魅力なのではないだろうか。[1]

3　障害とテクノロジーの出会い

障害者のための支援技術をめぐる多様な論点

障害とスポーツをめぐる研究と同様に、障害とテクノロジーをめぐる研究も障害学に新たな展開をもたらしている。障害の技術的解決をもたらすテクノロジーのことを「支援技術(assistive technology)」と呼んでいるが、この歴史は第一次世界大戦で出現した多数の傷痍軍人に対する義肢装具や車いすの提供にさかのぼる。そして義肢装具や車いすなどの支援技術の進歩は、障害者スポーツの発展によってもたらされた。たとえば、現在のバスケットボール用の車いすは、軽量化が追求され、スピードと回転性能が飛躍的に高められているが、だからこそ通常の生活にはまったく使えない代物である。これは、自動車産業におけるレースカーの開発と一般量販車の生産との関係とも似ている。競技のための技術の向上が量産品の生産に応用されることもあるが、必ずしも両者は不可分の関係とはいえない。つまり、競技用の車いすの開発にばかり努力が傾注されて、生活用の車いすがなかなか進歩しないといったことも起こりえる。

競技用と生活用の区別に、市場と福祉という供給システムの違いが重なると、両者の格差はさらに広がることになる。一般に競技用の義肢や車いすは市場メカニズムによって提供されるので、一般商品と同様に企業は競争力を高めるためにつねにより良い製品を開発しようとする。一方、生活用の義肢や車いすなど、障害を補うための道具類は日本では障害者福祉制度によって「補装具」あるいは「日常生活用具」として供給される。これらは福祉制度における「現物給付」と呼ばれるもので、年金やサービスを受給するのと同様に、市町村などの行政による受給資格の認定によって無料もしくは低額の費用負担で供給されている。そして受給資格の要件は、本人の所得や、世話をする家族がいないといった「生活環境」のほかは、それらの補装具の必要性と効果を認める医師の意見などである。

このように市場ではなく福祉制度によって給付される道具は、必ずしも利用者のニーズを十分に反映していないし、受給資格のある人にとっては費用負担は少ないが、もしも医師に使用を認めてもらえずに全額自己負担で補装具を利用しようとしたら、市場で提供された場合の価格よりも高額な料金になるといった欠点がある。また、福祉で供給される補装具にはデザイン性や機能性に劣るものが多い。このように考えると支援技術は市場メカニズムによって供給された方が良さそうだが、市場供給の場合は、それらの支援技術は比較的所得の高い人にしか利用できないという点を忘れてはならないだろう。市場か政府かという資源配分をめぐる社会政策論争は、社会保障のあらゆる分野でおこなわれているが、この論争が支援技術の提供についてもあてはまる。

さらに、支援技術の利用要件に医学的診断が含まれるという点は、必ずしも妥当とは言えない場合もあるだろう。たとえば、電動車いすの利用の適否を医師が判断する場合、医師は障害者がどの程度手が動くかは判断できても、電動車いすを日ごろ利用していない医師が必要性と効果まで判断できるのか疑問がある。医学的判断の比重が重すぎる傾向は、リハビリテーションの一環として始まった障害者スポーツの領域でも見られたことだ。障害者競技のクラス分けは、当初は医学的観点から分けられていたが、近年では徐々に、競技に必要な能力のみによってクラス分けされる傾向が強まっている。しかし、障害者スポーツに比べると、障害者支援技術の分野ではまだ医学的視点の影響は強いといえる。

医学的影響とあいまって、技術者自身の技術過信が重なると、支援技術がすべての障害者問題を解決できるといった「技術決定論」や、障害者の利益になる道具は医師と技術者だけで作ることができるといった「ウェルフェア・パターナリズム(福祉父権主義)」や「専門家主義」が強まって、結果的に利用者のニーズを見誤ることになる。それを防ぐために、一九九〇年代以降「ユーザー視点での技術開発」や、「開発過程への障害者の参加」といったことが強調されている。

障害のある身体と機械または環境の融合

補装具などの支援技術は個人に対して個別的に技術が用いられるという点で、個人モデル的なアプローチと言えるが、一九九〇年代以降は障害者運動の台頭に伴う「障害の社会モデル」の主張によって、バリアフリーやユニバーサルデザインや情報保障など、環境に働きかける社会モデル的なテクノロジーの活用も増えてきた。しかし、その一方で、人工内耳の埋め込みや、出生前診断や着床前診断、さらには再生医療による脊髄損傷治療など、個人モデル的な技術の発展も目覚しい。しかし、そこには科学技術の功罪という古くて新しい問題がつねに存在している。人工内耳をめぐっては、聞こえない子どもが聞こえるようになることで社会参加が促進されたという主張がある一方で、人工内耳手術は手話を言語とするろう者のマイノリティ文化、すなわち「ろう文化」を抹殺するものだという批判もある。

また、バリアフリーや情報技術の発展が障害者の社会参加をどれだけ拡大したかについてはいくら強調しても足りないが、その一方で障害者のなかのデジタルデバイドの問題や、WEB情報の画像化が進行するなかで視覚障害者への情報提供が不十分になるといった問題がある。

「障害とテクノロジー」の著者であるイギリスの障害学者アラン・ロールストーンは、「テクノロジーと障害者はしばしば予期せぬかたちで交錯する」と述べている[一一]。つまり、テクノロジーは意図しない結果を障害者にもたらすし、障害者も技術者が予期しなかったような利用をする。技術が人の行為を左右し、人の行為が技術の発展に影響するという関係は、人と技術の普遍的な関係だが、とくに障害者の場合は、その関係に予測不能な要素が大きくなると言えるだろう。

障害とテクノロジーの出会いがもたらす予測不能な結果の一つに、障害のある人の自己イメージやアイデンティティの変化という問題がある。たとえば、脊髄再生医療によって障害がなくなった人は、もはや「障害者」ではなく「健常者」であり、障害者手帳は返却し、障害基礎年金も停止されることになる。障害者雇用で雇用されていた人は、その雇用は解雇され、一般雇用で改めて求職する必要が出てくるかもしれない。しかし、完全に治癒せずに、部分的に麻痺が残ったりした場合はどうなるのだろうか？「障害者」としての資格は維持されたとしても、障害等級が大幅に軽くなるので年金は停止されてしまうかもしれない。おそらく誰にも予測できない結果だろう。

一方、同じ脊髄損傷でも超小型のパワースーツのような補装具が開発されて、何不自由なく階段を上って満員電車でも通勤できるようになれば、インペアメントはそのままでも「健常者」とまったく同じ社会生活が可能になる。この場合、脊髄損傷者は「障害者」であり続けられるのだろうか。近眼の人のメガネのことを考えれば、いくら裸眼視力が悪くても生活上支障がなければ健常者である。したがって、パワースーツ開発後の脊髄損傷者は「健常者」とみなされる可能性が高い。しかし、パワースーツで温泉に入ったり、プライベートな時間を過ごせるかというと難しい面もあるのではないだろうか。そこはメガネとは少し違うかもしれない。

ところで、パワースーツのような人工装具を装着するのは障害者だけではなくなるだろうし、すでに多くの高齢者が人工関節などの装具を利用している。将来は人口の過半数がなんらかの人工的な装具を身体に埋め込んだり、日常的に身体に装着して暮らすようになるのかもしれない。こうした人工装具は、人間と機械の境界を曖昧にしていく。また、私たちはすでにGPSやインターネットを利用してさまざまな情報を得て生活している。スマートホンやカーナビの道案内がなければどこにも行けないし、車の自動運転も実用化が現実になりつつある。こうしたインターネットが提供する情報やサービスは「環境」でありながら、人間の行動を規定するアフォーダンスといえるだろう。これは主体と環境の区別を曖昧にしていく。このように、人間と環境、心と体、主体と客体、生物と機械といった従来の二元論的概念が崩れているのが先端テクノロジーの世界であり、そうした時代を生きる人間は「サイボーグ」だとダナ・ハラウェイは主張する[一二]。

フェミニストのハラウェイが予見するサイボーグ社会では男女の区別がなくなる。性差もなくなるぐらいだから、障害と健常という二分法も存続しえないようにも思える。しかし、ハラウェイが描くサイボーグはあくまでも「機械と健常者の融合」であって、実際に障害者が人工装具によってどのようなサイボーグになりえるのかは不明である。テクノロジーの約束する未来と現実にはギャップがつきものである。脊髄損傷者のために開発されている極軽量のパワースーツは長時間使用できないために、車いすの代替物にはならないのが現状であり、使用例としては「娘の結婚式でバージンロードを歩く」ことなどがあげられているが、そのことにどれほどの価値があるのか疑問である[一一]。また、再生医療に期待する脊髄損傷者は多いが、「健常者」に戻るつもりで一〇年という年月を待つのと、「障害者」

として生きるのでは、その人の人生の意味が大きく変わってくるだろう。そういう意味では、障害者にとっては「技術の未来」はまさに他人事ではなく、自分の人生に直接かかわる事態なのである。

参考文献

[一] T・クーン『科学革命の構造』中山茂訳、みすず書房、一九七一年。Kuhn, T., *The structure of scientific revolutions*, University of Chicago Press, 1962.

[二] Köbsell, Swantje & Waldschmidt, Anne, "Disability Studies in Austria, Germany and Switzerland: Introduction", *Disability Studies Quarterly*, 26-2, 2006(http://dsq-sds.org/article/view/691/868/ 二〇一八年八月二五日閲覧).

[三] 横塚晃一『母よ！ 殺すな』生活書院、二〇〇七年

[四] 杉野昭博『障害学——理論形成と射程』東京大学出版会、二〇〇七年

[五] 杉野昭博「インペアメントを語る契機——イギリス障害学理論の展開」『障害学の主張』石川准、倉本智明編著、明石書店、二〇〇二年

[六] 田中耕一郎『英国「隔離に反対する身体障害者連盟(UPIAS)」の軌跡』現代書館、二〇一七年、三七—六三頁

[七] Berger, Ronald J., *Hoop Dreams on Wheels: Disability and the Competitive Wheelchair Athlete*, New York: Routledge, 2008.

[八] R・A・スコット『盲人はつくられる——大人の社会化の一研究』三橋修監訳、金治憲共訳、東信堂、一九九二年。Scott, R. A., *The making of blind men: a study of adult socialization*, New York, 1969.

[九] Iwakuma, Miho, *The Struggle to Belong: Stepping into the World of the Disabled*, New York: Hampton Press, 2014.

[一〇] 渡正『障害者スポーツの臨界点——車椅子バスケットボールの日常的実践から』新評論、二〇一二年

[一一] Roulstone, Alan, *Disability & Technology: An Interdisciplinary and International Approach*, London: Palgrave Macmillan, 2016.

[一二] D・ハラウェイ『猿と女とサイボーグ――自然の再発明 新装版』高橋さきの訳、青土社、二〇一七年。Haraway, D. J., *Simians, Cyborgs, and Women: The Reinvention of Nature*, 1991.

[一三] 広瀬浩二郎『さわる文化への招待――触覚でみる手学問のすすめ』世界思想社、二〇〇九年

注

1 「障害者が障害を感じない時空間に健常者が参加する」という事象を「逆統合」と定義するなら、広瀬浩二郎による「触る文化」の運動なども逆統合の試みといえるだろう[一三]。また、ろう者たちの手話を聴者が学習することも、聴者のろう文化への逆統合と言えるのかもしれない。

4

障害者は障害を持つ人か

「障害」に関する三つの話

岩隈美穂

私は神田外語大学英米語学科を卒業し、在学中に興味を持つことになった異文化コミュニケーションを学ぶために渡米しオクラホマ大学で博士号をとりました。卒業後ペンシルベニア州の小さなリベラルアーツカレッジで教員生活を送った後、カリフォルニアとカナダで二回の研究員(ポスドク)生活を送り、その後京都大学に着任しました。これまでの研究テーマは現在の大学に来るまで、異文化コミュニケーション、障害学、ヘルスコミュニケーション、医療社会学とその範囲を広げていきましたが、「障害」というテーマはどこに行っても学問領域をまたいでも一貫してつながっています。このことは障害というテーマの普遍性に通じていると思っています。この章では障害にまつわるいくつかの違ったテーマについて話をします。

1　テクノロジーと身体

レーム選手をめぐる論争

二〇一八年群馬県で行われたジャパンパラ陸上大会にドイツのマルクス・レーム選手が出場し優勝しました。義足を付けての走り幅跳びの彼の記録は、八メートル四七センチ。間違いなく素晴らしい記録ですが、彼の「跳びすぎる」ことが問題の火種となっています。

右足の義足で踏み切り、八メートルを超える大ジャンプを見せる「ブレード・ジャンパー」こと、二九歳のマルクス・レーム選手。パラリンピックの男子走り幅跳びで二大会連続、金メダルを獲得したスーパースターです。……最後の跳躍で自身の持つ世界記録を七センチ越える八メートル四七センチを跳び、世界新記録を出しました。掲示板に記録が映し出されるとレーム選手は、何度もガッツポーズをして大きな声で喜びを表し、客席からは拍手がわき起こりました。この記録は、健常者も含めた男子走り幅跳びで、今シーズンの世界三位にあたる記録だということです。［一］

リオデジャネイロ大会で彼はオリンピック出場を望み、かつ彼が当時持っていた八メートル四〇センチの記録は、ロンドンオリンピックでの優勝記録の八メートル三一センチを九センチも上回っていました。しかしその時は、義足の反発力が競技に有利に働いていないことの証明を世界陸上連盟から求められ、結局オリンピック出場は実現しませんでした。レーム選手は大会後のインタビューで、二〇二〇年の東京大会では、パラリンピックではなくオリンピックでの出場を目指していると言います。東京で彼の夢は叶うのでしょうか。

治療かエンハンスメントか

スポーツの世界では、走り幅跳びのレーム選手のように健常選手よりいい成績を収めることも可能になってきています。[1] それに伴って「義足は有利だ。ずるい」といった、これまでのパラリンピアン（パラリンピック選手）への称賛

（例えば、「障害に負けない姿にすごいと思った」）とは違った声も聞かれるようになってきました。みなさんは「義足を付けた障害者と健常者が同じフィールドで競うこと」に対して、どう思いますか。「すごい」でしょうか。それとも「ずるい」？

医療技術の発達によって「健康の回復と維持という目的を越えて、能力や性質の「改善」をめざして人間の心身に医学的に介入すること」［一二］も盛んにおこなわれるようになってきています。これをエンハンスメント（増強的介入）と言います。分かりやすく言うと、視力低下を眼鏡で補うのは治療で、顕微鏡や望遠鏡を使って裸眼では見ることができない視力を手に入れるのが、エンハンスメントです［一二］。しかし理論上ではともかく、実際は治療とエンハンスメントは白黒はっきりしているわけではなく、その境界線はあいまいです。例えばやけどによるケロイドをきれいにするのとしわとりはどう違うのでしょうか。どちらも皮膚をきれいにするという点で同じなのに、ケロイド治療は「治療」とみなされ、しわとりは「美容」といわれる。その差はどこから来るのでしょうか。

私は授業で「ある・なし」シート（図1）を学生に渡し、「あり」か「なし」かを○か×をつけてもらい、終わったらクラスで結果についてディスカッションします。みなさんもやってみてください。意外と難しいと思います。ディスカッションでは、どういう基準で判断したのか、どちらにするか非常に迷った項目は何か、それはどうして迷ったのか、などを聞くと色々な意見が出てきて、普段仲の良い友達であっても「あり・なし」基準が違うことに気が付きます。また、自分は「なし（やらない・選択しない）」だけど、周りが選択するのはかまわない、という意見もあり、自分のものさしと社会のものさしがあって、時としてその二つは相反することもあるかもしれません。ちなみに「レーム問題」について「ずるい」と感じたとすれば、義足は治療やリハビリではなく「平均以上の能力を手に入れた」エンハンスメントと考えているから、と言えます。

- 勉強中のコーヒー
- バイアグラ使用
- 筋力アップのためプロテイン摂取
- ADHD 児童にリタリン処方(注意力向上)
- 代理出産
- 小人症に対しての成長ホルモン剤使用
- ヒトと他の哺乳類との交配
- 胎児の性別の選択
- 疲労回復のためのビタミン剤摂取
- カラーコンタクトレンズ使用
- 永久脱毛
- ドナーベビー(白血病の兄弟に臍帯血を提供するため、特定の白血球型をもった胚を選別して出産)
- 美容整形(豊胸手術、二重瞼……)
- (火傷による)ケロイド治療
- 歯列矯正(歯並び)
- レーシック手術
- 落ち込みを改善するための抗うつ剤(パキシル、プロザック)を使用
- ロッテのブラックガム(眠気覚まし)
- 眠れない夜に飲むカモミール茶(眠気を誘う)
- iPS 細胞を使っての ALS 患者への治療
- iPS 細胞を使って加齢によって衰えた細胞を再生させる
- iPS 細胞を使っての臓器移植
- 人工心臓、人工関節、人工骨の使用
- レーザーレーサー(水着)を着用してのオリンピック出場
- 受験勉強・試験勉強のためリタリン服用(集中力向上)
- スポーツ選手のステロイド使用

図1 「ある・なし」シート

レームは義足を装着していますが、いわゆる健常者と呼ばれる人たちであっても身体に人工物を装着している(例えばコンタクトレンズ、入れ歯)、あるいはペースメーカー、人工関節などを体内に取り込んでいる人はかなりいます。むしろすでに生まれたときの状態から人体を全く加工せず死んでいくことの方がもうすでにまれなのかもしれません。生命維持のためにあるいは寿命が延びるにしたがって、働きが悪くなった部分を人工物で補い、補強していくことは、人体のサイボーグ化とも言えます[三]。今のところサイボーグ化は、主に治療の目的で行われていますが、身体機能を人並み以上に増強するいわゆるエンハンスメントとの境はあいまいで地続きです。SFのような話かもしれませんが、例えば失明した人が通常の視力を取り戻しただけでなく、普通の人には見えない赤外線や紫外線が見えるようになったら……あなたはどう感じますか。エンハンスメントやサイボーグといった話をすると、障害(者)や正常・異常に対する見方が変わってくるかも知れません。

2 障害者≠障害を持つ人？

障害者の定義

ところで「障害者」というと、どういう人たちを指していると思いますか。「そんなの簡単、障害を持っている人」という答えが返ってくるかもしれませんが、実はそれだけではありません。障害者基本法によると、障害者の定義は「身体障害、知的障害、精神障害（発達障害を含む）その他の心身の機能の障害がある者であって、障害及び社会的障壁により継続的に日常生活又は社会生活に相当な制限を受ける状態にある者をいう」となっています。機能障害（例えば「歩けない」）＝障害者、ではなく、機能障害＋社会的障壁（バリア）が「障害者」を生み出している点は重要です（図２）。

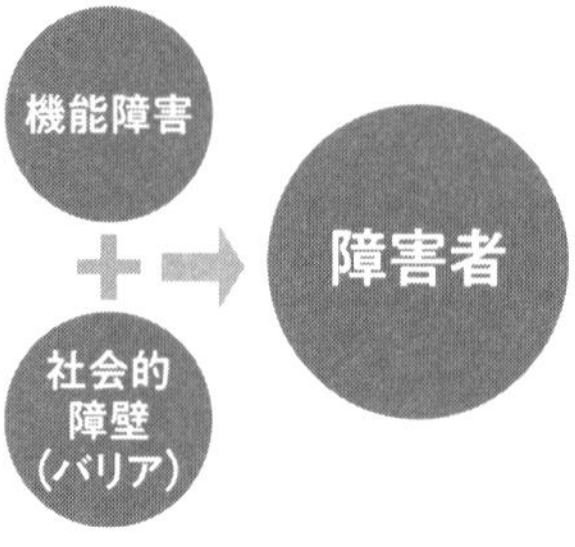

図２

世界の障害者数

世界保健機構（ＷＨＯ）は世界の障害者の割合を約一五パーセントで一〇億人と見積もっていて、この数字は医学の進歩や高齢化によって増加すると予想しています。さらに各国の障害者割合についての二〇〇四年の調査では、一番多いスウェーデンは二〇パーセント以上、欧州連合（うち一一か国）で一五・三パーセント、ＯＥＣＤ（うち一九か国）では一四パーセントとなっている一方で、日本で推計された障害者率は四・四パーセントでした[2]［五］。発展途上国のほうが障害者の数が少なくなることはよく知られていますが、世界二〇か国の中で、日本は韓国についで二番目に障害者の割合が低くなっています。

どうして二〇パーセントから四パーセントまでこんなに差が出るのでしょうか。一つには各国の「障害」の定義に差があります。日本では障害者手帳を持っている人から障害者数を割り出していますが、様々な理由で手帳をあえて申請しない人たちもおり、そういう人たちはこの数字に入ってきません。また日本以外の調査対象となった多くの国では、「あなたは慢性的な心身の健康問題、病気、障害をもっていますか」「あなたはその慢性的な心身の健康問題、病気、障害によって、あなたの日常生活が制限されていますか」という質問から障害者数を算定しています。つまり「あなたは」と聞いていることからわかるように、回答者自身に自分の状態を聞いていますが、日本では対象者に障害の有無を聞いている同様の調査がありません。さらに二つ目の質問から分かるように(「あなたの日常生活が制限されていますか」)、他国では機能障害だけでなく、日常生活での制限がある人を障害者と定義していますが、日本では身体の機能障害のみによる認定となっており医学モデルに偏っています[六]。

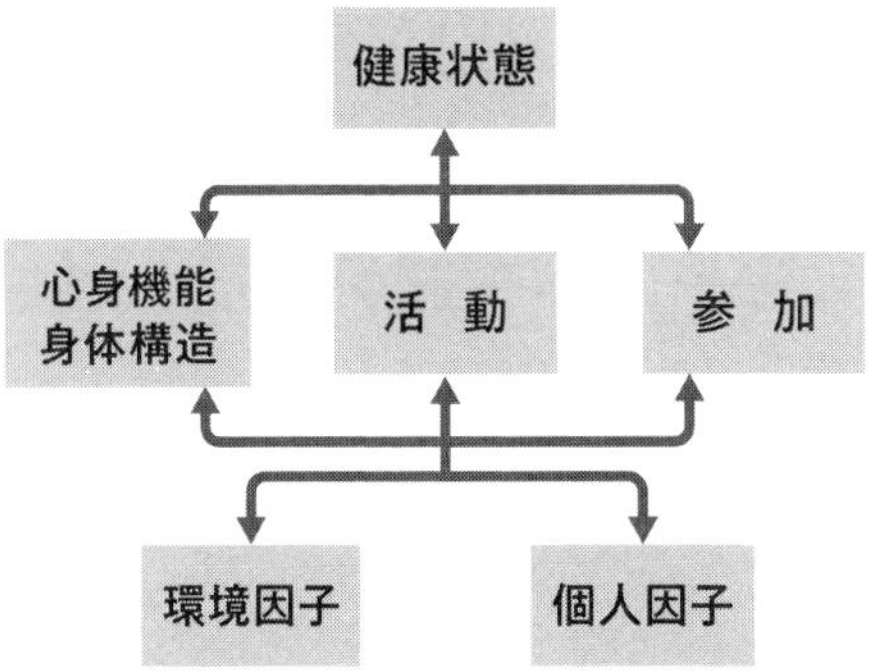

図３

環境因子×個人因子＝障害

次にＷＨＯが二〇〇一年に採択した国際生活機能分類(ＩＣＦ)を見てみましょう(図３参照。ちなみにこの図は、医療・医学・福祉の道に進むことを考えている人たちは学校で必ず習う重要なモデルです)。ＩＣＦでは、障害とは個人が持つ機能障害だけではなく、環境から来る影響からも作り出される産物であると示していますが、この考え方は「障害の社会モデル」から大きな影響を受けています。一つの例を挙げると、建物にはエレベーターがなく、教室内の教壇に上がるた

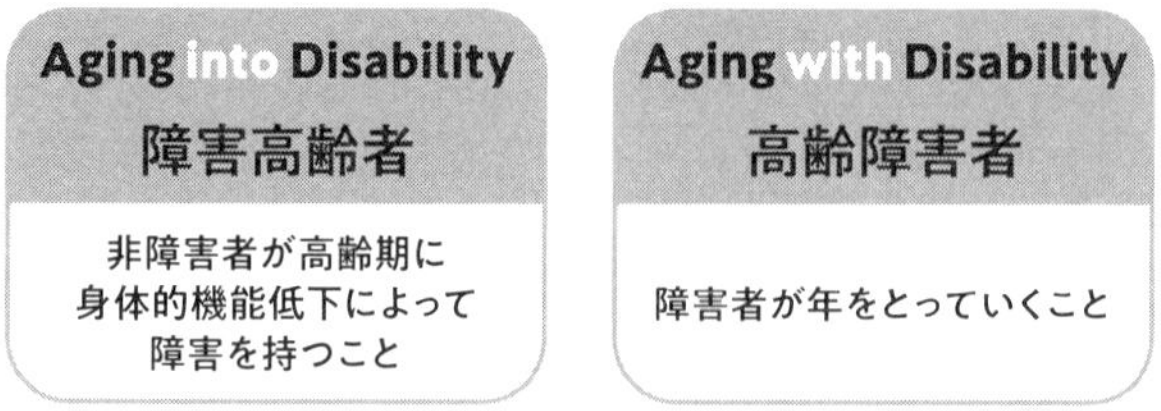

図４

めには段差があるとすれば、その環境は「歩ける人」を想定していると言えます。もし車いす使用者である私がその環境で授業を行うとすれば、ＩＣＦのモデルにあるように私の教師としての「活動」が制限され教育を通じての「社会参加」が阻まれることになります。しかし同じ機能障害があったとしても、建物はバリアフリーであり授業をフルフラットの教室で座ったままで教えることができれば、私の機能障害(歩行困難)はあまり目立ちません。別の言い方をすると、環境が想定する身体性に応えられなくなった場合、障害という現象が立ち上がってくる、とも言えます。

3　障害者の高齢化

カナダで研究員をしていた時のお話

論文を書くため「障害者の高齢化」について調べていたことがあります。その時検索するため、「Aging」と「Disability」というキーワードを入れたところ、膨大な数の資料が見つかったのにもかかわらず、ほとんどが健常者が高齢となって(その結果)障害を持つ、ということについての論文だったのです。さらに、「高齢化と障害」というテーマの中には、Aging into disability と Aging with disability という分け方があり、「障害者の高齢化」は“Aging with disability(障害とともに年をとる)”ということが分かりました(図４)。

障害者の高齢化に対する考え方

障害者の加齢については、障害と高齢化のダブルのハンデ(Double handicap)と加齢によってもたらされる平等(Age as leveler)という二つの仮説があると言われています[七]。私はこれまで障害者を対象にした聞き取り調査をいくつか行ってきました。以下はこれまで私が行ってきたインタビューデータからの言葉です。

障害×高齢化＝ダブルのハンデ(Double handicap)

- たとえば自分の体が思うように動かない。障害もそのうちの一つなんだけれど。普通の人が日常の事が出来なくなることが障害を持っている方が、よけい早いような気がする。
- 車の運転とか、健常の人より早く出来なくなると思う。

上記の回答は健常者より老化が早くあらわれ身体の機能低下が健常者より著しいと考えています。それに対し、加齢によって「障害があって高齢者」というくくりになりそれまで際立っていた健常者との違いが分かりにくくなる、と考えている人たちもいました。

加齢によってもたらされる平等(Age as leveler)

- それ(加齢に対する不安)はない。身体の維持についてはやってきたから。でも同じだと思う。年とって半身まひのお年寄りっていくらでもいるわけだから。それは障害者も健常者もおなじだと思う。

さらに、近年行っているインタビュー調査から、障害者の方が高齢期に経験する準備を障害を持つことで早くから始めているからかえって有利、と考えている人たちも少なからずいることもわかってきました。

障害者のほうが加齢に対して有利

• Sさん　ボディ・ケアに気を使う環境にいる。……（健常者が年をとることについて不安になるのは）、サポートする術を知らないから。例えば物理的な障害があらわれたとき、どうしようとか。僕らはもう障害があって車いすであるということで、いろんなバリアがあって、それをどうしたらいいか知っているから。

• Tさん　だから早ければ早いほどいいんじゃないの。（［Sさん］そう、ある意味では）慣れちゃうから。（障害を持つことが）当たり前の時間が長いから。年をとってあんまり活力がなくなって前向きな考え方出来なくなって障害者なっちゃったらたまんないと思う。

あんまり不安になる事はないですね……（加齢は）自分にとってはマイナスのイメージではなくて、次どういう手を考えるか、みたいな所にはなっていて、面白がってじゃないけど、悲観的な感じはないですね……脳性麻痺の人で車いすで車に乗らずにどこでも行く人が結構ここにはウロウロしてて、自分で車に乗れなくなったら……そういう人が周りにいるので、「［車いすで］ちょっと電車に乗る方法教えてもらおうか」とか「こういう手があるんやな」とか……動けなくなるわけではないので。

さらには、健常者の方が年をとることに対して恐怖感を抱いている、と指摘している声も聞かれました。

元気な人で、年いってくると歩きにくくなって、車いすに乗られるんだけれど、「私、車いすになってしまった」って言わはるんですよね。僕は六〇年も乗ってるぞ、〔て内心思う〕……それは親せきの叔母やったりするので、僕の事は凄い知ってるはずなんだけれど、「私も車いすになってしまった」と言われる。

健康な人の方が、むしろ、年をとることが、下手くそかもしれないよね……人様の世話になるというか、人様の手を借りるというのは、ある意味、一線を越えるんですよね。多分ね、心の一線をね……あるコーディネーター〔の人は〕、私がもし障害者になったら、とても健常者になんか、ヘルパーさんになんか頼めない。て言ったりして……〔その人は仕事で〕障害者には、こういう風に言っていったらいいですよ、とか、ヘルパーには、こういうふうに対応したらいいですよとか、真ん中を取り持ったりとかしているのに、自分がもし障害を持ったら、また別問題なんだなと……すごく健康の人の方が、やっぱり人の手を借りることの一線を越えることは、すごく苦労をするだろうなと、とくに元気でやっていた人はね。

これまでのインタビューからわかったことは、いくつかあります。一つは、健常者が高齢になって「動けなくなる」「車いすになる」「人の世話になる」、つまり「障害(を持つ)高齢者」になることに対して強い恐怖心・嫌悪感を持っていると障害者たちは考えています。もう一つは、障害者は、動けないなりにできること、車いすに乗りながらの楽しみ方、人の世話になりながら生活を紡いでいくやり方を、時間をかけて少しずつ折り合いを見つけながら編み出してきた、ということです。

エイジング・イン・プレイスの先駆者としての障害者

今、医療の世界では「エイジング・イン・プレイス」という考え方が広まっています。その目指すところは、年をとっても(たとえ障害を持っても)住み慣れた地域でその人らしく暮らす、なんですが、これはエイジング・イン・プレイスという言葉がなかった時代から、障害と共生しながら地域生活している障害者がすでに実践していることです。「脱病院・施設」そしてエイジング・イン・プレイスへの傾向は超高齢化社会・多死社会の日本では、今後ますます強くなることは間違いないわけですが、障害者がこれまで実践してきた「障害と共生して地域で生活する知恵や技」が今後貴重なリソースとなり、その実践方法がお手本になるのではないでしょうか。

おわりに

本書はリベラルアーツを障害という切り口で学ぶ、という大胆な発想から始まっています。昨今は「即戦力」「明日から役に立つ」学問がもてはやされていますが、だからといって教養分野がいらないわけではありません。明治大学教授の齋藤は、仕事で必要になるのは、「GPS機能」や「視点移動力」でありこれらは広く教養を学ぶことで得られると言っています。

仕事ができる人は、どんな能力の持ち主でしょうか?……「全体の流れを見通して、自分が何をするべきかを考えられる能力」であると、私は考えています。……これはいわば、ケータイに備わっている「GPS機能」のようなものです……〔視点移動力とは〕物事をあらゆる視点から見て行動する「柔軟な思考力」です。……専門分野だけではなく、広く教養一般の勉強すると、視点をよりダイナミックに動かすことができるようになります。

そうして勉強の副産物として得た「視点移動力」が、仕事のさまざまな場面で生きてくるわけです。[八]

一見脈絡がないようで実は「障害」というキーワードで語られるいくつかの話題に耳を傾け、障害から見つめるという「視点移動力」を得てほしいと願っています。君たちの人生が障害を通したリベラルアーツを学ぶことで、より豊かになることを願って、私の障害をめぐるいくつかのお話を終わりにします。

参考文献

[一] https://www.nhk.or.jp/sports-story/detail/20180720_2982.html、二〇一八年七月八日閲覧
[二] 松田純「エンハンスメントと〈人間の弱さ〉の価値」上田昌文、渡部麻衣子編『エンハンスメント論争』社会評論社、二〇〇八年、一八三―一九九頁
[三] 粟屋剛「人間は翼を持ち始めるのか？」前掲『エンハンスメント論争』二〇〇八年
[四]「障害を持つ人々に関するファクトシート」国際連合広報センター、二〇一三年、http://www.unic.or.jp/news_press/features_backgrounders/5820/、二〇一八年一一月二〇日閲覧
[五] 勝又幸子「国際比較からみた日本の障害者政策の位置づけ――国際比較研究と費用統計比較からの考察」『季刊社会保障研究』第四四巻二号、二〇〇八年、一三八―一四九頁
[六]「平成三〇年版障害者白書全文（ＰＤＦ版）」内閣府、二〇一八年
[七] 岩隈美穂、酒井郁子「障害とともに年をとる」『リハビリテーション看護』酒井郁子、金城利雄編、南江堂、近刊予定
[八] 齋藤孝『35歳からの勉強法』日経ビジネス人文庫、二〇一四年、二一、三二、三六頁

注

1　ちなみにあまり知られていませんが、障害者のほうが記録がいい競技もすでにあります。マラソンです。健常者のマラソンも車いすマラソンも距離は同じで、記録だけ見ると車いすマラソンのほうが一九八〇年以降健常者の記録より早くなっています。

2　日本の最新の障害者割合は、七・四パーセント［六］。

5

障害者における
スポーツの現状と課題

江川達郎＋林　達也

みなさんは、「障害者とスポーツ」というテーマから、何を想像するだろうか？　健康の観点から、スポーツ活動は障害者にとって健常者と同じように大切なものである。最近ではアダプテッド・スポーツの名のもと、障害者と健常者が共に楽しめるスポーツ種目が考案され、普及が進んでいる。障害者のスポーツ活動には多くの人の「ささえ」が必要であり、パラリンピックの発展とともにその輪が広がりつつある。本稿を通じて、障害者におけるスポーツの現状と課題を知り、スポーツの持つ多様性と可能性についての理解が深まることを期待する。

1　障害者と健康・スポーツ

障害者と健康

現在我が国では、健康に関する施策として二〇一二年に「健康日本21（第二次）」が策定され、「全ての国民が共に支え合い、健康で幸せに暮らせる社会」を目指した取り組みが行われている。この取り組みの中では五つの方針が掲げられており、その一つが「健康寿命の延伸と健康格差の縮小」である。健康寿命とは、厚生労働省の定義によると「健康上の問題で日常生活が制限されることなく生活できる期間」となっている。しかし、この定義に当てはめると、日常生活に制限を受けている障害者は健康でないことになってしまう。実際のところは、健康寿命の算出には「日常生活に制限のない」人に加えて「(日常生活に制限があるものの)自分が健康であると自覚している」人を含めており、障害者の場合、自身が健康であるという主観をもとに健康か否かを判断されているようである。この点に関して、飛松[一]は、障害者における健康寿命とは「障害の程度に応じた機能を維持する期間」であると定義し、より客観的な視点から障害者の健康を捉えている。障害者の健康状態を判断する際には、健常者を基準とした医学的データに加え、飛松が定義するように「障害の程度に応じた機能」を評価に入れることが不可欠である。

また後藤ら[二]は障害者の健康概念として「主観的健康と客観的健康から構成され、かつ「運動」、「休養」、「栄養」の三要因から影響を受けて成立している」と述べている。これらの三要因は健康寿命延伸のための重要な要素とされており、前述した「健康日本21」においても重点的項目に含まれている。三要因の中でも、とりわけ「運動」に関して文部科学省が平成二五―二七年に行った調査によると、成人障害者の週一回以上の運動実施率は一九・二パーセントであり、健常者の四〇・四パーセントと比べて顕著に低いことがわかっている。障害者における運動実施の低下は、生活習慣病や廃用症候群(活動量の低下した状態が続くことで生じる心身機能低下の総称)の発症そして二次障害につながる恐れがあり、健康、すなわち「障害の程度に応じた機能」を維持するためにも、運動実施は不可欠な取り組みである。このため、本稿では障害者における身体的な活動の総称としての「スポーツ(sport)」[1]の現状および課題について述べていく。

健常者はスポーツをしたほうがよいが、障害者はスポーツをしなければならない。

これは、スイスの車椅子陸上選手であるハインツ・フライの言葉である。彼は、障害者にとって、スポーツの実施は心身機能の維持・向上だけでなく目標や夢を持つことに必要だと述べている。一般的に障害者は健常者に比べて体力水準は低く、運動能力の発達は遅い。しかし、中には健常者よりも体力水準や運動能力が高い人もいる。また、スポーツの種目によっては障害の有無が大きく影響しない場合もある。フライの言葉はすべての障害者に当てはまるものではないが、障害者のスポーツ実施の可能性は健常者と同様に無限大に存在しているため、その可能性を攻究し実現する考え方が大切である。

障害者のスポーツ実施率が健常者より低いことはすでに述べた通りである。そして、どのように実施率を高めるのかが、障害者スポーツの普及に携わる人々の共通の悩みとなっている。スポーツ実施率の向上のための一つ目のポイントとなるのが学校体育である。障害者がスポーツを始める最大のきっかけは就学期でのスポーツ経験である。競技スポーツを実施している障害者への調査[三]では、特に、視覚障害者では、学校関係者の勧めでスポーツを始めることが多い。聴覚や知的障害者では、スポーツを始めるにあたり最も影響を受けた人物は第一に家族、第二に学校関係者となっている。肢体不自由者に関しては、先天的に障害がある人は家族や学校関係者の影響が強く、後天的に障害が生じた人は医療関係者に影響を受けることが多い。しかしながら、小学校・中学校・高等学校における体育授業の参加度に関する調査では、「ほぼ参加した人」の割合は七〇パーセント程度に留まっている。さらに、大学体育授業になるとその割合は五〇パーセント程度まで低下する。学校体育以外においても、未成人(七—一九歳)の障害者が週一回以上スポーツを実施する割合は三〇・七パーセントであるが、先に述べたように、成人障害者の実施率は一九・二パーセントとさらに低い。つまり、スポーツを始めるきかっけとなる就学期でのスポーツ(体育)経験が健常者に比べて低いことに加え、とりわけ高等学校卒業以降の実施率の低さが、障害者全体としてのスポーツ活動の低さに拍車をかけている。

一方、スポーツを始めるにあたり影響を受ける人物として、成人期になると友人、特に障害がある友人の影響が多くなる〔四〕。また高齢の世代では福祉関係者の影響も大きい。さらに、スポーツ活動を継続するにあたり重要な人物となると、友人の存在がより大きくなる。スポーツを共に行う友人の有無の重要性は、スポーツ実施を妨げる要因の調査結果からも見て取れる。文部科学省の調査〔五〕によると、スポーツ実施の障壁となる要因について、上位から順に「金銭的余裕がない」「体力がない」「時間がない」となっており、その次に「仲間がいない」となっている。健常者を調査したスポーツ庁の調査〔六〕では「仲間がいない」は第九位であった。また、スポーツをして一番良かったことについての調査〔四〕では、「友人が増えた(三八・一パーセント)」という回答がもっとも多い。学校教育の充実とともに、共にスポーツをする友人や仲間がいることは、障害者スポーツ実施におけるもう一つの重要なポイントと言えよう。

障害者における運動の健康効果

障害の有無にかかわらず、身体には適応作用が備わっており、ドイツの発生学者ヴィルヘルム・ルーが提唱した「身体の機能は適度に使うと発達し、使わなければ退化し、過度に使えば障害を起こす」という法則が、現代のスポーツ科学の基本理論となっている。ここでは、スポーツに限定せず、身体を動かすことを意味する運動が障害者の心身の健康に果たす役割について述べる。

運動の効能を語る上で、その逆の運動不足が身体機能に及ぼす影響を理解しておくことは大切である。「運動不足病」という言葉をご存知だろうか。これはアメリカの医師クラウスとラープが一九六一年に出版した本のタイトル（*Hypokinetic Disease: Diseases Caused By Lack of Exercise*）である。そこには、今後運動不足によって糖尿病や動脈硬化、心臓病などの生活習慣病が蔓延するだろうと記されている。事実、二〇〇七年の厚生労働省の調査[七]では、死亡に至るリスク要因として「喫煙」「高血圧」に次いで「運動不足」が第三位に入っており、毎年約五万人が運動不足が原因で死亡していることが明らかになっている。運動不足は筋肉の活動低下と同意義であるが、ルーの法則の通り筋肉は使わなければ退化（萎縮）してしまう。筋肉は体重の約四〇パーセントを占める体内最大の器官である。筋肉量の低下は、運動機能を妨げるだけでなく血液中の糖や脂質、そしてエネルギー消費の低下も招き、肥満や糖尿病などの生活習慣病の起因となる。また、筋肉を動かすことで骨に力学的ストレスがかかり、骨を形成する骨芽細胞の働きを活発化させて骨形成を促してくれる。最近では、運動によって筋肉からホルモン（マイオカイン）が分泌されることもわかっており、これが糖・脂質代謝機能の活性化や動脈硬化の予防、さらには脳機能の維持に関係しているともされる。障害者は日常生活で身体活動の制限を受けることが多く、筋活動による恩恵を十分に享受できていないものと思われる。このため、日常から障害に応じた身体活動を行い、筋肉の適度な発達がもたらされるような心がけが重要である。

運動の精神機能に及ぼす影響も無視できない。運動による精神機能への効能としては、「気分の高揚」「不安の改善」「疲労感の軽減」「睡眠の質の改善」などが挙げられる。障害者は身体活動の制限や社会からの否定的な態度によって心理的ストレスを抱えていることも多い。障害者スポーツ参加者への聞き取り調査[四]では、スポーツのメリットとして八五パーセントもの人が「身体を動かすこと自体が楽しい」と回答している。したがって、障害者における運動実施は情緒の安定をもたらす効果が期待できる。

また、梶岡と都竹は障害者特有の運動による健康効果として次の四点を挙げている[八]。

①残存機能の向上

機能障害があっても、他の残存する機能で代償することは可能である。そのため、運動により残された機能を訓練することで、筋力の強化、関節可動域の確保などにつながる。

②使いすぎ症候群の予防

障害特有の事情により普段から負荷のかかりやすい部位(関節等)に二次的に障害を起こす危険性がある。このような「使いすぎ症候群」は、普段から該当部位周辺の筋肉を鍛える運動やストレッチをすることにより予防・改善につながる。

③知的障害者の運動能力や認知機能の開発

運動する際の心理的な限界を高めたり、集団運動により自己認知や他者認知の育成につながる。

④社会性、自立性などの獲得

目標への努力や限界への挑戦により社会参加を促し、自立性の獲得につながる。

以上のように、障害者においても運動による多様な健康効果を享受することが可能である。ただし、医療目的で行う「リハビリテーション・スポーツ」であるのか、生活に寄り添った「生涯スポーツ」であるのか、勝利を目指す「競技スポーツ」であるのかによって運動の様式は大きく異なり、また同じ目的であっても、障害の種別や程度に応じた個別の調整が必要となる。

2 障害者スポーツの歴史と日本の現状・課題

パラリンピックの始まり

障害者スポーツの発展は、第二次世界大戦により多くの戦傷病者が生まれ、リハビリテーションにスポーツが取り入れられたことがきっかけである。一九四四年、戦争により脊髄損傷になる兵士が急増したことで、ロンドン郊外のストーク・マンデビル病院内に脊髄損傷科が開設された。その初代科長には、ユダヤ系ドイツ人であった医師、ルードヴィッヒ・グットマンが任命された。障害者スポーツの父とされるグットマンは、「手術よりスポーツを」の方針のもと、脊髄損傷者の治療にスポーツを積極的に取り入れ、いわゆるリハビリテーション・スポーツが始まった。

失われたものを数えるな、残されたものを最大限に生かせ。

スポーツを通じて生きる喜びや希望を伝えるグットマンのこの言葉は、障害者スポーツの基本そしてパラリンピックの理念として今も生き続けている。

グットマンは一九四八年のロンドンオリンピックの開会式の日に合わせて、病院敷地内で車椅子患者一六名によるスポーツ大会を開催した。これがパラリンピックの原点である。一九六〇年にはオリンピック開催都市のローマで大会が開催され、後にこの大会が第一回パラリンピックと位置付けられることになった。パラリンピックという名称は、脊髄損傷による対麻痺《ついまひ》(paraplegia)とオリンピック(Olympic)から作られたが、愛称として使用されたのは一九六四年東京大会からである。その後、一九八五年に国際オリンピック委員会によって正式名称として認められた。現在はオリンピックに平行して開催されるということで、パラの意味は対麻痺から平行(parallel)となっている。障害者スポーツはパラリンピックとともに社会に浸透するようになり、日本において障害者スポーツが広まった契機は一九六四年の東京パラリンピックである。そういう意味で、二〇二〇年東京オリンピック・パラリンピックは我が国における障害者スポーツを大きく発展させるものと期待される。

日本における障害者スポーツの推進

日本におけるスポーツの推進は一九六一年に制定された「スポーツ振興法」をもとに長らく執り行われてきた。この法律は一九六四年の東京オリンピックを控えて「国民の心身の健全な発達と明るく豊かな国民生活の形成に寄与するため」にスポーツ施設の整備や指導者育成に主眼を置かれた施策であった。先に述べたように、我が国が障害者スポーツを意識し始めたのは東京オリンピックが契機であり、それ以前に制定されたこの法律では、「障害者がスポーツをする」という考えは取り入れられていない。二〇一一年に「スポーツ基本法」が制定されるまでは、障害者スポーツは一九七〇年制定の「心身障害者対策基本法」(一九九三年に「障害者基本法」と改正)をもとに厚生省および厚生労働省管轄下で執り行われてきた。二〇一一年になり、「スポーツ振興法」を改正した「スポーツ基本法」が制定され、「障害者が自主的かつ積極的にスポーツを行うことができるよう、障害の種類及び程度に応じ必要な配慮をしつつ推進されなければならない(二条五項)」と、障害者スポーツに関する文面が明記され、ようやく障害者スポーツの法的根拠ができた。

障害者スポーツを「ささえる」

「スポーツ基本法」の理念を実現するための具体的方策として二〇一二年に「スポーツ基本計画」が策定され、現在は「第二期スポーツ基本計画（二〇一七―二二年）」をもとにスポーツ推進の取り組みがなされている。その中で障害者スポーツの振興に関して、次のように報告されている。

現状と課題（抜粋）

- 障害者の週一回以上のスポーツ実施率一九・二パーセント（若年層〔七～一九歳〕は三一・五パーセント）
- 地方公共団体における障害者スポーツ推進の不足
- 障害者スポーツ施設の不足
- 障害者スポーツ指導員およびボランティアの不足
- 学校における障害者スポーツ環境の不足
- 中途障害者がスポーツに出会う場の不足
- 障害者スポーツ団体の運営の脆弱さ

大まかにまとめると、社会における障害者スポーツ理解・推進が不足しているために「スポーツをする場がない」「スポーツをささえる人がいない」ということになるであろう。「する」「ささえる」そして「みる」は障害者スポーツのみならず、スポーツ全体を推進するためのキーワードとしてスポーツ基本計画の基本方針に盛り込まれている。「する」場の拡充は、個人ではなかなか実現できるものではないため、国や地方公共団体の支援は欠かせない。また学校教育における「する」場の拡充も重要であり、この点に関しては、次節「アダプテッド・スポーツ」で述べることにする。一方で、「ささえる」に関しては、個人の意識改革によって拡充できる部分が大きい。先に、障害者スポーツを実施する人の意識として「友人」の重要性を挙げたが、「友人」も「ささえる」に含まれる要素である。そして何よりも障害者スポーツにおいては、移動や用具の運搬など、他者の手を借りる場面が多く、健常者スポーツよりも「スポーツボランティア」は欠かせない存在である。二〇一六年の文部科学省の調査[九]によると、我が国の一年間にスポーツボランティアを実施した人の割合はここ十数年、六—八パーセントでほぼ横ばいの傾向で推移していることが示されている。ヨーロッパ諸国では、スウェーデン二五パーセント、デンマーク一八パーセント、オランダ一八パーセントとなっており、日本のスポーツボランティア実施率は低いと言える。また、パラリンピックの認知度は九八・二パーセントと世界的にも最高水準であるが、他の国際的な障害者スポーツ大会の認知度は、知的障害者のためのスペシャルオリンピックスで一九・八パーセント、聴覚障害者のためのデフリンピックで一一・二パーセントと極端に低い。それでも、スポーツボランティアの実施希望率は一三・九パーセント、そして東京オリンピック・パラリンピックのボランティアの実施希望者は推計一〇〇〇万人とされており、「ささえる」人の拡充が期待できる結果も出てきている。

「ささえる」の役割としては、介助、コーチ、トレーナー、医師、車椅子などの整備士など、専門的知識を要するものもあるが、大会運営や練習場所の確保、事務作業、清掃、ホームページやSNSでの普及、寄付のように専門的な知識を必要とせず、誰でもできるものも数多く存在する。障害者スポーツに関連する資格として、日本障がい者スポーツ協会が認定する「障がい者スポーツ指導員」があるが、初級資格の受講要件は「一八歳以上」であることのみであり、専門的な立場から「ささえる」人になることも決して難しいことではない。しかしながら、障害者スポーツにおけるボランティアの養成・拡充は容易ではなく、その不足はスポーツ活動停止に直結する問題である。実際、地域のあちこちに点在する障害者が一か所に集まって活動を行うというのは困難なことであり、健常者が一緒に混じって活動していることはよくある(例えば、車椅子スポーツでは健常者も車椅子を利用して一緒に行ったりする)。障害者スポーツにおけるボランティア参加に影響を与える要因に関する調査[一〇]では、観戦行動と体験行動がボランティア活動の推進につながることが明らかになっている。近年、インターネットやテレビ等での障害者スポーツの観戦機会が増えており、それを実際の会場に出向いての観戦やボランティアの体験につなげ、そこで得られる障害者との直接的な触れ合いや価値の共有を通じて、本格的な「ささえる」体制につなげていく努力が必要であろう。

3 アダプテッド・スポーツ

最近では、障害者が行うスポーツのことを「障害者スポーツ」ではなく「アダプテッド・スポーツ」と呼ぶようになってきている。特に、学校教育の場でその傾向が強いようである。このため、アダプテッド・スポーツの持つ意味や障害者におけるアダプテッド・スポーツの実際、学校教育、特に大学におけるアダプテッド・スポーツ実施の意義、そして学問としてのアダプテッド・スポーツの現状と課題について述べていく。

アダプテッド・スポーツとは

障害者スポーツは英語圏では従来、「障害がある」ことを意味する“handicapped”や“disabled”から“handicapped sports”あるいは“disabled sports”と呼ばれていた。そして、一九七〇年代ごろから、「適合」や「適応」を意味するアダプテッド(adapted)という言葉が使われ始め、障害者スポーツはアダプテッド・フィジカル・アクティビティー

(adapted physical activity)やアダプテッド・体育(adapted physical education)へと名前が変わっていった。しかし、これらの用語は日本語への訳し方が難しいため、我が国では二〇〇〇年代に入り矢部が「アダプテッド・スポーツ(adapted sport)」という用語を使用することを提唱した〔一一〕。この表現は「障害のある人がスポーツを楽しむためには、その人自身と、その人を取り巻く人々や環境をインクルージョンしたシステム作りこそが大切である」という考えに基づいたものであり、今日では「身体に障害がある人などの特徴に合わせてルールや用具を改変、あるいは新たに考案して行うスポーツ活動」という意味で用いられている。したがって、障害者だけでなく、幼児から高齢者、妊婦、低体力の人、運動技能が未熟な人など、健常者と同じルールや用具で行うことが困難な人すべてが対象である。このため、「障害者スポーツ」の代用として「アダプテッド・スポーツ」が使用されてはいるが、「アダプテッド・スポーツ」＝「障害者スポーツ」ではないことに注意が必要である。アダプテッド・スポーツは、障害者スポーツとしてだけでなく、医療や福祉、学校体育、地域において、レクリエーションの一環としても展開されている。

障害者におけるアダプテッド・スポーツの実際

障害者を対象にしたアダプテッド・スポーツには、①健常者スポーツを障害者でも行うことができるようにルールや用具を変更してできた種目と、②障害者が楽しめるよう新たに設けられた種目、③障害者や健常者の区別なく誰もが楽しめるよう新たに設けられた種目がある。健常者スポーツを障害者でも行うことができるようにルールや用具を変更してできた種目には、義肢装具や車椅子などを用いたり障害種別に合わせたルールを設定して行う陸上やテニス、水泳、スキー、卓球、柔道、バスケットボールなどがあり、いわゆる障害者スポーツと呼ばれるものが該当する。また、障害者が楽しめるよう新たに設けられた種目には、パラリンピック特有の種目であるゴールボール(視覚障害者向け）やボッチャ（重度脳性麻痺者や四肢重度機能障害者向け）などが該当する。これらの種目は障害種別などの〝違い〟に着目し、用具を活用したりルールを改変したりしてスポーツに適応できない人を適応できるようにするインテグレーション（統合）の概念に基づいて考案されたものである。

障害者が楽しめるスポーツとして日本（京都府）で新たに考案されたアダプテッド・スポーツ種目に「車椅子ハンドボール」がある。昭和五〇年代、車椅子使用者のボールゲームといえば車椅子バスケットボールであったが、次第に競技レベルが高まったことでドロップアウトする人や参加できない人が出てきた。そういった中、「車椅子バスケットボールを競技するレベルに達しない車椅子常用者にも集団で行うボールゲームの楽しさ、おもしろさを味わってもらいたい」、「バスケットゴールのように高くなく、上肢に障害がある人でもシュートができるにはどうすればよいか」、などについて考慮されるうちにおのずと車椅子ハンドボールという種目が誕生した（『第二七回全京都車いすハンドボール大会兼全国交流大会冊子』参考）。また、この競技は、様々なスポーツのルールを参考に作られたため、ドリブルがないなど健常者ハンドボールと異なる点が多い。筆者（江川）は、「健常者ハンドボール関係者から〝これはハンドボールではないですね〟と言われたことがある」と考案者の一人が話されているのを聞いたことがある。しかし、その後に「それでいいんです」とおっしゃっていたのが強く心に残っている。この言葉の意味としては、車椅子ハンドボールは障害者が楽しめるスポーツという障害者の視点から新しく作られた種目であり、決して健常者ハンドボールにインテグレーションさせようとして作られた

車椅子ハンドボール

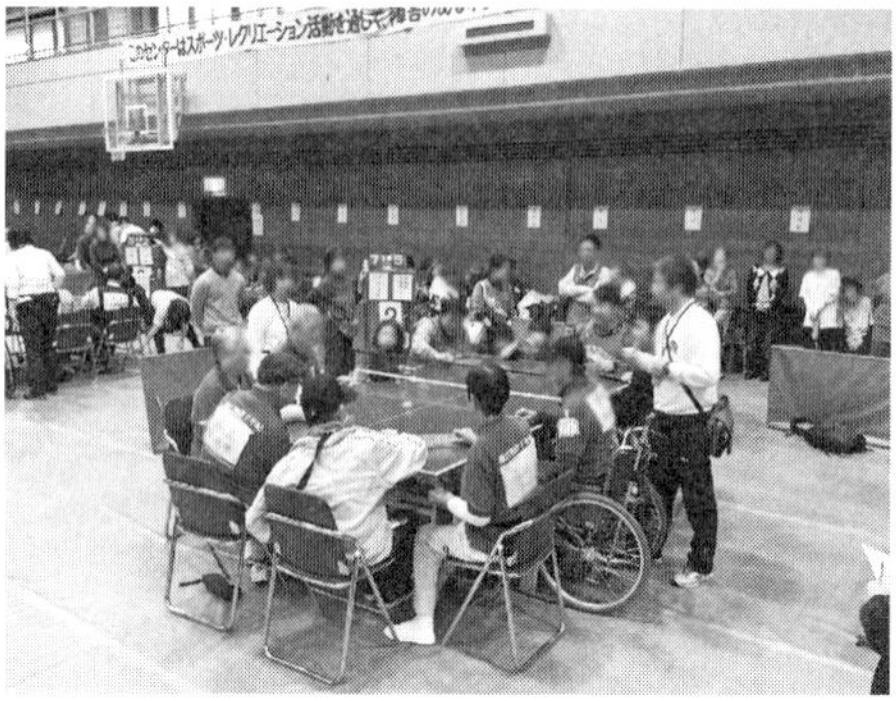

卓球バレー

ものではないということである。障害者がスポーツを行うためにインテグレーションの考えは必要であるが、健常者スポーツ種目の視点からこの障害者スポーツ種目はこうあるべきという考え方は適切ではない。やはりどの障害者スポーツ種目であっても、障害者視点からルールや用具、そして楽しみ方が考案されたものであるということを指導者はもちろん観戦者も心に留めておく必要がある。

インテグレーションの概念に基づき考案された種目に対し、障害者や健常者の区別なく誰もが楽しめるよう新たに設けられた種目は、「〝違い〟ではなく〝多様性〟を尊重して、障害の有無にかかわらず誰もが楽しめるような用具やルールを考えよう」というインクルージョン（包摂）の概念に基づいて考案されたものである。この概念に基づいて考案されたアダプテッド・スポーツは多種多様に存在し、一般的にはニュー・スポーツやレクリエーション・スポーツと呼ばれることが多いが、最近ではユニバーサルデザインのスポーツということでユニバーサル・スポーツとも呼ばれたりしている。このようなスポーツ種目の条件としては「楽しいこと」を前提として、「障害者と健常者が対等にできること」「安全性の確保されたルールがあること」「継続的に行いたいと思う競技であること」「スポーツとしての心理的な敷居が低いこと」「場所・用具などの環境を揃えやすいこと」「仲良くなれること」「素早い動きの切り替えや闘争的な要素が含まれること」などの要素が含まれていることが望ましいとされる。これらを満たす種目の一つとして「卓球バレー」を紹介する。

卓球バレーは、卓球台の周囲に各チーム六人が座り、音の出るピンポン球を、ネットの上ではなく下を転がして、木の板で打ち合い得点を競う日本発祥のスポーツである。その名の通り、六人制バレーボールのルールをもとに考案されており、卓球台で行うバレーボールと言える。もともとは大阪府の養護学校で筋ジストロフィーの子供たちでもできるスポーツとして考案されたが、肢体障害、視覚障害、聴覚障害、知的障害、精神障害などの障害者はもちろん、障害のない子供から高齢者まで楽しめるスポーツとして全国的に普及しつつある。全国障害者スポーツ大会ではオープン競技として実施されているが、これは正式競技ではレベルの高い限られた人数の障害者しか参加できず、ユニバーサル・スポーツの観点からは、障害の有無、年齢、性別にかかわらず多くの人が参加できるオープン競技のほうがふさわしいと考えられているためである。卓球バレーはインクルーシブ教育に活用できる共生型スポーツとして注目されており、日本政府が進めるスポーツ推進事業「SPORT FOR TOMORROW」[2]のもと世界的な普及を目指した取り組みも進められている。卓球バレー以外には、風船バレーやスポーツ吹矢、フライングディスク、ボッチャなどが健常者と障害者の区別なく誰もが楽しめるアダプテッド・スポーツとして普及が進んでいる。インクルーシブの概念が取り入れられたアダプテッド・スポーツ(ユニバーサル・スポーツ)は、障害者はもちろんのこと健常者のスポーツ活動に対する関心の高まりや参加意欲の向上へと活用が期待でき、今後のスポーツ振興には欠かせないツールとなっていくものと思われる。

大学におけるアダプテッド・スポーツ

全国大学体育連合が実施した身体的な障害(肢体不自由、視覚・聴覚障害、一時的な怪我を含む)がある学生への対応に関する調査[一二]では、スポーツ授業において「障害学生用のクラス」を設けている大学は一三・九パーセント(国公立大学二五・九パーセント、私立大学一一・一パーセント、短期大学〇パーセント)、「健常者と同じクラスで行う」大学は四七・七パーセント（国公立大学二九・六パーセント、私立大学五六・九パーセント、短期大学三〇パーセント）であった。「特にしていない」という回答も設けていたことから、「健常者と同じクラスで行う」大学では、障害学生に配慮をしたプログラムで健常者と一緒に行っているものと推測される。健常者と障害学生が同じクラスで実施することは、アダプテッド・スポーツの意義から考えて望ましいことである。ただし、障害の種別や状況によっては、健常者と同じクラスで行うことが困難であることもあり、「障害学生用のクラス」を設けることが望ましいと思われるが、設置が十分に進んでいないのが現状である。

しかしながら、大学においてアダプテッド・スポーツを教材として扱う事例が増えてきており、その実施意義に関する知見も集積され始めている。アダプテッド・スポーツを受講した学生を調査した永浜の報告〔一三〕では、「障害者スポーツを知っている」と答えた人は八九・七パーセントであったのに対し、「アダプテッド・スポーツを知っている」と答えた人は二・七パーセントであった。障害者スポーツを知っているという人は、新聞やテレビで採り上げられているのを見た人が多いようである。一方、アダプテッド・スポーツがメディアに採り上げられることが少ないことが、認知度の差に影響しているものと思われる。また、調査の中で、自身がアダプテッド・スポーツを行ったことがあるということに「気づいていない」人がいたことも記されている。ルールや用具の改変によりスポーツを行うという経験は、学童期から誰しもが経験しているはずである。例えば、野球やソフトボールの用具がなくてもできるように考案された、足を使ったキックベースボール、バレーボールの際にサーブが入らない人が規程ラインより前に出てサーブを打ってもよいというようなルールの改変、これらは共にアダプテッド・スポーツである。永浜は「アダプテッド・スポーツが彼らにとっていかに新しい概念であり、障がいのある人が行うスポーツと障がいのない人が行うスポーツが彼らの思考の中で完全に分断されていたことが伺える」と述べており、アダプテッド・スポーツの意味を浸透させる方法に課題が残るとしている。一方で、アダプテッド・スポーツを体験することで、アダプテッド・スポーツが「障がいのある人以外でもできるスポーツ」であるなど、障害者や障害者スポーツに対する学生の意識が肯定的に変化したと報告している。また、大山の調査[一四]では、授業実施により「障害者がスポーツをするのは危険」「障害者と一緒にスポーツをするのは困難」というイメージが薄れたと報告している。したがって、大学におけるアダプテッド・スポーツの授業実施は、学生に障害に対する新たな価値観を持たせることにつながると言える。他にも、佐藤の報告[一五]によると、「ルールや用具の変更への受容が高まる」「スポーツ意欲の低い学生のスポーツ実施意欲が向上した」ことを示しており、スポーツ嫌いやスポーツが苦手な学生が、自分に適したスポーツやルールを見つけ、スポーツの実施意欲の向上につながる効果も期待できる。

次に、障害学生の視点から大学におけるアダプテッド・スポーツの意義について考える。先に述べた、高等学校卒業以降に障害者のスポーツ実施率が低下するという現状からも、大学におけるアダプテッド・スポーツ実施は欠かせない取り組みである。障害学生(一時的な障害を含む)がアダプテッド・スポーツを受講した際の行動的、心理的側面に与える影響に関する荒井らの調査[一六][一七][一八]では、アダプテッド・スポーツの実施に加えて、日常生活で健康行動を実践する課題(宿題)を課すことにより「健康行動の実践」や「授業に対する満足感」につながることを報告している。また、運動実施に関して恩恵を感じるように改善していった学生は、日常生活での歩数が増加したことも記されている。したがって、障害学生のアダプテッド・スポーツの実施を通じて、自身の健康状態への意識を高めることにより、心理面での満足感や、日常の運動量増加につながるものと考えられる。他には、米川ら[一九]は、障害あるいは症状の特性(皮膚疾患、易疲労性、コミュニケーション障害、肢体不自由など)に合わせた個別対応の授業を実施した結果、身体の健康には心の影響が大きいため、面談などによる心理行動学的アプローチと運動実施を組み合わせて対応していくことが望ましいと述べている。以上のような事例が報告されているが、大学におけるアダプテッド・スポーツが障害学生にどのような恩恵をもたらすのか、あるいは課題等について十分な調査が行われていないのが現状である。今後さらに検証が進み、障害学生が日常で運動実践していくためのシステム作りがなされることが急務である。

現代社会は、多様性を求め、多様性を受け入れる社会へと発展している。アダプテッド・スポーツは、障害の有無に関係なく、あらゆる人々が共に競い合ったり楽しみを分かち合ったりすることで、障害の多様性の理解そしてインクルーシブな社会形成につながると考えられている。加えて、新たな用具を活用したりルールを改変したりすることによって、健常者スポーツでは知ることのなかったスポーツの多様性に気づくこともできる。スポーツの多様性に気づくことで、健常者か障害者かに関係なく、自身のスポーツ実施の可能性が広がり、生涯にわたるスポーツ活動の継続へとつながっていくであろう。このような多様性の理解・発見のためにも、アダプテッド・スポーツを経験できる場の充実は欠かせない。大学は留学生や社会人など人種や年齢などを問わず様々な人が所属することから、多様性を受け入れやすい環境であり、アダプテッド・スポーツ推進の場としてふさわしいと考えられる。

学問としてのアダプテッド・スポーツ

学問としてのアダプテッド・スポーツ、つまりアダプテッド・スポーツ学が目指すものは「アダプテッド・スポーツの理解と実践」である。アダプテッド・スポーツが学問として登場したのは一九七〇年代であり、当初は体育学の一つであったが、今や様々な分野の知識を必要とするようになっている。特に、医学、健康科学、リハビリテーション学、スポーツ・運動科学、社会学、歴史学、心理学、教育学との関連は深い。アダプテッド・スポーツ学はまだ若く、今後の発展が期待できる学問であり、様々な学問領域が互いに「アダプテッド」し合い、それぞれの知見を融合していくことが、「アダプテッド・スポーツの理解と実践」における多様な課題の解決につながっていくものと思われる。

参考文献

［一］飛松好子「障害者の健康増進と運動介入、スポーツ」『体力科学』第六五巻一号、二〇一六年、二三頁
［二］後藤貴浩、秋葉幸恵、小堺幸、金子光宏「身体障害者における運動習慣形成モデルの検討」『平成二六年度仙台市障害者健康増進事業調査結果報告』仙台市、二〇一五年
［三］『二〇一五年度障害者スポーツ選手発掘・育成システムのモデル構築に向けた基礎的調査研究報告書』公益財団法人ヤマハ発動機スポーツ振興財団、二〇一六年
［四］藤田紀昭『障害者スポーツの環境と可能性』創文企画、二〇一三年
［五］『平成二五年度地域における障害者のスポーツ・レクリエーション活動に関する調査研究報告書』文部科学省、二〇一四年
［六］『平成二八年度スポーツの実施状況等に関する世論調査』スポーツ庁、二〇一六年
［七］「平成二六年版厚生労働白書　健康長寿社会の実現に向けて――健康・予防元年」厚生労働省、二〇一四年
［八］梶岡多恵子、都竹茂樹「アダプテッド・スポーツが心身の健康に及ぼす効果」矢部京之助、草野勝彦、中田英雄編著『アダプテッド・スポーツの科学』市村出版、二〇〇四年、二二―二五頁
［九］「スポーツボランティア」『スポーツライフに関する調査報告書』笹川スポーツ財団、二〇一六年、一〇二頁
［一〇］塩田琴美、徳井亜加根「障がい者スポーツにおけるボランティア参加に影響を与える要因の検討」『体育学研究』第六一巻一号、二〇一六年六月、一四九―一五八頁
［一一］矢部京之助「アダプテッド・スポーツとは何か」矢部京之助、草野勝彦、中田英雄編著『アダプテッド・スポーツの科学』市村出版、二〇〇四年、三―四頁

［一二］『二〇一六年度大学・短期大学保健体育教育実態調査報告書』全国大学体育連合、二〇一七年
［一三］永浜明子「「アダプテッド・スポーツ」「障がい者スポーツ」に対する大学生の認知度および意識レベル——アダプテッド・スポーツ導入に向けた授業自己評価の観点から(第三報)」『大阪教育大学紀要』第六一巻二号、二〇一三年二月、四七—六〇頁
［一四］大山祐太「大学の一般体育におけるアダプテッド・スポーツ実践の教育効果」『北海道教育大学紀要(教育科学編)』第六七巻二号、二〇一七年二月、二六七—二七六頁
［一五］佐藤紀子「大学の一般体育実技における「アダプテッド・スポーツ」を用いた授業の教育効果」『総合文化研究』第二三巻三号、二〇一六年三月、四九—七〇頁
［一六］荒井弘和、中村友浩「障害のある学生または傷害を負っている学生に対する大学体育授業の効果」『体育学研究』第五〇巻四号、二〇〇五年七月、四四九—四五八頁
［一七］荒井弘和、中村友浩「障害のある学生または傷害を負っている学生を対象とした大学体育授業に関する探索的研究」『障害者スポーツ科学』第三巻一号、二〇〇五年六月、四〇—四七頁
［一八］荒井弘和、中村友浩「大学体育授業が障害のある受講生の身体活動量に与える影響」『体育学研究』第五一巻三号、二〇〇六年五月、三四一—三五〇頁
［一九］米川直樹、脇田裕久、山本俊彦、八木規夫、鶴原清志、冨樫健二「保健体育教育科目におけるアダプテットスポーツ受講生の指導事例について」『大学教育研究——三重大学授業研究交流誌』第一六巻、二〇〇八年八月、一一—二〇頁

注

1　単数形のスポーツ(sport)は身体的な活動の総称として用いられ、複数形のスポーツ(sports)は競技的な意味合いを持つ。

2　二〇一四年から東京二〇二〇オリンピック・パラリンピック競技大会を開催する二〇二〇年までの七年間で開発途上国を始めとする一〇〇か国・一〇〇〇万人以上を対象に、日本国政府が推進するスポーツを通じた国際貢献事業。https://www.sport4tomorrow.jp/jp/

6

多様な学生と大学

障害学生支援の現場から

村田　淳

1　大学の学びとその確保

大学は全ての人が通るプロセスではない。このことは、大学に身を置く者としては案外意識の外にあることではないだろうか。大学で学ぶということは、その機会に触れている状況ではそれだけ自然なことであり、改めてその状況を見つめ直すということはそれほど多くない。大学で学ぶという選択をした学生たちは、どのようなプロセスで、何に期待して、その選択をするのだろうか。

大学での学びは総合的な教養、専門的な知識や探求、多様な情報収集とアウトプット、そして、大学という環境や時間における生活そのものといえるのではないだろうか。何かを学びたいという能動的な意欲に裏付けられた選択も多いと思われるが、一方では大学生活そのものや将来への意識から大学という機会（時間・経験・コミュニティ等）を選択するということも多いと思われる。ただ、このようなインフォーマルな理由といっても良い選択方法は、大学の本質であるともいえる。学問としての深みや最先端の知見に触れるだけでなく、多くの学生たちや環境との関係性そのものが大学のもつ大きな魅力であるといえるだろう。

極端にいってしまえば、そのような関係性を大学組織としても確保していくことが、学生への支援を考えるときの根幹になる部分ではないかと考えている。どのような大学でもそれぞれのポリシーは極めて優れている。その大学が何を特徴・目標としているのか、そのために学生にどのように関わり、人間的な成長を育んでいくのかは、素晴らしいポリシーによってアピールされている。そして、これは大学組織の責任として解釈することができ、それは言うまでもなく、障害の有無によって変わるものではない。ただ、障害のある学生を支援するという文脈においては、しばしばこのことが忘れ去られてしまうことがあるように思う。たまたま、多くの学生とは異なる特徴があるということによって、学生が本来的にもっている権利が適切に確保されないということが起こってしまうのである。様々な文脈で学ぶことを確保するという基本的な条件を大学として果たすこと、これは学生たちが学ぶことの出発点になると考える。

そもそも大学での学びはすでに固定化された知見を学ぶというだけではなく、そこから未知の部分へ思考をめぐらせていくプロセスが重要になる。これがそれまでの教育機関とは大きく異なる部分である。つまり、既存の考え方や常識というものを問い直すという機会が大学らしい学びのスタイルともいえる。もちろん、専門領域における十分な基礎的情報を積み上げて、それらを自分なりに操っていくことも重要なことであるが、様々なものごとに出会うプロセスこそ、大学らしい学びといえるだろう。

現在、大学をはじめとする高等教育機関では障害のある学生の在籍が増えつつある。いくつかの大学では、このような学生を支援するための専門的な窓口を設置したり、専門的な知識やスキルのあるスタッフを配置するということが起こり始めている。大学の規模や性質によって、窓口や専門のスタッフをどのように組織に位置づけていくのかは様々であるが、少なくともそれぞれの機関においては障害のある学生に対する支援を行うために、何らかの措置をとる必要が生じている。その必要性は障害者権利条約[1]や障害者差別解消法[2]といった制度に裏付けられて、より明確になってきているが、言うまでもなく、本来、教育機関には必ず用意されておくべき普遍的な機能のひとつであると考えられる。

このような取り組みは障害学生支援という言葉で表現されることが一般的になりつつあり、昨今では全国的な組織である全国高等教育障害学生支援協議会(AHEAD JAPAN)[3]が設立されるなど、活発になっている。また、大学等が独自に取り組むだけでなく、初等・中等教育との連携や地域の社会資源の活用、また特に就職活動などにおいては行政や企業等とのつながりも生まれている。

京都大学学生総合支援センター障害学生支援ルームの室内

各大学にはそれぞれの大学の特色や価値があり、それらを多くの学生たちが享受していくことになるが、障害のある学生たちもまた、必要に応じた支援を活用しながら大学生活をおくっているという現状がある。筆者は、そのような学生たちへの支援を行うコーディネーターとして一〇年以上携わってきた[4]。一〇年の間にも学生たちの様子や大学・社会の状況はめまぐるしく変化している。現場のコーディネーターとして働くなかで、この取り組みは単に障害のある学生を支援するという単純なものではなく、学生たちの普遍的な権利など、より本質的なものは何かを考えるようになった。ここでは、大学における障害学生支援のコーディネーターという立場から、障害のある学生を支援するということを再度見つめ直し、支援とは何か、また大学の本質やそこで学ぶ学生たちのことを捉え直す機会としたい。

2 支援とは何か

最適化への抵抗と支援の「遊び」

大学における支援について、その必要性や考え方、ノウハウなど議論すべきことは少なくない。実際の現場においてもそのような情報は十分ではなく、筆者自身もそれらの情報を積み上げて、障害のある学生への支援についての貢献を考える立場にある。しかしここではそのような話題を中心に据えるのではなく、そもそも支援とは何か、ということについて考える機会としたい。

大学などの高等教育機関における障害のある学生に対する支援は、「障害学生支援」と呼ばれることはすでに述べた。障害学生支援という言葉をきくと、いかにも個人としての〝障害のある学生〟をいかに支援するのかという文脈として読み取られがちだが、筆者としては、障害学生支援をそのような個人に向けた、個人を助けるというような文脈としては捉えていない。もちろん、支援の現場においては、パーソナルなアプローチになることも少なくないため、一見、個人的な支援とみえるかもしれない。しかし、障害学生支援というものは個別的な支援(個人を助けるための支援)というより、社会的・環境的な支援として捉えるべきであろう。

このような立ち位置は新しいものではなく、特に合理的配慮というものを考える立場に立っていれば当然の前提であるといえる。ただし、社会的・環境的な支援とは、時として学生が既存の状況に対する過剰適応を目指すものになってしまう場合があるように思われる。大学ではしばしば多様性という言葉が使われるようになっているが、そうはいっても様々な制限や選別、カテゴリー化が前提になっているという状況があり、それは「大学とはこういうもの」「学生とはこうあるべき」という考え方や「学び方の手法の限定」などのようなことに現れているのではないだろうか。障害のある学生への支援では、既存の状況や方法の変更・調整を考えるというアプローチが多く発生する。この際にも、それらの変更・調整そのものへの懸念の声も少なくない。さらに、支援を行うことにより公平性が保てないという意見や懸念がある場合もあるが、そのような感覚というのは、そもそも通常の状況が障害のある学生にとって公平ではなく、その状況に対するアプローチとして合理的配慮を検討・実施するという基本的なスタンスからは隔ったものである。

合理的配慮は必要及び適切な変更及び調整を図るものである。つまり、既存の状況を見直すということが前提であり、より率直な表現を使うとすれば現状を疑ってみるという表現も当てはまるだろう。大学というある意味での聖域で、このようなアプローチをすることは案外難しい。小・中・高等学校と比べれば大学にはリベラルな印象があるかもしれないが、その分、時には組織的なコンセンサスではなく属人的な感覚に依拠してしまうことも多い。さらに、経験則の蓄積による個人的・組織的な暗黙の慣例や規範が新たな事柄への抵抗感につながっているという側面もあるだろう。障害学生支援は現在の状況や前提に対する最適化ではなく、それらの前提を見直すというアプローチであり、その上で何らかの課題が生じていることに対して学生本人を含めたその環境を調整していくことである。当然ながら、本質的に問うべきものを変えることはできないが、それらを達成するために自分なりの方法、自分なりのペースというものを見いだしていくことに支援の本質があるだろう。[5]

また、現時点では全てを包括できるノウハウがあるわけではない。少しずつ積み上げられているノウハウはあるが、まだまだ十分ではなく、仮に十分なノウハウの蓄積がなされたとしても、最終的には個別的で多様な状況に対して、その都度の判断やプロセスを考えていく必要があるだろう。絶対的なノウハウがないというのは、不安を伴うように捉えられるが、支援を考えていく上でとても有意義な状況でもあると考える。絶対的なノウハウがない、その余白をよい意味で捉えれば伸びしろという表現も可能であるが、筆者が述べたいことは単なる伸びしろとしての余白ではない。単にノウハウが蓄積されれば解決できるという単純なものではなく、そもそも余白が埋まりきらないという部分に本質があると考えており、それは〝遊び〟と表現してもよいだろう。支援を検討する上ではその遊びにこそ、その学生や環境におけるオリジナルな側面があり、場合によっては、先進的なより良い支援をそのタイミングで実施するという判断以外の判断もあり得るのはないだろうか。

学生によっては支援そのものを窮屈に捉えるかもしれない。大学生活というそれまでの教育機関にはない開放感や自由度は、多くの学生にとって大学で学ぶ醍醐味であり、授業を受けるといういわば教育的な学びの醍醐味だけでなく、些細なことも含めて他者から学ぶ、他者を学ぶといった側面も重要であろう。多くの大人がそうであるように、大学時代の思い出とは必ずしも教育的な学びに偏らないのではないだろうか。その意味では、どこまで組織的に制度化された合理的配慮等のフォーマルな支援と向き合うのかということそのものにも自由度があり、その関わり方の強度も含めて個々の学生の考えに基づいて調整されるべきことと考えられる。もちろん、大学としてはフォーマルな支援の必要性が生じた際に、十分にその責務を果たす必要があるが、それはここで言うまでもないことである。

このように考えると、支援というものはとても曖昧なものでもあるということがわかる。支援の内容や方法もしかり、それをどのように活用していくかにも個人差があり、しかもそれは時間軸によっても変化していくものであろう。さらに、制度化されたフォーマルな支援だけでなく、学生の周囲で展開されるインフォーマルな意味でも支援という言葉は当てはまり、その表現が意味することのひろがりは尽きない。そして、合理的配慮と呼ばれる重要な理念を背景としたフォーマルな支援においても、学生本人とその遊びを意識しながら関わっていくことが重要ではないかと思われる。これは、決して中途半端な支援、ほどほどの支援をするという意味ではなく、支援の遊びを意識することでよりその状況やプロセスに対応する支援を考えるということである。このような遊びの部分にこそ、新たな発見が隠されているものであり、これは支援という文脈だけでなく多くの学生の大学生活にいえることでもあるだろう。

定点観測としての大学——責任の持ち方

多くの人にとって、大学は一時のできごとである。なかには、大学という場所に身を置き続けるという判断をした人々がいて、概ねそのような人々が大学という場所を運営していくという側面もあるため、大学が一時のできごとであるという極めて当たり前のことが忘れ去られてしまう場合がある。(ある意味で大学の外からやってきた)筆者は常々、大学やそのなかにいる人々の不思議さを感じているが、それはそのようなことが理由かもしれない。大学にいてよく直面するできごとのひとつとして、〝正しさの強さ〟がある。よくある表現でいえば、自らへの自信といってもよいかもしれない。つまり、自分が間違っているかもしれないという可能性が、あまり意識されていないように思うのである。これは、一定の(ただし強度な)競争原理が影響しているかもしれないし、もちろん、科学・学問という極めて論理的なルールに基づいた行動や思考を多くの人が採用しているからに他ならないだろう。ただ、この〝正しさの強さ〟との付き合い方は少し気をつけておかないといけないという感覚がある。

自信というものは時として、臨機応変さや柔軟さを隠してしまう場合がある。自信とは本人の絶対的な考え方に基づくものであると思われるが、本当に絶対的かどうか。科学とは真実を探るものでもあるため、絶対的という言葉を否定するわけではないが、本当にそれだけで大丈夫なのかということもあわせて問い続ける必要があるのではないだろうか。ただ、実際にはその自信や経験則によって、関わり方は決定されていくため、学生にはあたかも他の選択肢がないダイレクトなものとして伝わってしまう可能性がある。このような前提が、実は大学の背景には隠されているということであり、大学における障害学生支援も時として同じような構図のなかに置かれる可能性がある。

もう少し端的に言えば、絶対的なものではない部分の可能性をしっかりと前提に取り込んでおくということも必要ではないか、ということである。学生にとって本当に正しいのかというのは、長いスパンでみることによって初めて評価できるものであるだろう。例えば、その場において絶対的だとされることが、将来にわたってもよい判断でよいタイミングであるかはわからない。その部分を考えすぎるとどのような判断も難しくなってしまうかもしれないが、それくらいその場での判断には様々な可能性が隠されているという前提を考えておく必要があるだろう。多くの学生は大学から離れていく。この離れていくという前提を大学の教職員や学生自身がどのように捉えるかということを考えておかなくてはならない。その場で起こっていることが全てではなく、あくまで一時の判断に基づくものであるという前提が必要になるのではないだろうか。

筆者にも様々な立場があるが、最初に現れる社会的な肩書きは、やはり支援者という位置づけになるだろう。支援というものをする・されるという関係として捉えられてしまうと、筆者自身、このような肩書きには抵抗感があるが、現実的・客観的にみれば、社会的にはそのような肩書きになると思われる。仮に、支援者という肩書きが自分のアイデンティティであるとしたとき、そしてそのような仕事を冷静に考えたとき、改めて絶対的ではない部分の重要性や可能性を考えるのである。

障害のある学生と向き合うときに、その場における責任をもつということは当然のことである。この責任は支援者として目を背けることができないものであるが、この責任というものがどのようなものであるかは冷静に捉えておく必要があるだろう。筆者自身が常に自問自答することは、少なくとも大学という場における支援は定点観測としての支援であるということである。一定の場所にセットされた機会に学生がフェードインしてきて、一定の期間を経た後にフェードアウトしていく。場合によっては、そのフェードアウトのタイミングも学生によって様々である。このような状況で絶対的なものを提示するということそのものが本当に正しいのかということは常に意識することであるし、それは出し惜しみするという意味とは異なる。あくまで、その場で判断できる最善のことを提示していくのは大前提であるが、定点観測としての関わりであるという前提も常に考えておく必要があり、将来も含めた全てにおいて絶対的なものとして残ってしまうかもしれないということに対して、謙虚さが必要なのではないかと考えている。

定点観測であることを謙虚に受け止めるからこそ、むしろ責任の持ち方は強度な方向に変化する。長期的に関わり続けられるという前提であるときの判断や関わりと定点観測という言葉で表現した限定的な関わりとは、やはり違いは少なくないと思われる。筆者としては限定的という事実を認めるからこそ、その場における責任はより重くなるというように整理している。これは、大学という条件下で生じている事実であるため、障害学生支援に限ったことではない。とりわけ大学が学生と対峙するときには、ほとんどの取り組みにおいて同じ構図が前提になると思っており、このことを教職員としても理解しておく必要がある。そして何より、学生の立場としてもこの前提を理解し、大学やその構成員、そして様々な取り組みに接するときに、常に自分なりのやり方やペースでものごとを判断していく必要があるだろう。疑うという表現は少々強いかもしれないが、実際上はそのような疑いをもつことでこのバランスは保たれるし、何よりものごとを問い直す、既存の常識や価値を疑うというのは大学で学ぶことの本質であるともいえる。

大学と障害を問い直すということは、このようなより本質的で根本的なことを思い起こさせてくれるのである。

待遇から遭遇へ

大学がもたらすものは何か、この答えには様々なものがあるだろう。新たなことを知り、その深さを探り、さらに応用していくという学問的なアプローチは代表的なものである。また、多くの他者やコミュニティといった環境的側面との融合や化学反応も貴重なものだろう。学生生活というものはそのようなものごとをエネルギーとして蓄えて、そこからまた新たな選択肢を描き、実現していくプロセスのなかにある。

障害学生支援という言葉を使うと、いかにも支援をどのように考えるか、どのように支援を行うのかという検討になりがちである。つまり、障害のある学生が大学生活をおくる上で非常に重要なテーマとして位置づけられてくる部分があるのではないだろうか。もちろん、新たな環境に身を置き、さらに自己責任や自己判断の要素が強まってくる大学という教育機関においては、自分自身の学生生活をマネジメントする上で、支援のもつ意味や位置づけが大切になってくるという事実はあるかもしれない。ただ、言うまでもなく大学は支援を行うための場所ではないし、学生も支援を受けるために大学で学ぶのではない。大学という場所や時間を選択し、その場で学生生活をおくる、そして将来を思い描き実現しようとするプロセスは、多くの学生と同様である。

そのように考えたときに、障害学生支援というものがターゲットにするものは何なのかを改めて考えたい。人にはそれぞれの人格的な基盤や経験、そして環境的な背景などがあり、その前提で他者やコミュニティと関わっていくものである。特に大学生というタイミングは、多くの学生にとって様々なプロセスの後にあるもので、それぞれが一定の境遇を内包している。そのような学生たちが新たなものごとに出会うというきっかけが大学には眠っているのであり、筆者としてはそれらに触れていくことが大学生活における最も貴重な価値なのではないかと考えている。

そこには一定の困難さも待ち受けるだろう。一般的といわれる価値や考え方とは異なる判断に迫らせることもまた、大学生活において重要なものである。大学としては学生たちを信頼して、学生たちのタイミングでものごとをつかみ取っていく機会をつくっていく必要があるのではないだろうか。映画「耳をすませば」[6]に、このような台詞がある。

自分の信じる通りやってごらん。でもな、人と違う生き方はそれなりにしんどいぞ。何が起きても誰のせいにも出来ないからね。

(映画「耳をすませば」一九九五年)

これは、自分の進路に思い悩んでいる主人公(高校受験をひかえた中学生)に対して、主人公の父親がかける言葉だ。突き放しているようで、これほどの励ましの言葉はないだろう。それぞれの判断を尊重する意志を明示するということは、それぞれの力を信じているからに他ならない。大学という場所は出来る限りの情報を提供して、学生の力を信頼して、彼らの判断を尊重する。そのための時間や環境を保障していくということにその存在意義があるのではないだろうか。

支援というのは、一般的にある種の境遇に対して何かが施されるという状況を思い起こさせることが多い。例えば、経済的な困難さを抱えていれば、その境遇に対する何らかの待遇を支援と呼ぶことになるだろう。ただ、先に述べた通り大学は支援をするための場所ではない。大学が支援の対象とするのは、(特に大学の本来的なミッションに限定すれば)あくまで学生一人一人が大学生として保障されるべき事柄を確保していくことであるだろう。様々な学問、そして他者やコミュニティに触れ合っていくという出会いそのものが支援という言葉の最大のターゲットになるのではないだろうか。つまり、個々の状況に応じた一定の〝境遇〟に対して、何らかの〝待遇〟を与えていくのではなく、出会い、つまり〝遭遇〟の機会をつくっていくということであると考える。

この〝遭遇〟の対象としては、未知のものだけでなく既知のものも含まれるが、障害という文脈のなかでは、この既知への遭遇が十分に確保されていないのではないかという疑問がある。それは情報であり、人であり、機会でもあるかもしれないし、そこから導き出される選択肢のひろがりや可能性にも影響しているかもしれない。ありきたりな言葉だが、障害学生支援の現場では普遍的な権利を保障するということの重みを改めて感じるのである。

学生たちのポテンシャルや可能性には日々驚かされることがある。障害学生支援という枠組みには全くおさまらず、学生たちの行く先は遥かに我々の想像を超えるところにあるということを実感する。筆者自身は、そのような学生たちを自然な形で見守り、期待し続ける立場でいたいと考えている。そのためにも学生たちには、大学生としての自然な〝遭遇〟をしてもらいたいと思うし、そのために必要なことがあるなら、支援者としてはそれを障害学生支援というミッションとして捉えていく必要があるのではないかと考えている。そして、このような考え方は、全ての学生にも当てはまることであり、大学という組織やそこに関わる人々の共通認識であるだろう。

そのように考えると、障害学生支援は何も特別なアプローチではなく、大学としての普遍的な活動のひとつであるということが確認できるだろう。そして、普遍的な活動のひとつとして位置づけることの重さを再度受け止める必要もある。つまり、ある程度できればよい、ほどほどにできればよいという考え方の前提に立つとすれば、それは大学としての価値やアイデンティティを失わせてしまうものであるとも考えられる。障害学生支援は、大学が大学であるための活動であり、言い替えれば大学組織のチェック機能であるという言い方もできる。障害のある学生やその支援を考えるということがもたらすものは、それだけ重要なことなのである。

3 多様な学生という価値

社会には様々な人がいる。現在では、多様性という言葉をよくきくようになったが、様々な人がいることを知識として知るだけでなく、それぞれを尊重することを目指したものだろう。ただ、多様性という言葉でそれらを表現して、具体的なアプローチが必要であるという状況があることもひとつの事実である。つまり、いまだにそれは達成されていないということだ。もちろん、多様という言葉はその問いに終わりがないことも表しているのではないだろうか。多様性を問い続けるということは、これからも自然な営みとして繰り返していくものなのかもしれない。

大学は小さな社会である。様々な人や情報が飛び交い、それぞれの価値観や文化を背景に混じり合っていく。ただし、ひとつのものを目指すのではなく、ときに離れてときに交わるということを前提としているように思う。この前提が共有できれば、「こうあるべき」「こうすることが普通」という排他的ともいえる発想ではなく、無限に起きうる多様さを認めていくことができるのではないだろうか。

人間の風景の面白さとは、私たちの人生がある共通する一点で同じ土俵に立っているからだろう。一点とは、たった一度の一生をより良く生きたいという願いであり、面白さとは、そこから分かれてゆく人間の生き方の無限の多様性である。

(星野道夫『旅をする木』文藝春秋、一九九五年)

写真家の星野道夫[7]は、カメラのファインダーごしに起こり続ける自然や人々の営みの多様さをこのように表現している。これは、とても普遍的な前提であろう。現代社会のなかで「普通」「常識」という言葉の強さが目立っている。障害のある学生を支援するという現場にいる筆者にとっては、それは「偏見」や「差別」とほぼ同義語のように思えるときがある。なかには論理的にそれらが構築されてきたものもあるが、ときには「慣例」という抽象的な事実であることも少なくない。多くの人にとって共有しやすいものが中心になるということが、それ以外の人たちにとってどんな影響を及ぼすのか、というイメージを持つことができていないということだろう。多様な学生の存在は、そのことをダイレクトに教えてくれるのである。多様な学生が大学という空間に存在することと同じように、社会には多様な人が存在する。大学で学ぶ多くの学生たちは、社会に出て様々なフィールドで次の時代をつくる一員となっていく。そのような学生たちが学ぶ空間はそもそも多様であるべきで、大学は自然にその前提を獲得していく機会になる必要があるだろう。

4 自らの言葉をもつ

多様性の前提は、それぞれのオリジナリティであり、ユニークさでもある。色々なことが起きるということは、様々な価値を共有できるということを意味しているのである。そして、そのなかで自分の価値ということにも目を向けていく必要があるだろう。他者の言葉をきいて、自らの言葉をもつことが、大学という時間と空間でより多様に繰り広げられることに期待している。ここで表す言葉とは、コミュニケーションの術という意味ではない。人やものや歴史など、何かに触れるための自分自身の出発点や軸になるアイデンティティだと考えている。そして、それらは確立(固定化)されたものではなく、変化してもよい。自らの信念をもつことは大切かもしれないが、それを変えるということはネガティブなことではない。ただし、自分なりの考えをもたなければ、そのいずれの機会も訪れないことになり、やはり答えのないことにも自らで答えを出していくというプロセスは大切ではないかと思う。

その場の情報や条件における最善を考えるという努力は、何かを生み出すきっかけとなるだろう。そして、一度前に踏み出すということで景色が変わってくるということも知っておく必要があるだろう。同じ世界のように思っていた場所が、一歩前に踏み出すだけでも変化するという可能性をいつも知っておかなければならない。

大切なことは、出発することだった。

（星野道夫『長い旅の途上』文藝春秋、一九九九年）

あれこれと考えることは重要である。ただ、最善をつくしながらも少し景色を変えていくことも大切なのではないかと思う。時間は止まることなく、社会はいつも動いている。そのなかに存在することを意識することで気づかされることもあるだろう。我々はいつも人や情報に出会うなかで、様々なものごとを考えて、それをきっかけに新たな一歩を踏み出していく。その繰り返しに対して、大学という時間と空間はより濃厚な機会を提供していくものになるだろう。

支援というものもまた、一人の学生が何かに出会っていくことを後押ししていくものである。筆者自身もそのような大学の価値を、この仕事をとおして再度見つめ直している。

注

1　国連「障害者の権利に関する条約」の略称。障害者の人権及び基本的自由の享有を確保し、障害者の固有の尊厳の尊重を促進することを目的として、障害者の権利の実現のための措置等について定めた条約であり、日本は二〇一四年に批准。

2　二〇一六年四月に施行された「障害を理由とする差別の解消の推進に関する法律」の略称。全ての国民が、障害の有無によって分け隔てられることなく、相互に人格と個性を尊重し合いながら共生する社会の実現に向け、障害を理由とする差別の解消を推進することを目的とした法律。

3　全国高等教育障害学生支援協議会(AHEAD JAPAN)は、大学等の高等教育機関における障害学生支援に関する全国組織である。年に一度の全国大会をはじめとして、様々な取り組みを実施している。http://ahead-japan.org

4　筆者は、京都大学における障害学生支援の専門窓口である「学生総合支援センター障害学生支援ルーム」でチーフコーディネーターを務めている。https://www.gssc.kyoto-u.ac.jp/support/
また、京都大学では、文部科学省の事業採択を受けて「高等教育アクセシビリティプラットフォーム(HEAP: Higher Education Accessibility Platform)」を実施しており、相談・ネットワーク事業を展開している。筆者はHEAPのディレクターを兼任。

5　問うべき本質について、障害学生支援の分野ではテクニカルスタンダード、又はコンピテンシースタンダードといった表現が用いられることがあり、特に合理的配慮の提供にあたって議論の対象となることが多い。

6　同タイトルのコミックスを原作としたアニメ映画。中学生の少女の葛藤や成長を描いた作品。一九九五年、スタジオジブリにて映画化。

7　千葉県出身の写真家。主にアラスカを中心に、自然や動植物、人々の文化に関する写真集や著作をもつ。一九九六年、ヒグマの事故により急逝。

Ⅱ

学問×障害＝？

既存の学問は「障害」という概念を排除した「普遍性」を基盤に発展してきました。だから「障害」を切り口に学問を見直すと、学問は変革を余儀なくされるのです。

第Ⅱ部では、「リベラルアーツ」の原点に立ち戻り、既存の学問分野に「障害」を取り入れた結果生じつつある発展の実例を論じます。

7

リベラルアーツと合理的配慮というチャレンジ

川添信介

はじめに

大学を中心とした高等教育におけるリベラルアーツ教育の重要性が叫ばれているが、現代においてなぜリベラルアーツが重要なのかについては、多様な見方が存在している。たとえば、過度に専門化された狭い分野の知識を超えた「俯瞰力」の基礎としてのリベラルアーツの重要性が指摘されたり、何らかの目的の実現のために主体的に行動してゆく力としての「教養」の強調であったりする。さらには、変化が激しくグローバル化した現代において必要とされる「汎用的な」スキルとしてリベラルアーツが捉えられる場合もある。

リベラルアーツについての以上のような捉え方にはそれぞれ理由があると思われるが、障害の問題は表立った焦点となっているわけではない。現代社会においてその必要性が叫ばれているリベラルアーツが、障害当事者や障害に関わる人々にとってだけ必要なものではないことは明らかであろう。それでは、「障害」あるいは「障害者」に焦点を当てることによって、リベラルアーツの概念や意味づけの方に何か変化が生じるのであろうか。あるいは、根本的な変化は生じないとしても、リベラルアーツのより豊かな理解が得られるのであろうか。ここでは障害者差別解消法などで論点となっている「合理的配慮」という概念を通じて、リベラルアーツの本質と必要性について考えてみたい。

1 そもそも「合理的」とは

最初に、「合理的配慮」と訳されている言葉が、そもそもどのような意味を持っているのかを考えておきたい(合理的配慮の概念の問題性と広がりについては[一]が大いに参考となった)。差別解消法などの条文では「合理的配慮」という用語はそのままの形では用いられてはいない。現れるのは「必要かつ合理的な配慮」という表現であるが、差別解消法に関して閣議決定された「障害を理由とする差別の解消の推進に関する基本方針」では、これが「合理的配慮」と術語化されているとともに、この概念が国連の障害者権利条約第二条の定義にもとづいたものであることが述べられている。そこで、この権利条約での定義を「合理的」ということの意味を中心に、以下で確認しておく(論旨にとって重要だと考える用語については英語版の原語を付した)。

「合理的(reasonable)配慮」とは、障害者が他の者との平等を基礎として全ての人権及び基本的自由を享有し、又は行使することを確保するための必要かつ適当な(necessary and appropriate)変更及び調整であって、特定の場合において(in a particular case)必要とされるものであり、かつ、均衡を失した(disproportionate)又は過度の負担を課さないものをいう。

「合理的」と訳されている英語の reasonable はもちろん reason という名詞に由来するが、この名詞の意味を十分に理解するには、その語源にあたるラテン語の「ラチオ(ratio)」にさかのぼって考えるのが都合がよい。ratio は現在の英語でもそのままの形で「比、比例、比率、割合」の意味で用いられていることにも現れているように、複数のものの間の「関係」ということと結びついている。すなわち、一方では、ある対象が他の対象に対して持つ関係そのものが ratio と呼ばれることがある。たとえば、「整数6は整数2に対して3倍という ratio を持つ」と言われ、この場合の ratio は「比率、割合」と訳される。また、「出来事Aは出来事Bにとっての ratio である」と言われ、これは「理由」と訳されることになる。他方で、ratio にはこのAとBの出来事の間の関係や数学的関係を認識するための人間の能力を意味する場合もあり、この場合は「理性」と訳されることになる。対象が持っている関係的な性質とそれを把握する能力という、この両方の使い方は英語の reason にも引き継がれている。

それゆえ、reason に由来する形容詞 reasonable にも、両方の側面が含まれることになる。一方では複数の対象の間に存在している関係が関係として適切であることを示す場合がある。たとえば、ある商品が有している内在的な価値とそれに付された売価との間に適切な関係があるときに、その売価は reasonable と形容される。他方で、人間の認識能力としての「理性による」という意味も持つことになる。つまり、人が商品を売るときに、商品の内在的な価値を見極めることを根拠にするのではなく、金儲けしたいという自分の欲望に動かされて法外な売価を設定するのは「理性による」設定とは言えないであろう。ただ、ラテン語の ratio に由来する英語の形容詞には別に rational があり、「理性による」という意味ではこの形容詞の方がふさわしく、reasonable はもう少し広く「理にかなった、筋の通った」という意味で用いられる。とはいえ、reasonable には複数のものの間の関係とその関係の適切性ということが、本質的に含まれていることを確認しておくことが重要である。

このように見ると、先に引用した「合理的配慮」の定義には奇妙なところがあることが分かる。その定義のなかに現れる「適当(appropriate)」という形容詞は、「Aの固有性(property)にBを合わせる」という関係を含意しているし、「均衡を失した(disproportionate)」という語も「比、比例関係(proportion)から外れている」という意味である。そして reasonable という語も関係の適切性を本質的に含んでいたのだから、「合理的配慮」の定義項と被定義項はともに同じ関係の適切性を含意していることになる。つまりこの定義は「関係にふさわしい配慮」とは「関係に合わせた変更及び調整で、関係に合わない過重負担でないもの」と述べているのであって、定義としては不明瞭あるいは十分でないと言うべきである。

ただ、西洋の思想的伝統において ratio や reason という用語・概念は、諸事物の間の関係と連関しているといっても、何か一般的・普遍的なレベルの関係と結びつけて理解されてきたことが重要である。だからこそ、そのような関係を把握する人間の能力は「理性」と訳されてきたのである。もう少し説明しておこう。この世界に存在している事物・出来事はすべて個別的なもの、つまり「特定の時と場所、今・ここに」存在する。ポチという名前を持った犬はある時間・ある場所に存在する。ポチでもクロでもない「犬一般」なるものを見て触ることができるわけではない。しかし、人間は「犬」という普通名詞を用いて、たとえば「犬は哺乳類である」という一般的な知識を持つことができている。クロでもポチでもない「犬」なるものを、わたしたちは肉眼で見ることはできないのだが、それを「理解」している。この一般的な内容を理解する能力が、個別的なものを捉える「感覚」と対比して「理性」と呼ばれてきたのである。そして、西洋思想の伝統のなかでは、学問とは一般的・普遍的原理や知識を求める知的な営みであり、その主体が ratio つまり理性であるとされてきたのである。

さらには、この一般的・普遍的な知識を求めることは、狭い意味での学問的な営みだけに限定されているわけではなく、いわば「人間の本性」として人間の行うことのあらゆる領域において、ある種の要請として浸透している。つまり、個別的な出来事や課題を前にして、ただその場限りの解決で満足できず、reason(理性)によって何らかの意味で一般的な原則を探し出し、それをreason(根拠)にして課題に対処しようとするのが人間なのだ、と考えられてきた。障害者に関わるいわば専門用語としての「合理的配慮」が含む「合理的」という形容詞には、それと意識するかどうかとは別に、以上のような人間理解と学問観が含まれているのである。

2 「リベラルアーツ」とは何だったのか

次に、本書のもう一つの主題であるリベラルアーツについても、歴史的にさかのぼってその意味を確認しておきたい。「リベラルアーツ(liberal arts)」という概念は、ヘレニズム期を含む古代ギリシアの世界にまでさかのぼることができるが(〔二〕を参照)、その直接的な起源となったのはラテン語圏での「アルテス・リベラーレス(artes liberales)」というラテン語である。「アルテス」は「アルス(ars)」の複数形であり、アルスとは現代英語の「アート(art)」の語源でもあるが、もともとは広く「ものを作り出すことに関わる技術知」を意味しており、「芸術」だけに関わる言葉ではない。このアルスのなかにはもちろん身体の作用を通じてものを作り出すアルスがある。家を造ったり料理をしたりするときに、人間はその技術に関わる知を有している。他方で、人間は自分の身体ではなく精神によって何か作り出すはたらきも持っている。たとえば、計算をしたり、スピーチをしたりすることがそうであるとされ、この種類のアルスが「リベラーレス」つまり「自由な」アルスと呼ばれてきたのである(その「自由」の意味については後述する)。それゆえ、アルテス・リベラーレスは日本語では「自由学芸」「自由学科」などと訳されてきた。

さて、このアルテス・リベラーレスに含まれる具体的な知・学科とは何なのかについては、紆余曲折を経て、紀元後五世紀ごろから標準的には七つの学科が含まれると見なされるようになる。その七つは言葉に関わる「三科」（文法、論理学、弁論術）と、数学に関わる「四科」（幾何、算術、天文学、音楽）である。天文学が「数学的」と言われるのは、天体の運行が斉一な幾何学性を持っていると考えられていたからであり、音楽とは実質的には音響学という音の間の算術的な関係を考察するものだったからである。つまり、幾何と算術が図形と数という純粋に数学的対象を扱うのに対して、天文学と音楽はそれぞれ天体と音という自然物に見出される数学秩序を考察するいわば「応用数学」であった。

このアルテス・リベラーレスは、一二世紀から一三世紀初めに成立した「大学」という教育機関でも必須の教育内容と見なされた。中世の大学は四つの学部から成るとされるが、上級の神学部、法学部、医学部に対して、学生がそのいずれの学部に進むにもその前に在籍する場所が「学芸学部（facultas artium）」と呼ばれた。これは字義的には「アルテスの学部」、つまりアルテス・リベラーレスを学ぶ学部である。それゆえこの学部は、制度上は、上級の専門教育のための学部との対比においては、「下級の共通教育のための学部」であったことになる。

ただ、中世最初期の大学の「学芸学部」の実態は「哲学部」と呼ぶのがふさわしいものだったことには注意する必要がある。「大学」という教育制度が成立した時代は、それまで十分に知られていなかった古代ギリシアのアリストテレスの哲学体系が西欧ラテンのキリスト教世界に広範に流布し始めた時期でもあった。キリスト教成立以前のアリストテレス哲学の持つ哲学としての力を認めた（あるいは圧倒された）西洋中世の世界は、法学や医学だけではなくキリスト教神学にとってさえ、それらの専門科目を学ぶ前に共通してアリストテレス哲学の全体を学んでおくことが有益で必要であると見なし、学芸学部はそのカリキュラムをアリストテレスの著作を中心に組み立てたのである。この意味で中世初期の大学の学芸学部は実質的に「哲学部」であったと言える（［三］を参照）。この経緯のなかで、西洋においてアルテス・リベラーレスは常に哲学との密接な連関のもとで理解されてきたのである。

さて、大学という制度は、西洋において中世末期からルネサンスと近代を経るなかでさまざまな変容を経験しただけではなく、世界各地に大学という制度が広がるなかで地域的な多様性を生み出した。現代世界においても、大学や高等教育組織は、特定の専門領域に特化した学部・組織と何らかの意味で共通教育にあたるアルテス・リベラーレスを教育する学部・組織とが区別されながら関連するという構造を持っている。現代のアメリカ合衆国の「リベラルアーツ・カレッジ」が、文字通りアルテス・リベラーレスのための組織であると同時に、その卒業生の多くが他の大学の医学や経営学などの専門教育のための機関(大学院)へ進学するための組織であることもその現れである。

以上のように、リベラルアーツという理念は現代にまで続く強靭な力を有してきた。もちろん、それは古代ギリシアから中世という古い時代に成立したものであり、西洋という一地域において形成された理念であるから、グローバル化した現代において古臭くローカルなものだと無視することは可能かもしれない。そこまで言わなくとも、アルテス・リベラーレスの実質は歴史的・地域的に変質したのであるから、現代の状況において新たに捉え直すことの方が大切かもしれない。このような判断は、とりわけ現代が変化の激しい時代であることを考えると、一面では当然のことである。歴史的にもリベラルアーツを何か固定的なものだと捉えることはできないのであるから、現代にふさわしい実質を新たに作り上げればよいということはできるであろう。

しかし、アルテス・リベラーレスを現代においても意味のあるものと考えようとするならば、やはりその理念の根本とは何なのかを見定めることは有益である。そして、その根本を捉えるには、これまで触れなかったアルテス・リベラーレスが「どうしてリベラーレスと呼ばれるのか」という点を考えてみることが適切であると思われる。

3 なぜ「リベラーレス」なのか

アルテス・リベラーレスはなぜ「リベラーレス」つまり「自由な」と形容されてきたのであろうか。歴史的にはさまざまに解釈・理解されてきたのだが、ここでは西欧一三世紀最大のスコラ学者と呼ばれるトマス・アクィナスの理解・解釈に定位して考えてみることにしたい。人間がなしているさまざまな知的な営みのなかにアルテス・リベラーレスを位置づけようとする文脈において、アクィナスは次のように述べている。

さて、自由学芸が他の諸学問のなかにあって「技術(に関わる学問)」と呼ばれるのは、それが単に認識するということを含むだけではなく、理性(ratio)そのものが直接に関わる何らかのはたらきを含むからである。たとえば、作文や三段論法や弁論の作成、数えること、測量、旋律の形成、星の運行の計算といったはたらきなどがそうである。それに対して、他の諸学問のなかには、神学や自然学のように、認識することだけを含んでいてはたらきを含んでいない学問がある。(中略)また、医学や錬金術などのように、はたらきを含んでいてもそれが身体的なはたらきである学問もある。だから、この後者は「自由な」学芸(技術)と呼ばれることができないのである。なぜなら、これらのはたらきは人間に属しているが、身体(物体)という自由でないものの側で人間に属しているからである。さらに道徳学について言えば、これがはたらき(行為)のためのものであるとしても、そのはたらきは学問・知識によるはたらきではなく、むしろ徳によるはたらきであるから、(中略)これを「技術」と呼ぶことはできず、むしろそのはたらきにおいて技術の代わりをしているのは徳なのである。それゆえ、(中略)昔の人々は徳を善くかつ正しく生きるための技術だと定義していたのである(〔四〕一二七―一二八頁)。

この一三世紀の神学者の言葉を現代のリベラルアーツを考えるためのきっかけとするには、説明あるいは解釈が必要だろう。ここでは人間の学問的な営みが四つに区分されている。一つは、ただ認識するだけで、ものを制作することにも人間の行為にも関係しない学問である。例として挙げられている神学はここでは除外すると、もう一つの例は自然学であり、これは今日の自然科学にあたる。自然科学は物質的な世界がどのようなあり方をしているのかを「ただ知ろう」とするものである。気をつけなければならないのは、現代では、とりわけ日本では「科学技術」という表現で、科学と技術を不可分のものと見なす考え方が強いことである。この両者の強い結びつきについては多様な捉え方があるが、「科学」にあたるラテン語scientiaはもともと「知ること、知識」一般を指すにすぎないのであり、その人間の営みと科学を用いて何かを作り出す技術とは、タイプを異にする知的な営みだとこのテキストは主張している。科学は何か分からない不思議なことを知りたいという好奇心に発する知的な営みであり、このタイプの学問をここでは「純粋科学知」と呼んでおこう。リベラルアーツはこの種の学問・知との対比では、「知るだけではなく、何かを作る」ものとして特徴づけられることになる。

二つ目は、ただ世界を知るだけではなく、得られた知識を用いながら人間が自分の身体を通じて何かを作り出す学問的営みである。ここでも錬金術のことはおくとして、挙げられている例である医学(医術)についていえば、単に人間の身体の構造や機能を知ることにとどまらず、その知識を前提に人間の身体の健康を作り出す技術であることは分かりやすいであろう。そして、このタイプの学問的営みが今日の科学技術にあたることになり、ここでは「科学技術知」と呼んでおく。

そして三番目が「自由学芸」諸学である。アクィナスのこのテキストでは、このタイプの学問の特徴は、技術の一種として何かを作り出すことと結びついている点では「科学技術知」と共通するが、その作り出されるものが身体を経ることなく「理性そのものに直接に」結びついている点で異なっているとされている。ここで注意すべきなのは

「直接に」という限定である。「科学技術知」ももちろん理性という人間に固有の能力に属しているのだが、その知によって作り出されるものは「人間の身体を通じて」間接的に理性と結びついている。ただし、この「身体を通じて」ということを現代の科学技術において考える場合には、ラテン語の「身体(corpus)」が同時に「物体」という意味をも持っているように、さまざまな「物体的な」道具・器具・機械を通じて理性と結びついているという意味に拡張して考えておく必要があろう。物体的な道具はいわば「手の延長」なのである。このような「科学技術知」に対して、自由学芸は、たとえば計算して答えを出すのに紙と鉛筆や電卓を用いることがあるにしても、計算をすることそのものは「直接に」理性によってなされる。自由学芸七科はその知識をはたらかせて、本質的には非身体的な結果を作り出す学問であると特徴づけられている。そして、この「非身体(物体)性」こそが「自由な」学問であることの根拠とされていることになるが、この点についてはまた後に触れる。

最後の四番目のタイプの学問は道徳学である。この学問が人間のはたらき・行為に関わることは当然であるが、同じように認識だけではなくはたらきを含んでいる「科学技術知」やリベラルアーツと異なるのは、「学問・知識(scientia)」ではなく「徳(virtus)」がはたらきの駆動力となっている点にあるとされる。ここでは簡単に述べられているだけであるが、アクィナスの他の箇所での詳細な議論を踏まえると、この「徳」とは何か善い行為をなそうとする人間の心の習慣・状態・傾きのことである。親切な行為を行う人がなぜそのような行為を行うかと言えば、その人が親切心という徳を持っていたからである。人は建築についての知識を持っていなければ家を建てるというはたらきをなすことができないように、親切心という徳を持っていなければ親切な行為をなすことはない。それゆえ、この並行関係のために、先のアクィナスの引用では、道徳学は厳密な意味では技術つまり「科学技術知」ではないにしても、広義には「善くかつ正しく生きるための技術」だと言うことが可能であると認められることになっている。

さて、以上のような学問の分類についてのアクィナスの議論を、リベラルアーツの重要性という課題と結びつけるとすると、どのような理解あるいは読み替えが可能であろうか。アクィナスにおいて自由学芸が「自由」であるとされた根拠は、その学問を通じた人間のはたらきが本質的に非身体(物体)的である点にあった。言葉に関わる三科と数学的な四科とは人間を人間たらしめている理性の直接的な使用であるが、その理性が身体を介さなくとも活動できる純粋性を持っているという主張はアクィナスの根本的な立場である。そして、本質的に身体(物体)から解き放たれた存在である理性あるいは精神が自由であるのに対して、身体は物質的世界の一部として「それ以外のあり方が不可能」という必然性を帯びているということも彼の基本的な主張である。しかし他方で、アクィナスは一見するとこれとは矛盾するようであるが、人間の理性・精神は身体的な認識つまり感覚を端緒としてしかはたらきをなしえないし、その認識の対象も第一義的には物体的世界であるという主張もしていることを忘れてはならない。つまり、人間の理性・精神は必然の支配する身体(物体)世界に固く結びつけられていながら、他方ではその世界から解き放たれうるという自由も持っているという両義的な存在として捉えられているのである(［五］を参照)。

そうしてみると、「科学技術知」は身体を介するゆえに自由ではなく、自由学芸は理性に直接的に関わるために自由であるとするアクィナスの立場は、次のように読み直すことができると思われる。「科学技術知」は物質的世界についての「純粋科学知」を用い、その物質的世界の一部である身体を介して、何らかのものを作り出してゆく。そして、その物質的世界は「それ以外のあり方をしない」という必然性(非自由・拘束性)を特徴としている。その限りにおいて、「科学技術知」も人間の理性のはたらきであるとはいえ、その知は対象世界である物質的世界の必然性に従うしかなく、そこに本質的な自由はない。したがって、その知には本質的な善悪もない。自由がないところに善悪はないからである。

このような「科学技術知」との対比において自由学芸が自由であるとされているのだが、それは自由学芸が物質の世界とまったく関わらない純粋精神の世界を対象としているからではない。このことは、四科が数学的であるとしても、純粋数学だけでなく天文や音楽(音響学)を含んでいたことからも明らかである。むしろ肝心な点は、アクィナスがアルテス・リベラーレスとの関連において、物質的世界を知りそれにはたらきかけて何かを作り出す「科学技術知」それ自体の内部には自由はないとしても、その知を根源的に駆動させているのは人間の精神であり、それは物質的世界の必然性の外側に出ることが可能な自由を持っているという認定をしていることなのである。

このように見てくると、現代においてもリベラルアーツが必要なのは、「科学技術知」の持つ必然性の外側に出て、つまり「自由」のなかで、その「科学技術知」をどのように駆動させるべきかを示さねばならないからである。そうだとすると、先のアクィナスのテキストでは別の学問とされていた道徳学と自由学芸とは、実は結びついていると考えなければならない。なぜなら、「科学技術知」それ自体も善悪の判定を受ける人間の行為の一つであり、行為の一つとしては「善くかつ正しい生き方」を目指している、あるいは、目指すべきなのであり、この角度からはリベラルアーツは「科学技術知に関する道徳学」と連接する、あるいはそれを含みこんでいることになるからである。

アクィナスの古いテキストを機縁とした以上の考察の結論は、ある意味平板で単純なことになる。つまり、リベラルアーツを学ぶ意味は、「科学技術知」に回収されることのない自由な理性が人間には備わっていることを認識し、その自由をどのように使えば「科学技術知」を「善くかつ正しく」駆動させたことになるのかを考えることができるようになる、という点にあるということになろう。

ただ、ここまでアクィナスのテキストに従うことで、「科学技術知」としては自然科学にもとづく技術知を念頭においてきた。現代において自然科学による技術が人間にとって極めて重要な生の環境となっているために、それが突きつけている問題をリベラルアーツが考察することはやはり重要なことである。しかし、人間に必然性・拘束を課しているのは自然的世界だけではなく、人間が生きる環境としての社会制度や思想もそうなのである。社会制度や思想は、自然的環境とはちがって、本来人間の自由な理性が作り上げてきたものであるのに、いったん出来上がってしまった社会制度や思想は人間に必然性として現われ拘束するようになる。人間の生は自然環境によってだけでなく、社会的・思想的環境にも制約されている不自由な存在となりうるのである。場合によっては、社会的・思想的環境の方がそれの有する拘束性を人間は自覚しにくい。だから、それらを扱う社会科学や人文学も、それらがいったん既存の学問として出来上がってしまうと、理性の自由な行使を妨げる拘束となることがあるのである。

リベラルアーツという理念の重要性は、どのような学問がそれに含まれるのかという視点から捉えるのではなく、どのような対象であっても人間に必然を課し拘束となっているものに対して、その外側に出てゆくことのできる理性の自由を確保しようとする知的構え方のなかにあると言えるであろう。この意味でリベラルアーツは何か特定の学問・知識であるというより、知の技法としてのアルス・アートであることを本質とするのである。

4 「合理的配慮」というチャレンジ

それでは、「合理的配慮」という概念とリベラルアーツとはどのように関わり合うのだろうか。「障害」ということは、所与の現実とそれを動かしている原理的考え方とが持っている(ように見える)必然性あるいは拘束の外側あるいは手前に出て、人間の自由な理性をはたらかせるべき、つまりリベラルアーツによって考えるべき課題である。「障害・ディスアビリティ」という現実は、医学、社会制度、倫理、政治、法律などにまたがる広範な問題圏として、さまざまな角度からのアプローチが可能である。それぞれのアプローチにおいて研究と実践が積み重ねられているし、障害学という統合的なアプローチも学問として確立しようとしている。この限りでは、障害という課題一般とリベラルアーツの間には、何か特別に新しいチャレンジングな面はないと思われる。しかし、「合理的配慮」という概念には本質的に新しい要素が含まれていると思われるのである。

私見では、この「合理的配慮」という概念の新しさは、冒頭で引用した国連の障害者権利条約第二条の定義の「特定の場合において」という表現に現れている「個別的ニーズ」と、そのニーズに応じる主体の側の「非過重負担」の二点である。さらに突き詰めると、「非過重負担」は障害者の個々のニーズに応じた配慮を提供する場合のことである以上、合理的配慮という概念のエッセンスと新しさは「個別的ニーズ」を表舞台に登場させたという点にあると見ることができる。

それでは、この「個別的ニーズ」という点はなぜ新しく重要なのだろうか。合理的配慮の提供先が個々の障害者であるのは、当然のことであるとも言える。合理的配慮という概念が表舞台に登場するより前から、障害者への対応は「個別的」でしかありえなかったはずである。さまざまに異なったインペアメント(機能障害)を持つ個人が、個々別々の状況を前にして、個々に異なった社会的障壁を抱えることになるという事態は、合理的配慮という概念があろうとなかろうと同じである。ディスアビリティや社会的障壁という出来事に限らず、この世界に存在するものは個別的なものとして存在し、それへの対応も個別的な行為でしかない。だから、合理的配慮という概念の登場はわたしたちに個別的なニーズに対応した個別的な行為を命じるという意味で新しいのではなく、むしろその行為を「合理的であれ」と命じている点で新しくチャレンジングなのである。リベラルアーツを含めた学問の伝統的理念はreason(理性)による一般的で普遍的なreason(理由・根拠)を探求することと分かちがたく結びついていた。ところが、合理的配慮が求める「合理性」あるいは「理にかなったあり方」は、一般的な配慮ではなく「個別的なニーズ」に応じた個別的配慮なのである。reasonableであるという概念には一般性・普遍性への志向が含まれている以上、個々の障害者の個別的な状況とそのなかでの個別的なニーズについてreasonableであることを求めることは、従来の(少なくとも西洋思想の伝統における)人間の思考とそれにもとづく行為におけるreason(理性)というもののあり方の変更あるいは拡大を要請することになるという意味で、チャレンジングなのである。

このことのゆえに、障害者差別解消法や障害者雇用促進法にはある意味での「曖昧さ」や「不確定性」があり、合理的配慮提供の現場での当惑が見られることになっていると言えるだろう。どのような障害に対して、配慮提供者がどの程度の負担を負って配慮をしなければならないのかについて、一般的で普遍的な基準などどこにも示されていない。いわば「手探り」状態なのであり、また、個別的な経験が積み重ねられ共有されたらどこかに収斂するという保証があるわけでもない。さらには、配慮に関して一度収斂したと思われた一般的な原則がいつまでも原則として承認され続けるという保証もない。

しかし、先にも述べたように、合理的配慮という概念が社会的、法的に表舞台に出てくるかどうかには関係なく、障害者への配慮提供の現場はいつも「個別的」でしかありえなかったはずである。その限りで、現場には何の変化もないのかもしれない。それゆえ、合理的配慮がチャレンジングであるのは、個別性を本質的に含み司令している合理的配慮という概念それ自体が一般的・普遍的な要請としてわれわれに課されているという事態を、現場から一歩退いて考えようとする場においてだ、ということになるだろう。

おわりに

障害に関わる諸問題において、「合理的配慮」という新しい概念の登場はリベラルアーツの必要性と意義をもっともよく示しているのではないだろうか。リベラルアーツが「自由」な学芸と呼ばれるのは、それが何らかの意味で「必然・拘束」として現れてくるものの外側あるいはその手前にあることによってであった。「純粋科学知」を基礎にした「科学技術知」の外側から、それらをどのように用いるのが善き生であるのかを考えるのももちろんリベラルアーツである。ただ、これらの科学による知が普遍性・一般性を本質とするために、これらの外に立とうとするリベラルアーツも普遍性・一般性の次元の合理性にとどまることができる。

それに対して、そもそも社会との関係で規定される障害に関わる課題において、「合理的配慮」は普遍性・一般性ではなく個別性を本質とすることで、そもそも「合理的、理にかなった」とはどのようなことなのかという問いを鋭く突きつけることになっている。つまり、これまでわたしたちがそれと意識しないままに受け入れ、それに拘束されていたreason理解の再考を求めるものとなっている。reason概念そのものは、自然的世界とはちがって人間が歴史のなかで自ら作り出したものであるのに、そのreason概念が人間にとっての「必然・拘束」となっているのではないかと考えてみなければならない。そして、このような考察を行うのは、精神自らが作り出したのに自らを拘束しているものからも自由でありうるリベラルアーツでしかない。「合理的配慮」という課題は、リベラルアーツの必要性を端的に示している課題であると言えよう。

参考文献

[一] 川島聡、飯野由里子、西倉実季、星加良司『合理的配慮――対話を開く、対話が拓く』有斐閣、二〇一六年
[二] 納富信留「古代ギリシア・ローマにおける「自由学芸」の教育」『中世思想研究』第五六号、二〇一四年、七〇―七九頁
[三] 川添信介『水とワイン――西欧13世紀における哲学の諸概念』京都大学学術出版会、二〇〇五年

［四］「ボエティウス三位一体論註解」松田禎二訳、『中世思想原典集成一四　トマス・アクィナス』上智大学中世思想研究所、山本耕平編訳、所収、平凡社、一九九三年。ただし掲げた訳は本稿の文脈の必要に応じて改変されている。

［五］『トマス・アクィナスの心身問題――『対異教徒大全』第二巻より』川添信介訳註、知泉書館、二〇〇九年

8

障害と経済

自立と依存の経済学[1]

松井彰彦

はじめに

まず、ごく簡単に自己紹介をしたいと思います。私は経済学が専門で、特に人間関係を科学するゲーム理論という分野を研究しています。またもともと差別と偏見の経済学など、マイノリティの経済学などの研究をしておりました。それとはまったく関係なく、二〇〇四年頃に大学の学内行政で東京大学のバリアフリー支援室に配属されました。当時、東京大学は障害者を雇用していないじゃないか、という指導を受けており、障害者雇用を促進しなくてはならないとワーキング・グループが立ち上がり、私もその一員として活動を始めました。

そのとき、同じワーキング・グループに入っていた方々に、障害学を専門とする福島智さんと長瀬修さんのお二人がおられました。作業の合間にお互いの学問のことを話しているうちに、「意外と障害学と経済学って近くありませんか」「もう少し話をしてみると面白いかもしれないね」という話になりました。せっかくだから、ということで勉強会を立ち上げて、対話を始めました。

どうして二つの学問が近いと思ったのか。障害学では障害者の個人の意思決定を大切にしたいという思いがあります。一方、経済学も基本となるのは個人の意思決定です。これをともに基本にしているのであれば、本稿のテーマである自立に関しても、障害学と経済学の考え方には共通項があるのではないか、そう思い立ち、議論を始めたわけです。

さらに、他の社会科学とも共通しますが、社会のあり方を考えることが経済学でも障害学でも共通した目標であり、根っこはそこにあるんじゃないか、と考えたのです。

その議論が進んで現在に至っていますが、もう少し個人的なことに触れます。実は、私は二〇一六年に難病にかかってしまい、ペースメーカーをいれて障害者手帳も取得しています。杉野先生の論考(3章)にありますように、こうなってくると、障害と健常、内側の医学的な部分と外側の環境の部分に、あまり区別がつかなくなってきているんじゃないか、そういう社会になってきているのではないかと感じます。私の場合はペースメーカーの中でも植込み型除細動器が身体に埋め込まれています。要はビルの一階などに設置されているAED(自動体外式除細動器)と同じ機能を持つ器具が体内に埋め込まれているので、一種のサイボーグなのです。強化型サイボーグになっていて、それを自慢してみんなの顰蹙《ひんしゅく》をかっている妙な障害者手帳取得者なのですが、そういう強化型サイボーグと障害者がこれからの社会で混ざりあうようになるのではないか。境界がどんどん曖昧になっていく。そんな社会を目前にして、経済学から障害問題を考えてみたい、障害という問題と経済学が出会ってどう変更を迫られるのか、あるいは、どういうところをもっと考えないといけないか。そういう問題について論じていきたいと思います。

1　経済学は儲けるための学問か

さて、経済学にはどのようなイメージがあるでしょうか。障害問題を考えられている方からも厳しい質問が飛んできます。まず経済学って儲けるための学問でしょ、と質問が来ます。それは、経済学者が金持ちでないことを見れば、そんなことはないとわかると思います。次には、市場経済って結局は弱肉強食の世界でしょ、といった質問も来ます。これは、強いものが勝つ、それが市場でしょ、というわけです。あるいは、本稿のテーマである自立について言えば、自立した個人なんて結局、強い人のことなんじゃないの、とこれまた厳しい質問が飛んできます。しかしそういう質問に向かい合って、逆にきちんと答えを考えていくことで、経済学も自身を問い直すことができます。そこに、経済学をよりよく理解する可能性があるのかなと思います。

まず、儲けるための学問か、ということは、経済学者を見ていただければ、という先ほどの答えがあるのですが、それを考える上で重要な言葉を残したのが二宮尊徳です。小田原にある報徳二宮神社の境内、一番目立つところに銅像・二宮尊徳とその碑文があります。その最初の文章に、「経済なき道徳は戯言であり、道徳なき経済は犯罪である」という言葉が載っています。これは至言です。いくらきれいごとを言っていても経済なるものがなければ、それは寝言、戯言である、しかし、一方で道徳のない経済（ここでは金儲けに近いのかもしれません）は犯罪であって、許してはいけない、と言っています。私もこの彼の考え方に非常に賛同します。ただ、少しだけ異論があって、経済という言葉の使われ方が本来あるべき使われ方と少し違うのではないか、と思います。

そのために経済学という言葉ないしは、それが輸入されたときの英語名であるeconomicsの語源を少し見ておきましょう。

経済学というのは輸入学問で、穂積陳重《ほづみのぶしげ》の『法窓夜話』[一]によれば、慶応三年——明治維新が慶応四年なので明治維新前夜——の一八六七年に日本に輸入されたとされています。日本で *Political Economy* の翻訳書が出たときに、この経済というタイトルが使われたということのようです。

経済は中国から入ってきた言葉で、経国済民を縮めたものでした。経世済民とも言います。経国というのは国を経《おさ》める、そして済民は読んで字のごとく、民を救うという意味です。国を治め民を救うための学問。それが本来の経済学である、というわけです。明治時代になって、ポリティカルエコノミーの講座や本が次々と出てきて、「利用厚生学」などいろいろな名前がつきましたが、最終的に帝国大学に講座ができたときにその名が「経済学」とされたことによってこの学問の名前が定着しました。

さて、その元になったエコノミクス、ポリティカルエコノミーの語源は、古代ギリシアのオイコノミコスという言葉にあります。このオイコノミコスとは、「オイコス」と「ノモス」という二つの言葉の合成語です。オイコスというのはよく「家」と訳されてしまいますが、当時、『オイコノミコス』を著したクセノフォンは、ギリシア市民のなかでも裕福で大きな領地を持っている市民とその領地に住んでいる人をあわせて「家」と考えていました。そこには市民も住んでいれば、奴隷も住んでいる。奴隷でもない市民でもないメトイコスも、いろいろ雑多な人々が住んでいる。だから、ギリシア時代の家というのは、今の基準で言えば、共同体と言ってもいいものだと思います。その共同体の規範＝ノモスを考えることがオイコノミコス。つまり共同体のあり方を考えるのがそもそものエコノミクスの語源であったわけです。転じて国、大きな国ができてきて、ポリティカルエコノミーと呼ばれるようになっても、基本は国家のあり方、共同体のあり方を考える、これが本来のエコノミクスないしはポリティカルエコノミーの意味であったと思われます。

ここからわかるように、経済学の本来の意味は、共同体のあり方、社会のあり方を考える学問なのです。それに対し、今の私たちが経済学と言ったときに、高校の「政経」の教科書に出てくる内容を想像される方も多いのではないかと思います。特に高校までの経済学はいわゆる、市場とか、家計とか、企業とか、そういったものからなる「経済なるもの」を分析対象とする学問、と教わります。その考えで高校の教科書も作られています。経済は、あくまでも分析の対象なのです。

大学や大学院に入ってからの経済学も、いわゆる経済を分析対象にすることが中心であることに変わりはありません。しかし、より強調される点がものの見方に移ります。どうやって社会を見るか、どういう視点で、社会を観察分析していくか、そこに焦点が置かれて、教育の中心もそこに移っていきます。これをなかなか一言で表すのは難しいのですが、経済学の祖と言われるアダム・スミスが次のようなことを言っています。

> 秩序体系を奉じる人間《マン・オヴ・システム》は、自分自身がとても賢明であるとうぬぼれることが多く、……まるで、競技者がチェス盤のうえでさまざまな駒を配列するかのように、大きな社会のさまざまな構成員を管理できる、と想像しているように思われる。チェス盤の上の駒は、競技者がそれぞれに付与するもの以外に動き方の原則《プリンシプル》をもたないが、人間社会という大きなチェス盤の場合、それぞれの駒のすべてが、それ自身の動き方の原則――立法府が個人に付与するように決めかねないものとは、まったく異なる――をもっているなどと、彼は考えてもみないのである。
>
> （アダム・スミス『道徳感情論』講談社学術文庫、四三〇―四三一頁、VI.ii.2）[一二]

アダム・スミスは二つ大きな本を書いていて、経済学という意味では『国富論』とか『諸国民の富』と訳される本が有名ですが、もう一つの主著である『道徳感情論』は彼が人間とは何かを考えた、人間の科学を志して著した本です。その中で人間社会のことを考えて書いたのが上記の引用です。普通のチェス盤だと指し手のプレイヤーが駒を強いか弱いかは別にして意のままに動かせます。しかし、人間社会という巨大なチェス盤ではそれぞれの駒がそれぞれの意思を持って、それ自身の行動原理に従う、と言っています。これが非常に重要な点で、経済学のものの見方そのものになっていると言っても過言ではありません。

そこから進んでアダム・スミスが考えたものの見方、一つの行動原理として重要なものは何だったのか。ここに国富論が登場するわけですけれども、こんなことを彼は言っています。

我々が、酒や、肉やパンを食べられるのは、酒屋や肉屋やパン屋の慈悲心のおかげではなく、彼らの自己愛のおかげである。

(*The Wealth of Nations*, p. 13 拙訳)[三]

酒屋さんや肉屋さんが、我々をかわいそうだと思ってパンや肉、お酒を恵んでくれるとしたら、少し心もとないですよね。私たちの日常生活を考えれば、お金を持っていって買えるから安心して好きなものを選べる。それを捉えたのがこの言葉です。

その影響を受けたのか否か、明治時代の文豪、夏目漱石も同じようなことを言っています。経済学の話を夏目漱石はしたわけではありません。しかし『私の個人主義』という本の中の一部に講演録として載っています。

豆腐屋が豆腐を売ってあるくのは、決して国家のために売って歩くのではない。根本的の主意は自分の衣食の料を得るためである。しかし当人はどうあろうともその結果は社会に必要なものを供するという点において、間接に国家の利益になっているかも知れない。

(『私の個人主義』)[四]

自己愛の正当性についてスミスと漱石が同じこと(唯一の違いは肉屋か豆腐屋)を言っている、と捉えてしまうと少し狭くなってしまいます。当時の世相、それぞれの思想家、文豪が生きた時代を考えてみると、もう少しわかりやすくなります。アダム・スミスが生きた時代は教会がすごく強い力を持っていた時代です。誰が学者になれるかなれないかも教会が口出しして決められる、そういう時代です。そういう時代で教会が押し付ける道徳ではなくて、自分の考えを大切にしましょうよ、自分の思ったように動きましょう、と主張していったのが、啓蒙思想家と呼ばれる一連の人々で、アダム・スミスもその中で非常に重要な役割を果たしていました。

翻って、夏目漱石自身も、「国家主義」、今日で言う全体主義が標榜されていた時代の中であの発言をしたわけです。国家のために行動しないといけない、我々臣民は国家のため天皇のために働かないといけないと言われていたのをあまりに鬱陶しいと思ったらしく、そうじゃないんだ、自分のために行動していいのだ、それでも結果的に世の中のためになっている、それが世の中というものだということを夏目漱石は『私の個人主義』の中で主張しているのです。

そして、もう一つ重要な点は、この自己愛とか、自分のために何かをするということが、本当に我々がよく使う意味で利己的なのかというと、そんなことは決してない、という点です。スミスは続けて言います。後世の研究者が書いたスミスの講義ノートによると、「人間は、物質的欲求に劣らず道徳的・知的・美的欲求によっても突き動かされていることを気づかせてくれる」ということをスミスの言葉として、スミス研究の第一人者、ニコラス・フィリップソンが残しています[五]。経済学はまさにこういった考え方を骨格として持ちながら、自分の個人の意思決定を尊重している。その意思決定を積み上げたときに社会というものがどうやって成り立っているのか、どうすれば社会というものがうまくいくのかを考えるのが経済学です。そこにはもちろん自分が美味しいものを食べたい、楽しい思いをしたいという欲求も含まれるけれども、その楽しいものの中には道徳的な欲求や知的な欲求、美的な欲求も当然含まれている、というのがポイントです。

このようなわけで、経済学は「儲けるための学問である」というよりは、「社会のあり方を個人の意思決定、個人の考えから積み上げて考えていく学問である」と言えるのではないかと思います。

2 市場は弱肉強食のジャングルか

次の問いに移りましょう。市場は弱肉強食のジャングルか。これもよく言われます。あまり市場のよさを主張しすぎると、「お前は市場原理主義者だ」と殺し文句で話が終わってしまうのですが、人にレッテルを貼らずに経済学というものを見ていくと、別な姿が見えてくるかもしれません。

童話作家・新美南吉が著した『手ぶくろを買いに』〔六〕という本を例にとってみたいと思います。今でも『ごんぎつね』などとともに小学校の教科書にも載ったりします。私はここに市場のあり方が一つ隠されているのではないかというふうに思います。

まず、この『手ぶくろを買いに』のあらすじを述べておきましょう。ある冬の寒い日に、母ぎつねと子ぎつねが連れ立って人間の町に手袋を買いにいく、というお話です。ところが、町が見えてきたところで、母ぎつねの足がすくんでしまいます。昔人間の社会で問題があったらしく、それがトラウマになって、もう人間の町は怖いよ、ということで行けなくなってしまいます。「そこに子どもを行かせるの⁉」というツッコミもありうるのですが、それはお話なので置いておきます。ともかく、母は子に白銅貨(今で言うと百円玉とか五百円玉というところ)を握らせて、それから片方の手を(これもお話なので)人間の手に変えてあげて、手袋を売っている帽子屋に、こっちの人間の手の方をお金と一緒に出して、この手にあう手袋をくださいとお店の人に言うんだよ、間違っても狐の手の方を出しちゃいけないよと言って送り出すんですね。それで、子どもがどうしてって聞くと、それは怖い目にあうからだ、人間は狐を見ると、つかまえて檻の中に入れちゃうよと言って脅すわけです。そして、子どもは町に行って、(これもお話なので)当然のように間違えて、お金と一緒に狐の手を出してしまう。店主はそれを見て、ははん狐だな、と思うわけなのですが、まずお金を見せてくださいと言って、そのお金がちゃりんちゃりんと鳴ると、これは本物だとわかる。木の葉のお金じゃないと確認すると、その子ぎつねの手にあう手袋を探し出して、はめてあげるのです。子ぎつねはそれをはめて帰っていくと、間違えちゃったけど人間なんてちっとも怖くないや、と母ぎつねに伝え、それを聞いた母ぎつねが「人間ってそんなにいいものかしら」と二回くらい言って、おしまい、という話です。

この話を聞いて、もちろん、あー狐汁にされなくてよかったよかった、というふうにほのぼのとした気分で終わるのも当然いいと思います。小学生の読み方としてはそこまでで十分だと思います。でも読者の方々は、下世話な経済学者と、ちょっと立ち止まって考えてみましょう。なぜこの子ぎつねは狐汁にされなかったんだろうか、という問いを考えてみます。これはまさに市場の原則を店主が守ったからなのです。

ここでの市場の原則は何かというと、「対価を持ってきた者は誰であってもお客さん」というものです。分け隔てをしないで対価をもってきてくれた人にはそれなりの対応をする。この場合は手袋を渡す。そのお客さんが一番喜ぶような手袋を渡してあげる。これが、その店主の持っていた市場の倫理観であり、そういった市場のルールを守りながら市場の中で取引していく。これが、本来あるべき人間のルールです。

市場には変な人もいろいろいます。しかしそれはたとえば市場のルールを破る人であって、どちらかというと市場参加者というよりは、犯罪者です。

このあたりのことを見るために、童話の話を少し続けましょう。この童話には、なぜ母ぎつねがトラウマを持って足がすくんでしまったのかということもきちんと書かれています。それはなぜかと言うと、母ぎつねは若かりし頃に友だちに唆《そそのか》されて、農家に忍び込んでアヒルを盗もうとします。盗もうとした矢先、農家の人が怒り出して鉄砲を取ってきて、ズドンズドンとやった。結果的に、ほうほうの体《てい》で帰ってきて、人間は怖い生き物だ、なんか盗《と》りに行ったり、何かもらいに行こうとすると鉄砲で撃たれるぞというトラウマが残ってしまいます。それはそうでしょう。人間ならこう言うはずです。対価も持っていかずに、つまりルールに従わずに何か相手の持っているものを盗ろうとしたらそれは盗人、犯罪者です。だからそれなりの報いを受けてしまった。あなたそんなこともわからないんですか、となるでしょう。

いろいろなルールを守って市場の中で取引していく。売り手と買い手がものを交換して、相手のためになることをお互いにする。お金を欲しがっている人にはお金を渡す。ものを欲しがっている人にはものを渡す。これが経済、市場の本質ということになります。

これは、市場とは何か、という問題につながっていきます。市場というのは非常に大きな、抽象的な場です。どのくらい拡がりがあるかというと、お話の中の手袋一つとっても、手袋はこの帽子屋が作っているわけではありません。たとえば、ウールの手袋だとすれば、どこか遠い国で、羊飼いが羊を育てて毛を刈って、それを売って、それが毛糸になって作る人の手に渡り、そしてその作る人がまた手袋を編んで、そしてお店に行って、そのお店から最終的に買って、という連鎖があるわけです。羊飼いと狐の親子の間にはなんの面識もありません。ものすごく遠い国に住んでいるかもしれない。一生のうちに会うことはまずない。そういう者同士をつなげる場、これが市場で、そのルールをしっかり考えるのが経済学の役割です。どういう場合に市場がうまくいくか、どういう場合に市場がうまくいかないか。市場というのは不完全ではありますが、人と人とをつなげる役割を持ちます。完全な市場は私はありえないと思いますが、そこをうまくより完全なものに、市場を補完していく、ということがとても大事なことです。

現在、経済学で完全な市場だけを研究している人はほとんどいません。当たり前のことですが、学問は新しいことを言わないと論文を書けないので、完全な市場の研究はもう、一九六〇年代でほぼ終わってしまいました。私が生まれた頃にはもうすでに終わっていたのです。そこで、今は先ほど言った、個人的な意思決定をベースに、さまざまな人間関係を研究する学問へと、研究の最先端は変わっています。私の場合は、力をいれているのが、障害と経済の分野ということになります。

3 自立した個人と市場

もう一つの点も考察しておきたいと思います。「自立した個人は強者か」という問いについてです。経済学では市場とは、自立した個人、意思決定のできる個人同士がものを取引する場、というふうによく言われます。しかし、そう言ってしまうと、これこそ「健常者」中心の世界観・価値観であって、障害者、意思決定できない人は排除されているじゃないか、とも考えられます。つまり経済学も自立という言葉を改めて問い直さないといけない時期に来ています。ところが、「自立って何?」という問いに対する答えは、実はよくわかっていません。経済学と障害学が話し合うことで、少しずつ理解が進みつつある段階です。

東京大学の熊谷晋一郎先生のお話をさせていただきましょう。熊谷先生は、お母様に多くを頼っていた時期を経て、東京に出てきました。このときに自立したと感じたのだとよくおっしゃっています。では、このときの自立というのはどういう意味でしょうか。障害者であることは変わりはない。たとえば、お手洗いなど、いろんな場面で介助・支援が必要になる。そういう意味では自分でできないことは多い、と思います。しかし、自立した。変わったのはお母様が全部やられていた状態から、ヘルパーさんや支援者がやられる状態になったということです。なぜ彼がそれを、自立だと感じたのか。一つ大切なのは、お母様というのは熊谷先生にとって、とても大きな存在だったという点です。障害児・非障害児を問わず、子どもにとっては母親は言ってみれば命綱です。命綱というのは非常に太くて頼りがいがあるんだけど、万一そこが切れてしまうと――命綱ですから――命にかかわる事態が発生してしまいます。母が死んだら俺も死ぬなと考えざるをえない場合があるように、障害児、障害者の人にとっては生きるか死ぬかを決める存在なわけです。それに対して支援者はたくさんいます。

私も障害者手帳を持って、医師のお世話になっていますが、一人の医師が忙しくなって面倒をみてくれなくなったら死んでしまうとは思いません。なぜかと言うとお医者さんは集団で私のことを見てくれていて、A医師がだめだったらB医師、というように、一人のお医者さんがいなくなっても他のお医者さんが見てくれる。それと同じで支援者も障害者の生活を支えていく上で、Aさんがだめだったら代わりにBさんがいます。障害者の方はよくご存知かと思いますが、支援者のリスト、数十人からなるリストをお持ちの方もいらっしゃいます。たしかに、一人ひとりの支援者は少し心もとないし、たくさんいらしたとしても、お母さんに比べればもちろんずっと心もとない、だから命綱とは呼べません。しかし、これは言ってみれば網のようなものです。網のような、一本一本は細いんだけれども、たくさんいるから、一本が切れてもなんとかなる、そういう網のようなものができあがるわけです。

そういう中で自立というのは成り立っています。経済的な自立も実は、そうやって成り立っているのです。そこには障害者も健常者も関係ありません。私たちの生活を考えてみると、コンビニがなかったら、スーパーも何もなかったら生きられません。大変なことになります。東日本大震災のときには、サプライチェーンが止まって物資が届かなくなったときの東北地方を中心とした東日本では大変な騒ぎになりました。コンビニが復活すると、「あっ、ようやく元に戻ってきた」という感じがしたそうです。

たしかにコンビニは、なくなると困ってしまいますが、普段は大して意識をしていません。私の周りで言うと、ローソンがなくてもファミマがある、ファミマがなくてもセブンがある、いろんなところに行ける、自分で選べる、これが非常に大きいのです。全部なくなってしまうと困りますが、一つぐらいなくなってもなんとかなる。一か所で出入り禁止になっても他に行ける。そのようにいくつもの選択肢があって、一つがなくなっても他に頼れる。

私たちは、いろいろなものを社会に頼っている。市場に頼っている。だけれども、いろんなものに頼っていても代替が効くから、なんとなく自立しているように思える。これを、熊谷さんは、依存先が増えれば増えるほど、薄まれば薄まるほど、自立に近づくというような表現をしています。これはまさに経済学が想定する「市場」です。

ここで、また童話をご紹介したいと思います。宮沢賢治の「なめとこ山の熊」[七]です。お話の中で、小十郎という豪傑な熊撃ちの猟師が熊の毛皮を剝いで町に売りにいく。そうすると町の荒物屋で二束三文で買い叩かれて、毛皮を売ることになります。しかし、これを売らないと、この荒物屋に頼らなければ小十郎の生活は成り立たない、十人もいる子どもを食べさせてあげられないから、安く売る羽目になる。宮沢賢治は小説の中で荒物屋でのことを事細かに描写しつつ、「二度とつらも見たくないやうないやなやつ」と言って激怒しています。

これも、ついこの荒物屋は悪いやつだ、市場はとんでもないところだ、と思いがちなのですが、この状況が問題なのは市場があることではありません。問題はむしろ市場がないことです。すなわち、依存先が一か所しかなかったからそこで足下を見られているのです。市場があればいろいろなところで値踏みをしてもらって自分が気に入った価格で、正当な価格で売れるはずのものが、市場がないために二束三文で買い叩かれる。だからそういうふうに既得権益を持っている人は、市場がない方が得なのです。市場がない方が買い叩けるからです。それを感情を顕わにしつつも非常に論理的に書いているのが宮沢賢治の『なめとこ山の熊』なのです。

4　障害者が働くことと経済学

最後に、障害者が働くことに関して、経済学が言えることはあるのか、という点を考えておきたいと思います。障害者の芸術《アート》の話をしましょう。最近は、障害者アートと呼ばれて、ときどき話題になったりしています。障害者が作ったというだけでもてはやされるのはどうかなとは思いますが、これがきちんとしたアート市場に乗って、むしろアート市場を形成してゆく可能性を秘めているのではないかと思っています。その息吹が今、そこここで聞かれ始めている、見え始めているんじゃないかという実感があります。

この芸術家《アーティスト》の市場は少しずつ大きくなっているのではないでしょうか。心ある画廊の方は、障害者の芸術《アート》だからといって、福祉という観点に立って健常者の作品のまあ十分の一だろうといったような値付けは絶対しません。彼らは、健常者の作品と同じ値段をつけて売ります。実際、私も東京・表参道の画廊スペースで展示即売会を拝見しましたが、(下世話な内容ですが)五〇万円とか一〇〇万円とかする値段がついていて、それが次々に売れていきました。目利きのギャラリストの方が全国各地にある工房を回って、手ずからこれはイケる、これは素晴らしいと、絵を選定し、自信を持って通常の市場における新人作家と同じ値段をつけます。その結果、前述のように売れたのです。市場がすべてを解決できるわけではありません。しかし市場を創って解決できる部分は、市場を創ることが大切です。

人は一人では生きられません。だから、市場に限らず、何かに、誰かに頼ることは悪いことではありません。それどころか、バランスよく頼ることこそ自立に必要なものです。障害者も非障害者も自立したいと思ったとき、市場に目を向けてみましょう。自分にとって頼りになる市場を探してみましょう。あなたの自立を促してくれる市場がきっと見つかると思います。

参考文献

[一] 穂積陳重『法窓夜話』岩波文庫、一九八〇年
[二] アダム・スミス『道徳感情論――人間がまず隣人の、次に自分自身の行為や特徴を、自然に判断する際の原動力を分析するための論考』高哲男訳、講談社学術文庫、二〇一三年
[三] Adam Smith, *Nature and Causes of the Wealth of Nations*, 1776/1991, Everyman's Library.
[四] 夏目漱石『私の個人主義』講談社学術文庫、一九七八年
[五] ニコラス・フィリップソン『アダム・スミスとその時代』永井大輔訳、白水社、二〇一四年
[六] 新美南吉『手ぶくろを買いに』絵・黒井健、偕成社、一九八八年
[七] 宮沢賢治「なめとこ山の熊」『宮沢賢治全集七巻』所収、ちくま文庫、一九八五年
[八] 松井彰彦『市場って何だろう――自立と依存の経済学』ちくまプリマー新書、二〇一八年
[九] 杉野昭博『障害学――理論形成と射程』東京大学出版会、二〇〇七年

注

1 本稿は二〇一七年九月に京都大学で開かれたバリアフリーシンポジウムでの発表を元にしています。発表および論文執筆の機会を与えてくださった嶺重慎教授に感謝いたします。

9

ケアの倫理から考える「障害者の倫理」

安井絢子

はじめに

私たちは、好むと好まざるとにかかわらず、他者との何らかの関わりのなかで日々生活している。家庭や職場、学校では、家族や同僚、友人たちとの直接的な関わりがあるし、毎日口にする食べ物一つとってみても、それらを生産し運搬し販売している他者たちとも、私たちは間接的な関わりをもっていると言える。このように、私たちは知らず知らずのうちに、他者に支えてもらうことで日々の生活を送ることができている。それと同時に、場合によっては気づかないうちに、他者の生活を支えながら日々を過ごしている。こうした普段の生活のなかに根づいているがゆえに、当たり前のものとして、ともすれば見過ごされてしまいがちな他者との関わりのなかにこそ、「ケア」は存在している。そうした関わりのなかでも特に「世話をする」「気づかう」「気にかける」といった、他者への行為や思いやりが「ケア」であるだろう。一方で、他者への暴力や暴言、抑圧などの関わりもある。しかし、こうした一方的に押しつけるだけの他者との関わりは「ケア」とは言えない。本章では、この「ケア」という概念を切り口に、障害について倫理学という学問の枠組みから検討していく。

　では、子どもの教育、病人の看護、高齢者の介護など、ケアに関わる多くの事象があるなかで、なぜ特に障害を取り上げるのか。それは、著者自身が視覚に障害をもっていることによる個人的な関心、そしてそれによりこの本への寄稿の機会をいただいているという実際的な理由にもよるわけだが、そうした比較的安直な理由以上に、障害という概念が倫理学的にも興味深いという学問的な理由によるところが大きい。

　障害は不利益の集合だという定義がある。「障害」と聞くと、目が不自由だとか、耳が聞こえにくいだとか、手足が動かせないだとか、その他、身体的・精神的・知的な機能に何らかの欠如があることだという認識をもっている人が多いだろう。[1] なるほど、医学の観点から障害を説明する場合は、脳を含む個人の身体の機能欠如に焦点を当てた説明が、納得のいきやすい説明なのかもしれない。しかし、そうした説明の仕方は、障害の一側面を捉える一助にはなるにしても、その観点だけで障害を捉えようとするのは拙速だ。[2] 先に挙げた「障害は不利益の集合」という定義は、障害者が社会において日々を過ごす際に直面する困難を解決するには、特に役立つ考え方だ。そうした考え方に従えば、障害を抱えて生きる人たちが日々の生活で困っているのは、抱えている障害自体が問題なのではなく、そうした障害から派生する困難さに対応しきれていない社会環境の問題だと考えることができる。[3] 言い換えれば、障害者を取り巻く周りの環境を改善すれば、障害者が日々を過ごしていくなかでの「障害」、すなわち社会的困難さを解消することが可能になるのである。

　こうした障害の捉え方から考えても、障害の倫理学的な興味深さは明白だ。倫理学が人間の行為を対象にした哲学であるとすれば、人間同士の関わり合いのなかで生み出される「不利益が集合する場」としての障害は、倫理学という学問からみても、多くの検討すべき課題を含んだ研究対象にほかならない。そうした個人的および学問的な問題意識から、本章では、障害について、ケアを切り口にした倫理学的な検討を試みていく。

1 倫理学とは何か

前述のとおり、本章の目的は、「障害についてケアを切り口にした倫理学的な検討を試みる」ことだ。この課題に取り組むために、まず、倫理学とは何かということを明らかにしておく必要がある。というのも、どういった学問の枠組みから問題を論じるかによって、その問題の扱い方が変わるからだ。たとえば、前述のように、障害を心身の機能欠如という側面から捉えれば、治療できない障害について語るべきことはほとんどなくなってしまう。一方で、別の側面から障害を捉え直すと、社会環境の改善によって、障害を解消することが可能だとみなすこともできるわけだ。私たちは障害について論じる前に、どういった枠組みからその課題を論じているのかということ、つまり、どういった観点から障害という課題にアプローチしていくのかを整理しておく必要がある。そうすることで、私たちが今どういう枠組みから障害に取り組もうとしているのかを自覚できると同時に、別の学問の枠組みから捉えれば、同じ問題を別の仕方で描き出せるということを心に留めておくこともできる。

倫理と倫理学4

「倫理」という言葉を耳にして、どういったことを思い浮かべられるだろうか。ある人は、小中学校の「道徳」の授業を思い出すかもしれないし、高校の「倫理社会」という教科を思い起こす人もいるだろう。また、新聞やＴＶニュース、本などのなかに「倫理」という言葉を見出す人もいるかもしれない。このように、「倫理」は、私たちにとって多かれ少なかれ、馴染みのある言葉の一つだ。そしてそうであるがゆえに、「倫理」と「倫理学」が混同して使用されてしまう事態もまた、少なからず起こりうる。そこで、以下において、両者の違いを簡単に説明したうえで、本章で私たちはあくまでも、「倫理学」という学問の枠組みから障害にアプローチしようとしていることを確認しておきたい。

ではまず、そもそも倫理とは何だろうか。大雑把に言えば、倫理とは人間の行為やその性格をめぐる価値や規範について下される判断のことである。たとえば、「嘘をついてはならない」とか、「約束は守るべきだ」は倫理的判断だ。そして、倫理学とは、こうした倫理について考える学問だ。しかし、倫理あるいは倫理的判断について考えたからといって、それらすべてが倫理学であるというわけでもない。倫理学は哲学の一部門だ。哲学は物事を安易に受け入れることなく、本当にそうなのかと批判的な目を向け、分析を行う。たとえば、「約束を守ることは善い」と思ったり言ったりするだけでなく、そこから一歩進んで、「なぜ約束を守ることが善い行為なのだろうか」とその根拠を問うことこそが倫理学だと言える。本章では、こうした私たちが普段当たり前のものとして受け入れている規範や価値に批判的な目を向け、その根拠を問い直す「倫理学」という学問の一つの枠組みから、障害に焦点を当てていく。そのとき、倫理学で取り上げられる数ある概念のなかでも、特に「ケア」という概念を切り口に、障害について考えていきたい。それでは、「ケア」とは何だろうか。

「ケア」とは何か

私たちは幼い頃は保護者や周りの大人の世話を受けて成長し、多かれ少なかれ、友人や知人、時には初対面の他者の気づかいに支えられながら日々を過ごす。病気のときは看護を必要とし、障害があれば介助を必要とし、高齢になれば介護を必要とする。世話、気づかい、介助あるいは介護は、いずれも人生のなかで、誰もが必要とするものであることは疑いもない事実だ。こうした生の事実、つまり「ケア」と総称される人間の営みは、看護や福祉、教育といった「ヒューマン・サービス」と呼ばれる分野のなかでは早くから注目され、それぞれの分野のなかで独自に研究が進められていた[5]。このような私たちの日常生活、および社会生活のなかに満ち溢れているケアを、倫理性の基礎と捉える立場が「ケアの倫理(ethic of care)」である。とはいえ、上記のように「ケア」は多義的な意味をもつ。大雑把に分類しても、日常生活の個人的な関係のなかでなされる「日常的ケア」と、看護や介護などの専門職のケア・ワーカーによって行われる「ケア労働」としてのケアがあり、そしてその両者のケアのなかにも、身体接触を伴う世話などの「身体的ケア」、他者への気づかいなどの「精神的なケア」がある。こうしたケアの多義性によるケア概念の捉えにくさに加えて、倫理学の分野においてケアを扱う場合には、その出自による受け止めにくさがつきまとう。

倫理学のなかでケア概念に焦点が当てられたのは、ごく最近の出来事だ。それに加えて、ケアの倫理は、発達心理学の議論から登場したという点で、カントの義務論やベンサム、J・S・ミルの功利主義といった他の倫理学説と比べて特異な出自をもつ。そして、ケアの倫理は提唱された後も、倫理学のみならず、看護学、教育学、福祉学などの他の分野でも、さらなる議論が展開されるという、学際的な関心を喚起するテーマの一つでもある。そのため、他の倫理学説と同様に、あるいはケアという営みがより実践に近いがゆえに、他の倫理学説以上に、ケアの倫理は他の分野の影響を受けながら議論が進められている。さらに、ケアという営みは子育てや家事、看護といった、伝統的に女性が従事してきた職業や作業が中心となる営みであるがゆえに、フェミニズムやジェンダーの議論とも密接な関連をもつ。しかし紙幅の都合上、ここでは、発達心理学からケアの倫理が提唱された経緯を簡単に紹介するに留める。

ケアの倫理の登場

発達心理学者キャロル・ギリガンは、主著『もうひとつの声』〔一〕のなかで、従来の道徳性の発達段階にたいして疑問を呈した。従来、子どもの道徳性の発達は、同性の親をモデルとして自己イメージを形成し、そうした親と同化している状態から分離していく過程として描き出されてきた。言い換えれば、人間の成熟とは、自律した人間になっていくことと考えられ、自己利益のみを考える段階から社会関係を顧慮する段階を経て、普遍的な原理・原則に基づいた抽象的思考ができることこそよしとされていたわけである。これにたいして、ギリガンは、他者から独立し、抽象的思考のできる自律した人間像だけが、人間が到達すべき成熟のあり方なのだろうかと疑問を投げかけた。ギリガンの目には、他者から分離する過程を通じて自律した人間になるという発達の道筋に加えて、人間関係のなかで形成される他者への愛着に基づいた人間像も、もう一つの人間の発達のあり方として、十分に道徳的価値のあるものとして映ったのである。

こうしたギリガンの考え方は、「ハインツのジレンマ」という仮想の状況にたいする一一歳の男女による解答の相違から得られた着想だ。「ハインツのジレンマ」とは、およそ以下のような道徳状況だ。ハインツの妻は重病で、このまま何もしなければ亡くなってしまう。彼女の病気を治すには、ハインツには支払えない高額の新薬を服用するほかない。ハインツは八方手を尽くしたが、新薬を盗む以外にはそれを手に入れる方法はない。そのとき、ハインツはその新薬を盗むべきだろうか。この道徳的ジレンマは、ジェイクとエイミーという、運動や知能の面ではほぼ同等の能力をもつ一一歳の男女に提示された。

ここで注目すべきは、両者がまったく異なる道筋で解答を示したことだ。ジェイクは、上記のジレンマを、妻の生命と新薬の所有権という、保護されるべき二つの原理の対立と捉え、そのうえで、財産よりも生命の方が優先されるべきだから、ハインツは薬を盗むべきだと判断を下した。一方、エイミーは、盗む以外に何か方法がないのかとさまざま思いをめぐらせ、新薬を盗むか否かという極端な方法以外に、この問題の打開策を見出そうと考えつづけた。

さて、従来の道徳発達理論では、ジェイクの解答がエイミーのそれよりもより道徳的に成熟したものとして評価される。というのも、ジェイクが問題状況を抽象化して、二つの原理が衝突している道徳的ジレンマであることを整理したうえで、数学の問題を解くような仕方で論理的に判断を下せているのに対して、エイミーは、提示された問題状況から想像力を働かせて、あれこれ思いはめぐらせているものの、結局、新薬を盗むか否かというそもそもの問題に対しては、何の解答も提示できていないからだ。しかし、ギリガンは、ジェイクの考え方に比べてエイミーのそれが、必ずしも道徳的に劣ったものではないのではないかと疑義を呈する。ジェイクとエイミーの解答の違いは道徳的な成熟度の優劣を示しているのではなく、両者の発達の道筋、あるいは考え方の道筋や物事を見る視点が異なることを示しているのにすぎないのではないか。言い換えれば、ジェイクはある道徳状況を抽象化し、原理に基づく思考から判断を下すという方法をとり、それにたいしてエイミーは、人間関係のなかでの問題解決を模索するという視点から問題状況に取り組んでいる。ここにおけるギリガンの主意は、両者の視点に道徳的な優劣があるわけではなく、発達の道筋、成熟のあり方は必ずしも一つとは限らないということである。こうしたギリガンの主張から「ケアの倫理」という倫理理論が展開されていった。では、ケアの倫理の主張に耳を傾けてみよう。

ケアの倫理の主張

ケアの倫理の主張には、さまざまな論点が含まれている。その主張の核心は、前述の「ハインツのジレンマ」にたいするエイミーの解答のなかに見出すこともできる。たとえば、ケアの倫理は、抽象的な思考ではなく具体的な状況に即した判断を行うことを重視しているとか、原理・原則に基づく判断よりもその場の状況に即した対応を求めているとか、必ずしも平等な視点ではなく、困っている人自身の視点に立って問題に対応しているという特徴を指摘することができる。こうしたケアの倫理の主張は倫理学のなかではどのような位置づけにあるのだろうか。その魅力を際立たせるために、ケアの倫理が登場した経緯を倫理学の歴史のなかに位置づけてみる。そのとき、ケアの倫理としばしば対置される代表的な倫理学説である、カントの義務論、ベンサム、ミルの功利主義との簡単な比較から、ケアの倫理の特徴を指摘するつもりだ。

繰り返しになるが、倫理学は、人間の行為をめぐる価値や規範について、批判的な検討を加える哲学の一部門だ。倫理学という学問自体は、ギリシャ以来の長い伝統をもつわけだが、とりわけ近代以降、カントの義務論やベンサム、ミルの功利主義に代表される主流派とされる倫理学理論は、理性や合理性を重視するとともに、人間を一人の個人として捉える行為者像を採用し、その個人が行う行為を道徳的評価の対象とした。言い換えれば、そうした近代以降の倫理学説はこぞって、行為を行う行為者や行為者を取り巻く状況、行為者の背景事情を考慮しない方向へと議論を進めていったのである。そうした行為者を個人に規定する考え方に対して、ケアする人とケアされる人という二者関係を行為者として捉える新しい観点を倫理学のなかに提示したのがケアの倫理である。

ケアの倫理は、倫理的行為が一人の個人によって引き起こされるとは考えない。ある倫理的行為が引き起こされるのは、人間同士の関係のなかにおいてこそだ。嘘をつくのも他者がいてこそ行われうるし、約束を交わすのも人間同士の間でなされうる行為だろう。それどころか、自己も人間同士の関係のなかで生成されるとすら、ケアの倫理は主張する。ケアの倫理によれば、私は一人の個人として独立して存在しているのではなく、他者と出会い、対話し、関係し合うことで、生成され変容していく存在なのである。したがって、ケアの倫理からすると、行為のみならず、自己ですら、関係のなかで生成されている関係的なものなのである。このケアの倫理は、他の倫理学の立場では扱いきれなかった障害者の倫理について、新しい視座を与える可能性を秘めている。というのも、障害者は他者の介助や支えを必要とすることが比較的多いため、ケアの営みに近しい存在だからだ。次節において、こうした障害者の生をケアの倫理の新しい人間観から捉え直してみよう。

2 ケアの倫理から考える障害者という概念

前節で指摘したように、ケアの倫理には他の倫理学説とは異なり、行為者を個人という単位で捉えるのではなく、ケアする人とケアされる人との関係として把握するという特徴がある。こうした特徴をもつケアの倫理から障害を捉え直すと、障害はどのように見えてくるだろうか。本節では、このことを明らかにしていきたい。そのために、まず、障害と倫理、もう少し踏み込んで言えば、障害者の倫理というものがあるとすれば、どのようなものが考えられるかという問題を検討していく。まず、一般的に障害者の倫理と言われる際には、三つのあり方が想定されうるということ、そしてその内実とその問題点を指摘する。そのうえで、ケアの倫理から障害を捉え直したときに、どういった障害者の倫理、言い換えればケアされる人の倫理を構想しうるのかを考察する。

障害者の倫理のあり方――三つの可能性

前節で述べたとおり、ケアはしばしば他者との関わりのなかに見出されるが、ケアが立ち現れるのは、同等の知識や能力をもつ人同士の関わりのなかではない。そうした知識・能力が対称的な人同士の関わりは功利主義やカント倫理学といった、従来の倫理学が扱ってきた一方、ケアの倫理は知識や能力の上で非対称な関わりを扱うことを得意とする。非対称な関係と言っても、他者への暴力や抑圧などの対等でない関わりはケアではない。このように、「ケア」

は他者との関わりすべてを指すわけではなく、また、その意味は多様だ。けれども、「障害」という言葉から受ける印象もまた、人によってさまざまだろう。そうした印象には、ポジティヴなものもあれば、ネガティヴなものもあるだろう。著者の経験則から思い返してみても、そうした個々人がもつ障害に対するイメージは、往々にして、その人が生きてきたなかで出会い、関わってきた障害をもつ人、あるいは場合によってはTVや本、講演などで見聞きした障害者のイメージに大きく影響されている。

ところで、倫理とは、「こうあるべきだ」といった規範や価値のことだと言える。すると、「障害者の倫理」といったとき、そうしたそれぞれの人々がもつ障害者のイメージが、どうしてもその規範や価値に関わってこざるを得ない。とはいえ、だからと言って、それぞれが考える障害者のイメージから、障害者の倫理をつくり上げればよいというわけでは決してない。それでは、あまりに恣意的な倫理になってしまいかねない。本項では、「障害者の倫理」にはさまざまな可能性がありうることを念頭に置いたうえで、そのなかでも私たちがよく耳にする三つを取り上げ、その問題点を指摘する。その三つの可能性とは、以下のとおりである。

①障害者が必要なケアを受けつつ、障害による制約を超えて、自分のよいと思う生き方を追求することを可能にし、それを促進する倫理理論
②障害者がケアされる際に留意すべきことを指し示す倫理理論
③障害をもったあり方を人間の多様性として説明する倫理理論

①「障害者が必要なケアを受けつつ自己実現するための倫理理論」とは、障害当事者が自分の生き方を選択し、可

能な限り、社会がその必要を満たそうとする規範だ。たとえば、個人の潜在能力を開花させることで、それぞれの善き生き方を実現させようとする、アマルティア・センやマーサ・ヌスバウムのケイパビリティ・アプローチは、この①の考え方と近いと言える。この考え方では、障害者も自己実現を目指して、自身のケイパビリティ(潜在能力)を開花させようと邁進する。その際に、障害者は健常者よりも他者からのサポートが必要になるケースが多いという違いはあるにしても、自己実現を目指しているという点では両者に変わりはない。すると、こうした理論は、障害のない人間一般に当てはまる倫理理論になるため、「障害者の倫理」として語る必要がない。そのため、①「障害者が必要なケアを受けつつ自己実現するための倫理理論」は、障害者だけでなく、すべての人にとって魅力的な社会になりうるけれども、障害の有無に関係なく議論しうるという意味で、本節の関心とはそぐわない。

次に、②「障害者がケアされる際の留意点を指し示す倫理理論」についてはどうだろうか。障害者の介助や支援について取り上げる場合、介助者や支援者の側の心構えや倫理観にはしばしば言及される一方で、介助される側の障害者の心構えや倫理観について触れられることはほとんどないように思われる。これは、介助や支援を行うケアする側が、ケアされる側の障害者よりも、何らかの知識や能力の点で優れているからにほかならない。だからこそ、知識や能力をもつケアする人の倫理観は積極的に論じられる一方で、ケアを受ける障害者の倫理観はほとんど語られないという事態が起こるのである。

では、ほとんど触れられることのなかった障害者の振る舞い方について論じるべきだろうか。ケアを受ける側の振る舞いによって、提供されるケアの質も変わるだろう。円滑な人間関係のなかで支援が行われれば、支援自体もスムーズに行われるだろうし、良質なケアを受けるためにも、そうした留意点を探求することは、障害者にとっても有意義ではないだろうか。一見したところ、この主張は的を射ている。しかし、こうした倫理理論を提示することで、場合によっては、障害者が必要なケアを求める声を弱める危惧がある。障害者が自身の振る舞いを顧みて、ケアする人の振る舞いやすいあり方を探求しすぎると、自身のニーズと介助者のニーズを混同したり、場合によっては、自身のニーズを表出することを妨げるおそれがある。だからこそ、ケアする人の倫理についてはしばしば語られるのにたいして、ケアされる人の倫理が取り上げられることはほとんどないのである。ケアする人とケアされる人の知識や能力の非対称性が存在する限り、ケアされる人の倫理について語ることに危険がつきまとうことに変わりはないだろう。

さらに、③「障害を人間の多様性の一つとして説明する倫理理論」は、「障害は個性(属性)である」という障害学の主張に通じる立場だと言える。障害も、肌の色や人種の違い、性格や趣向の違いと同様に、人との差異の一つにすぎない。この立場は、障害を積極的に肯定し、認める考え方だと特徴づけることができる。しかし、この発想は、フェミニズムの陥るわなを連想させる。フェミニズムの陥るわなとは、つまり、一方では女性の権利を主張して得られた結果が、結局は男性と等しいということに帰着して、「女性」を主張したことにならなくなり、他方では、女性の男性との違いを主張した結果が、結局は、女性は男性とは違うという従来の見方や評価を再生産することになるというものだ。ここで注目したいのが、健常者と障害者との間にも同様の問題が起こりうるのではないかという危惧がつきまとう点だ。すなわち、障害者の権利を主張した結果、障害者と健常者とは等しいということの追求に終始してしまい、「障害者」の主張からはほど遠くなってしまい、また他方では、障害者と健常者の違いを主張した結果、従来の価値観を再生産し、場合によっては、両者の分断を深めるという事態を引き起こしかねないということだ。

このような問題は、行為者を個人として捉えているから生じるのではないだろうか。①「障害者が必要なケアを受けつつ自己実現するための倫理理論」では、個人による自己実現が前提されているし、また、②「障害者がケアされる際の留意点を指し示す倫理理論」では、あくまでも障害者個人の振る舞い方が議論の対象とされている。さらに、

③「障害を人間の多様性の一つとして説明する倫理理論」は、障害は個人の属性として捉えられ、そこから健常者との平等を目指すにしても、両者の差異を際立たせるにしても、障害者は一人の独立した個人として描き出される。当然のことながら、ここで著者は、障害者は一人前の個人として扱うに足りないという主張を繰り広げるつもりは毛頭ない。そうではなくて、障害を扱う際に、ケアの倫理の関係的な視点から捉えれば、障害に伴う困難を、個人的な視点と社会的な視点の両者から十全に捉えられるように思われる。だとすれば、少なくとも障害者の倫理を考える際には、ケアの倫理からのアプローチが、有益な視座を提供できるように思われる。次項では、そうしたケアの倫理から見た障害の記述を試みていく。

ケアの倫理から考える「障害」とはどういったものか

では、具体的にケアの倫理から障害者の倫理を構築するには、どのような方法が考えられるだろうか。ここで、ケアする人とケアされる人との相互性(reciprocity)が議論の糸口になる。もちろん、その相互性は、ロールズの互恵性(reciprocity)のような、二人の人間が同じものをギブ・アンド・テイクするといったものではない。あくまでもケアする人とケアされる人の違いを含む相互性でなければならない。ロールズが考える互恵性では、両者はそれぞれ対等に扱われるべき人格であることはもちろん、両者は一方的に助けられる関係に陥ることはない。つまり、知識や能力の面である程度対称的なのである。一方で、ケアの倫理においては、ケアする人とケアされる人は何らかの上下関係があるわけではないという意味では、ロールズと同様に、対等だと考えているが、両者が知識や能力の上で非対称な関係であることは、ケアの倫理における人間関係の特徴の前提条件であると言える。したがって、ケアの倫理における相互性は、ケアする人がケアされる人を一方的にサポートするような関係を想定しているのだ。

ここで焦点となる問題の一つは、ケアされる側からみて、ケアされる側はケアする側に何をお返しできるかという疑問だ。ロールズにおいて、両者の互恵性が成立するのは、お互いに何らかの恩恵が得られるからにほかならない。何らかの恩恵なしに、関係を持続することはきわめて困難ではないだろうか。

ケアする人がケアされる人から得られるもの、そしてそれが関係を持続する力となるものの一つとして、ケアされる人からの感謝が挙げられる。「ありがとう」「助かった」といった一言で、私たちは喜びやケアを行う動機づけを得ることができる。また、日常生活の活動の一部、他者の生の営みに関わることで、人間の生に触れると同時に、生を共にすることができるのかもしれない。日ごろ自身の生に埋没して気づけないことにも、他者の生と自身の生という二つの生が関わり合うからこそ、気づくことができるのかもしれない。他者と関わり合うことにより、はじめて自身の生が自身の前に現れてくるのである。しかも、介助や介護の際には、日常生活の基本的な動作、たとえば、歩いたり、他者の言うことを聞きとったり、飲食したり、排泄したりといった、人間の生そのものに触れる場合も少なからず起こりうる。そのため、ケアの現場では、他の人間関係以上に、生そのものを体感する機会に恵まれるのではないだろうか。このような生に近づける経験、生を体感できることもまた、感謝に限らず、ケアする側がケアすることを通じて得られるものにつながる。ここにおいて、ケアする側とケアされる側とは、それぞれのケア関係において、はじめて得られる有意義な生の一面を体験するのであって、ここにこそ、ケアの倫理から障害を捉え直すからこその「障害者の倫理」の新たな視座を見出すことができる。

おわりに

本章では、障害をケアの倫理という倫理学の一つの立場から捉え直すことを試みた。功利主義やカント倫理学では、人間関係を独立した個人の対等な関係として捉えている。そうした人々はそれぞれ知識や能力の面でもある程度同等で、対称的な関係を結ぶものとして描き出される。これにたいして、ケアの倫理は、他の倫理学説とは異なり、人間関係を非対称な関係として捉えている。ケアの倫理でももちろん、人間はみな対等に尊重されるべきものと考える。けれども、尊重されるべきことと、それぞれの能力が同じかどうかということはまた別問題だ。とりわけケアが必要となる現場では、ケアする人とケアされる人の知識と能力は非対称であるにちがいない。そうでなければ、そもそもケアする人がケアされる人を支援することができないからだ。こうした非対称な人間関係に言及する際には、そうした関係を前提して理論を構築しているケアの倫理こそ参考になるだろう。また、目に見えるお返しがないことも、こうした関係には付き物であり、感謝や生の喜びといった目に見えないお返しを受け取る感性をとぎすますことも、ケアをつづけるうえでは重要になる。このように、個人ではなく、関係という単位で物事を見直し、生そのものに価値を見出す視点から捉え直すことで、より豊かな生の喜びに気づくことができる。

参考文献

[一] Gilligan, C. *In a Different Voice: Psychological Theory and Women's Development*, Cambridge: Harvard University Press,1982.(岩男寿美子監訳、生田久美子、並木美智子訳『もうひとつの声――男女の道徳観のちがいと女性のアイデンティティ』川島書店、一九八六年)
[二] 星加良司『障害とは何か――ディスアビリティの社会理論に向けて』生活書院、二〇〇七年
[三] 松井彰彦、川島聡、長瀬修編著『障害を問い直す』東洋経済新報社、二〇一一年
[四] 石川准、倉本智明編著『障害学の主張』明石書店、二〇〇二年

[五] 杉野昭博『障害学――理論形成と射程』東京大学出版会、二〇〇七年
[六] 品川哲彦『倫理学の話』ナカニシヤ出版、二〇一五年
[七] 川本隆史編『ケアの社会倫理学――医療・看護・介護・教育をつなぐ』有斐閣、二〇〇五年

注

1 従来の障害認識枠組みは、「障害の個人モデル(individual model of disability)」と呼ばれる。これは障害の身体的・知的・精神的機能不全の観点に焦点を当て、リハビリテーションなどによる障害の克服を個人の責任に帰するものである。つまり、「手足が動かないこと、目が見えないこと、耳が聞こえないこと等から直接不利益が生まれている」のであって、その克服や機能を補完する技法や振る舞いの習得が目指されていたわけである(星加[二]、三八頁)。

2 障害等級の分類の難しさについては、松井他[三]、第九章参照。また、機能的な分類の難しさに加えて、先天性の障害者と中途障害者の違いや、診断を受けて育ったかどうか、あるいは中途診断を受けたかなど、障害を理解するのには多くの困難がある(石川他[四]、第六章)。

3 こうした考え方は、「障害の社会モデル(social model of disability)」と呼ばれる。これは、障害を社会的につくられた不利益と捉える考え方だ。ただし、社会モデルを説明する立場には大きく分けてアメリカ障害学とイギリス障害学があり、それぞれの政治的・社会的・文化的文脈の違いから表面的には異なるように見える主張さえなされているという(杉野[五]、七〇頁)。たとえば、アメリカ障害学の父と呼ばれるアーヴィング・ゾラは、障害を社会の偏見的態度と捉え、障害を差別問題として扱うのにたいして、イギリス障害学の主唱者マイケル・オリバーは障害を制度的障壁と捉えているという(杉野[五]、一一三頁)。しかし、いずれにせよ、障害の社会モデルでは、障害を障害をもつ個人ではなく社会がつくり出すものだと捉えている点で共通していると言える。

4 主に品川[六]、第一章および第二章の記述を参考にした。

5 日本における成果の一つとしては、川本[七]などがある。

10

「周縁」から眺める日本語

後藤　睦

はじめに――「日本語学」とはどのような学問か

まず、この章のタイトルを読んで「はて？」と思われた方も多いのではないでしょうか。「周縁」とは何なのか、そして、「周縁から眺める」とはどういったことを指すのか、そして眺めるものが「日本語」とはどういうことなのか、等々、疑問に思うのではないかと思います。

ひとまず、とっかかりになりそうな「日本語」から考えていきましょう。私は「日本語学」という分野で研究をしています。「日本語学」という言葉に、みなさんはどのような印象を持たれるでしょうか。

「日本語学」は、その名のとおり「日本語」[1]を研究する学問です。「日本語学」という学問は、たとえば、日本語の音、語彙、文の組み立て方、コミュニケーションの仕方……等々が研究の切り口になります。より具体的には、日本語を組み立てる部品である音の特徴、あるいは音と音とを組み合わせて語を作るときの特徴はどうなっているか、語を組み合わせた文の作り方はどうなっているか、といったことを「日本語学」は明らかにします。また、

「音」あるいは「語」、「文法」にかかわることだけではなく、どの視点から「日本語」を見るかについてもさまざまな切り口があり得ます。ここでは「日本語の歴史的な変化」という切り口を例に挙げます。

みなさんは、みなさんにとっての祖父母世代の方が、若い人たちの言葉を聞いて眉をひそめるのを見たり聞いたりすることはありませんか。それは、祖父母世代の日本語と、若い世代の日本語が微妙に違っていたりするからです。その差は何か、といったところからも「日本語学」の研究は始まります。また、同じ日本語であっても、千年ほど前の『源氏物語』のような「日本語」、「いづれの御時にか、女御、更衣あまた候ひ給ひける中に……」のような言い方を現代に生きる私たちはしません。つまり、『源氏物語』の日本語は、現代の日本語とは異なっているといえます。では、どのように『源氏物語』の時代の日本語から今の日本語へ変化してきたのだろうか、という問いからも研究は始まります。

さて、私は「歴史的な変化」を切り口として、日本語は約千年前からどのように歴史的に変化してきたのか、という日本語の歴史的変化(日本語史)を特に専門にしています。

具体的には、私は格助詞の「が」と「の」の歴史について研究をおこなっています。今から約千年前、当時の京都付近(つまり、平安京)では「が」と「の」はこのように使われていました。

(1)a わが思ふ人はありやなしやと(古今和歌集)　右近が言はむこと(源氏物語)

b とはざりける人の来たりける時(古今和歌集)　ひたすら袖の朽ちにけるかな(源氏物語)

(2)a わが恋　君が手　かれが住みか　人麿が歌　式部がところ

b 衣通姫の流　人の心　蜘蛛のふるまひ　歌の文字　三笠の山

ここからわかることとはなんでしょうか。まず、「が」と「の」は、動詞と関係する「主語」をあらわす用法と、名詞と関係する「連体修飾」をあらわす用法をどちらも持っていたといえます。つまり、「私が恋い慕っている人」「田中さんが言ったこと」というような「主語」を示す用法を、「が」も「の」もどちらも持っていたといえます。「連体修飾」のほうも同様に、「人の心」「歌の文字」といったあとの名詞を修飾する用法を、「が」も「の」も持っていました。

この「が」と「の」の用法は現代ではどうなっているでしょうか。たとえば、「が」は、私の持ち物を表現するために「私がスマホ」とか言ったりするでしょうか。もしくは、「の」で「友達の歌った」と言ったりできるでしょうか。ちょっと難しそうですよね。

つまり、私たちが現在話している日本語は、昔の日本語とは違って、「が」は主語をあらわす用法、「の」は連体修飾をあらわす用法に、おおむね分かれています。いまの日本語は、主語をあらわすために「友達の歌った」、連体修飾をあらわすために「私がスマホ」と言ったりはせず、「友達が歌った」あるいは「私のスマホ」と言う、ということです。[2]

私は、主に、この「が」と「の」がどのように、あるいは、なぜ主語をあらわす用法・連体修飾をあらわす用法に分かれていったのか、ということについて研究をおこなっています。[3] 特に、この「が」と「の」でおもしろいのは、現代日本語、つまり共通語では主語をあらわす用法と連体修飾をあらわす用法とに分かれている一方、方言によっては分化がおこなわれていない地域もあるというところです。ある地域出身の方は、もしかすると、「私の祖父(もしかしたら曽祖父)は「が」も「の」も、主語をあらわす用法にどちらも使うな」「私の祖父は「おれが車」とも言っていたな」などと思い当たることもあるのではないでしょうか。その感覚は間違いではなくて、方言によっては、「が」と「の」が主語をあらわす用法にも、連体修飾をあらわす用法にもどちらも使われたりします。佐々木(二〇〇四)[一]では、茨城県常総市の水海道《みつかいどう》方言において「が」「の」がどちらも連体修飾として使われていると述べられています。また、坂井(二〇一三)[二]では、熊本県において「が」「の」がどちらも主語をあらわす用法として使われるという報告があります。共通語としての現代日本語では失われてしまった言い方が、方言には残っているのです。

そのほか、現代日本語と使い方が違う千年前の格助詞についてもいろいろ考えています。約千年前の文献にはこんな例があります。

(3)大坂に逢ふや娘子《おとめ》を道問へば直《ただ》には告《の》らず当芸麻《たぎまち》道を告《の》る(古事記歌謡)

現代語訳するならば、「大坂で出会った娘子に道をたずねると、直接その道を教えずに、当麻への道を教えてくれた」となります。この(3)の文と訳文とを比較すると、二か所に格助詞の変化があることがわかります。まず、「大坂に」が「大坂で」となっていること、次に「娘子を問う」が「娘子に問う」となっていることです。「大坂に／で」「娘子を／に」ともに「なぜ・どのように変化していっているのか」についてはまだわかっていないところが多く[4]、その解明をするべく少しずつデータを集めているところです。

「日本語学」研究者の卵としての私は、このような「日本語の不思議」や、「日本語(言語)に起こる変化の不思議」について日々考えながら暮らしています。

1「聴覚障害者」としての私と日本語学

さて、この章を執筆した私は聴覚障害者です。……と、ここで告白すると、この章を読んでいるあなたはどう思うでしょうか。驚く？　それとも、特に反応はない？　いかがでしょうか。

私は自分の障害とまったく関係がない研究をしています。それについて驚く人ももしかしたらいたりするかもしれません。この節では、なぜ私が「日本語学」という分野で研究をしているかについてお話ししたいと思います。

まず、この本を読んでいる（あるいは、聞いている）あなたにとって、「日本語」とはなんでしょうか。友達とおしゃべりするためのツールでしょうか。それとも、情報を得るためのツール？　思考を表現するためのもの？　誰かとつながるためのもの？　いろんな答えが出てくるのではないかと思います。

そして、私にとっての「日本語」は、とても「遠い」ものだという感触が常にあります。

その「遠い」という話をするために、まずは私の障害の話をしましょう。

私は一九九〇年に生まれました。両親はともに耳の聞こえる人（聴者）で、私自身も生まれたときは聞こえる人で、音声日本語を母語とする普通の子どもでした。そして、四歳のときに髄膜炎にかかり、左耳のすべての聴力と右耳の聴力の一部を失いました。いわゆる「中途失聴者」です。

ですが、聞こえていたころの記憶はほとんどありません。聞こえていた二、三歳頃の記憶といえば、遊んでいてうっかりお堀に落ちたときに見た、水の中から眺めたきらきら光る水面だけです。その次に古い記憶は、髄膜炎にかかって入院していた病院での記憶が少しと、治療が終わって家に帰ったときの記憶になります。ちょうど私が髄膜炎で入院していたとき、母は妹を妊娠していました。入院生活が終わり、父に連れられて家に帰ったとき、赤ちゃんを抱いた母が出迎えてくれたという記憶がはっきり残っています。聴力を失う以前の私の記憶はこれだけで、「正常に聞こえる」とはどういった事象なのか、いまだにわかりません。

このような聞こえない人としての生活も、早いものでそろそろ四半世紀が経ちます。この生活を続ける中で、最初は音声日本語(口話)だけでコミュニケーションをおこなっていましたが、大学に入った十九歳のころから手話の学習をはじめました。現在は、音声日本語(口話)と手話(日本語とは異なる文法をもつ日本手話と、日本語の文法・語順に手話単語を対応させた日本語対応手話)の二つを主なコミュニケーション手段として用いています。

さて、物心ついたころには私はすでに聞こえなくなっていました。成長するにつれて私は、特に親や教師が私にかける言葉から、周囲の人たちがすでに身につけているように見える「何か」が私にはどうやら備わっていないらしい、ということに気付かざるを得ませんでした。それは端的に言えば、「日本語のコミュニケーションのしかた」にかかわることでした。

聴覚障害がある人々にとって特に大きなバリアのひとつは、音声言語によるコミュニケーションです。私の場合は、「音声言語で話されている内容が聞こえないために、音声コミュニケーションにおけるルールが充分にわからず、円滑にやりとりするためのノウハウを習得することができない」こと、また、その結果として「周囲との軋轢《あつれき》が生じてしまう」という二重のバリアがあることを特に強く感じています。私は、相手の言葉の裏を読むことや、それに適切な返答をすること、場に合った言葉を選択すること、相手の気持ちを考えてものごとをオブラートに包んで話すことなどが、正直なところ、それほど上手にできるわけではありません。このあたりは子どものころから、親や(当時通っていた、いわゆる「普通学校」の)教師に指摘されていたことではあったのですが、大学に入って日本語学・言語学の授業を受けるまで、私にそのような自覚はほぼありませんでした。

大学に入ってから言語学(語用論)の授業を受けて非常に驚いたのですが、音声日本語でのコミュニケーションでは「この部屋、寒いね」と言われたら、「よければ、エアコン入れましょうか?」と答えるようなのです。当時の私のコミュニケーションを考えると、「この部屋寒いね」と言われたら、よくても「確かに寒いですね、冬ですもんね」とただの共感で返すか、ひどければ「あ……そうですね」とたったひとことを返すだけ、というコミュニケーションしかできませんでした。そうではなく、「言外の要求」というものがあって、それを婉曲に伝える、という言葉の使い方もあるということを大学に入ってはじめて知り、衝撃を受けました。

このような言外の要求と、それに則ったコミュニケーションが存在することのほかにも、強調したい箇所で力を込めて発音する「りきみ」があること、嫌な話題に入ったときに「きょうはいい天気ですね」などと関係のない話をして話題を逸らす戦略が存在することなどを、私はまったく知りませんでした。こうした音声日本語の語用論的な用法が習得できないのは、「音声が耳に入ってこない」こと、そして、そのために「コミュニケーション上のノウハウを積み重ねられない」ことによるものだといえます。

要は、耳が聞こえない私にとっての「日本語」とは、ある意味でブラックボックスのようなものだったのです。私自身は中途失聴者なので、「適切な文法」に沿って日本語を話すことはできます。ですが、聞こえる人たちが自然に身につけている「音声コミュニケーションのしかた」を私は身につけられず、結果として周囲の人とのあいだにちょっとしたトラブルを生み出してしまっていたのです。この「わからなさ」は、最初は「恐怖」でしたが、しだいに「よくわからないから、日本語の仕組みを知りたい(そうすればもっとましな日本語話者になれるのでは)」という気持ちに変わっていきました。

では、日本語学を学んで、「ましな日本語話者」になれているかというと、正直なところ、答えは「否」です。「こういうときにはこう返したら良いのだ」という知識はある程度あるのですが、そもそも、話の内容がわからない(聞こえない)ので「いまがこのときだ」ということも把握できず、結局、知識の使いどころはあまりない、という現状ではあります。「適切なコミュニケーション」はそれありきではなく、会話の内容がわかっていないとできないのだな、と思っています(もちろん、文字でのコミュニケーションなどに活用できることもあるので、まるきり無駄とは思わないのですが……)。

さて、ここでは、私が「典型的な日本語話者」とは異なる、ある種の「周縁」に位置することを書いてきました(タイトルの「周縁」の謎はこれで解けたでしょうか)。それでは、この「周縁」にいる私は、なぜ、(音声コミュニケーションそのものの研究ではなく)「格助詞」の研究をおこなっているのでしょうか。

2 格助詞とのかかわり――「周縁」から眺める日本語

日本語ネイティブの人(幼少期に日本語を自然に習得した人)で、格助詞、たとえば「が」や「を」や「に」の使い方がわからないという方はおそらくいないと思います。もし、これを読んでいるあなたが日本語のネイティブなら、次のテストに挑戦して(と言うほど難しいものではないですが)みてください。

(4)以下の(　)に入る助詞は「が」「を」のどちらが適切か、考えてみてください。

a　大事な本(　)見つけた。

b　大事な本(　)見つかった。

おそらく、日本語母語話者であれば、⑷aには「を」を、⑷bには「が」をそれぞれ入れることができるだろうと思います。ですが、日本語を学習する人(日本語が母語ではない人)にとってはどうでしょうか。これを読んでいるみなさんの中には心当たりがある方もいるかもしれませんが、日本語を母語としない方の格助詞の使い方は、日本語を第一言語とする人にとっては違和感が生じるものであるときがあります。先のテストでいうと、⑷aには「が」、⑷bには「を」を入れて、「大事な本が見つけた」「大事な本を見つかった」というような使い方が確認されることがあります。

私が格助詞に興味を持ったのは、このような日本語が母語ではない人々(留学生など)の日本語がきっかけ……というわけではなく、知り合いの聴覚障害者たちの書く日本語に接したことがきっかけでした。あるとき、たしかメールをしていたのだと思うのですが、彼らの書く日本語を読む機会がありました。その文章には細かな間違いがいくつかありました。たとえば、先ほどの⑷aに「が」を使って「本がみつけたら、返しますね」というような書き方をしている箇所がちらほらあったのです。そして、それは書き間違いというわけではなさそうだったのです。

このような文を見て、私は「なぜ、格助詞を誤って使ってしまうのだろう?」という疑問を持ちました。そして、格助詞を誤るのはなぜか、そもそも日本語の格助詞の特徴とは何か、ということが気になり、日本語にまつわるさまざまな研究トピックの中でも特に格助詞について知りたいと感じました。

……と、私の疑問はどちらかといえば「日本語教育」もしくは「特別支援教育」方面の疑問だったのですが、当時は疑問をきちんと消化しきれなかったということもあり(非常に勉強不足だったということもあるのですが)、日本語教育ではなく、日本語の文法そのものを考える道に入りました。「日本語の格助詞とはどのような体系になっているのか?」について、しかも現代日本語のみを対象とするのではなく、日本語の歴史的変化を踏まえた研究に取り組むことになったのです。

ですが、このアプローチは遠回りというわけではないと思っています。というのも、現在の日本語は歴史的な変化を経ているので、その歴史を知ることで、「現代の日本語は、なぜ、このような体系になっているのか」がより深く理解できるようになります。そして、歴史的な変化を踏まえた現代の日本語の体系は、よりシンプルに説明・理解し得るかもしれません(4節でもう少し詳しく説明します)。この点で、いまの研究をおこなっていることは無駄ではないと思っています。

3 「周縁」から日本語を研究するために――「バリア」をめぐって

さて、耳の聞こえない私が研究をおこなう上では、「バリア」の問題が常につきまといます。大きく分けると、バリアは主に以下のふたつです。

(5)研究におけるバリアの二種
①アクセシビリティ上のバリア
②研究を遂行する上でのバリア

まず、(5)の①については、アクセシビリティ、つまり私が参加したい場に支障なく参加できるかどうか、という問題です。このアクセシビリティ上の問題は、たとえば、以下のようなものが問題として挙げられます。

(6)a　学術的な内容に対応できる通訳者の確保・養成
b　通訳のための金銭・機材の確保・準備
c　英語が用いられる研究発表会への参加・発表
d　懇親会・勉強会での通訳者の不在

ここでは(6)a、(6)b、つまり「学外の情報保障の整備」というバリアにしぼって説明をおこないたいと思います。

私が学会や研究会に参加するときには、情報保障[5]の整備が必要不可欠です。学会という場は専門性が高く、内容も非常にハイレベルです。このような内容に対応できる通訳者はどこにでもいるわけではありません。ですので、主催者側に「手話通訳・文字通訳[6]が必要です」と情報保障の要望を伝えるだけでは、私のアクセシビリティは保障されません。したがって、学会での情報保障は私自身で動かないといけないということになります。たとえば、学術的な分野で研究活動をおこなっている聴覚障害者に聞いて学術的内容を通訳できる人を探し[7]、予定をすり合わせて手話通訳者・文字通訳者を確保します。また、場合によっては学術的な内容に対応できるように通訳者を養成することも必要です。

また、通訳者が正しく内容を把握して通訳してくれるように、発表者に発表資料の事前提供を求めたり、通訳者と事前に打ち合わせたり……と、やるべきことはたくさんあります。正直なところ、この作業はたいへんしんどく、ひとつの学会(あるいは学会発表)が終わるとエネルギーが尽きてしまうこともあります。また、情報保障の準備は常にうまくいくとは限りません。手話通訳者・文字通訳者の都合あるいは地域的な問題[8]で手話通訳者や文字通訳者がなかなか見つからなかったり、情報保障にあてる予算をどこから出すかの話し合いに時間がかかったりすることもあります。

このような苦労は、聞こえる人にとっては必要ないもので、私がアクセシビリティのことで悩んでいるあいだに聞こえる同期たちはどんどん研究を進めてしまえるわけで、このハンディがしんどいな……とたまに思ってしまいます。このあたりをどのように解決するか、私もまだ解決策というほどのものは見いだせておらず、悩みは尽きないところです。

また、(5)の②の「研究を遂行する上でのバリア」ですが、私は聴覚障害がある以上、音声にかかわる研究は困難です。ですので、研究を進めようと思う際には、可能な限り適性を考え、障害そのものが研究上のバリアにならない選択をする必要があると私は考えていました。たとえば、テーマの選択において、できる限り耳を使わなくていい研究テーマを選ぶといった選択が必要になります。私の今の研究テーマである「格助詞」研究を進める上では、音の変化の影響はあまりない(と思われた)ので、ひとまず音声は抜きにして研究を進めています。ただ、どうしても「音声言語」の研究であるので、どこかしら「音声」の問題はついてまわるのですが……。

研究手法の点でも、耳を使わなくて良さそうかどうか、という観点で研究手法を選択しました。私はいま、「歴史」の研究をおこなっていますが、千年前にボイスレコーダーなんてありませんから、千年前の日本語は紙の上にしるされます。つまり、方言調査のようにフィールドワークをおこなったり、ボイスレコーダーに生の声を録音したものを聞いたりして言語の分析をおこなわなくてもよい、ということです。「歴史」ならば「文献」が中心になるため音声を聞く必要はありません。つまり、障害があるために研究を進める上で大きな障壁はないのです。少なくとも、「歴史」を選んだ当時の私は、そう考えていました。

ただし、実は、近年の日本語の歴史的な研究の場合、「文献」だけで完結できるわけではありません。「近年の日本語史研究では、諸方言に見られるバリエーションをも勘案して、日本語の歴史を捉え、説明していく傾向がはっきりしてきた。(中略)日本語史研究は、単に日本語史の研究者だけのための領域ではなく、また、日本語史研究者は、日本語史の研究の中だけに閉じこもってはいられなくなっている」(岡﨑・衣畑・藤本・森編(二〇一八)、i頁)[三]という文章が示すように、近年の「日本語の歴史」の研究は、たんに「日本語の歴史」を描き出すというだけではなく、日本語の地域的なバリエーションとの共通点・差異をも踏まえておこなっていくものになってきています。

さて、ここで「はじめに」に書かれてあったことを思い出してみてください。私の今の研究テーマは、「千年前の日本語では主語をあらわす用法と連体修飾をあらわす用法を両方持っていた「が」と「の」が、どのように「が」は主語をあらわす用法へ、「の」は連体修飾をあらわす用法へ分化していったか?」ということでした。その一方で、主語をあらわす用法に「が」も「の」もどちらも使う方言もありうるわけです。となると、「が」と「の」の歴史的変化を考えようと思ったら、方言のことも視野に入れて研究を進めていかないといけません。それすらも自力で追究しようと思うと、どうしても「耳」を使わないといけないシーンはたくさん出てくると思います。

つまり、「歴史」であろうとも、音声言語の研究をするならば、耳を使うシーンからは逃れられないということになります。その意味で、私の選択は失敗なのでは、と思われる方もいらっしゃるかもしれません。ですが、私はこの点についてはあまり悲観してはいません。というのも、研究テーマがそれ自体大きすぎて、私の手にはそもそも余るからです。と言ってしまうと身も蓋もないのですが、大きいテーマだからこそ、すべてをひとりでするのは不可能だから、将来的には興味を持って一緒に進めていただけそうな人とともに研究を進めていく道もあると思っています。イントネーションや方言の問題も、それが可能な人と手を取り合っておこなっていくことができれば、と考えています。

4　むすびにかえて――聴覚障害と日本語の結節点をめざして

最後に、このような問いかけをしたいと思います。

そもそも、耳が聞こえない私が、日本語学の研究をする意義とはいったいなんでしょうか。

もともと、日本語学は障害との関連があまりない分野だといえます。[9] その中で、聴覚障害のある私が日本語を研究する意義とはなんでしょうか。

私は、実は、もともとこのことに自覚的ではありませんでした。それどころか、「障害者」であることを直視しないようにしていました。私の中では、社会において注目される障害者というと、障害にかかわる分野で世の中を変えるような活躍をしていたり、障害があるにもかかわらず突出した才能を発揮していたり……というイメージがありました。ですが、障害者である前に「平凡なひとりの人間」としてありたかった私は、障害そのものにかかわることをライフワークとし、社会的役割を担うことに息苦しさを感じていました。そういった反発もあり、進路を決めるときに、障害当事者であることが大なり小なり武器にし得る(と思い込んでいた)「福祉」や「教育」ではなく、あえて障害というものを武器にしにくそうな「文学部」に入ったという経緯があります。

とはいえ、先に書いたように、奇しくも、私が研究をはじめるきっかけは「障害」でした。[10] 障害から生じる言語的な問題である、「私の獲得した(と私が思っている)日本語は、聞こえる人たちが使っているのと同じ日本語なのか？」「獲得(習得)できていないとしたら、それは何か？(なぜか？)」ということが知りたかったのです。先に、「親や教師から言葉の使い方を咎められた」と書きましたが、私は、私ですら自覚していない言葉の使い方を咎められるほど、この世界にたったひとりだけの言葉を話しているような気がしていましたし、音声日本語が第一言語であるにもかかわらず、音声コミュニケーションの場に参入できないことによるさみしさや生理的な嫌悪感がありました。

結局、私の「研究をしたい」というモチベーションは、「(さみしいから、だからこそ)日本語の中身を知りたい」でしかなかったのだと思います。だから、そこで選ぶテーマは、究極、日本語のことでありさえすればなんでもよかったのです。

私のスタートラインは「(私を排除する言語である)日本語のことを知るとっかかりが欲しい」であって、「障害を持って研究をする意義とは」なんて、二の次でした。だから、「障害のある私が日本語を研究する意義」についてはまだまだかたまっていません。

ただ、今のところ、私が、聴覚障害者として日本語を研究する意義は、大きく分けるとふたつあると思っています。

(7)聴覚障害者として日本語を研究する意義

①「障害があってもきちんと研究ができる」ことを社会に示すこと

②「障害者ならではの見方」で日本語学・言語学の既存の考え方をより深めること

まず、(7)の①については、かたくるしい言い方をすれば、障害者の社会参画、あるいはダイバーシティにつながるところです。障害者が社会に出ていくにつれ、障害者の選びうる職業の幅は増えることになると考えられます。その中で、研究者という職業を選ぶ若い障害者たちもこれからどんどん増えてくるのではないでしょうか。未来の後輩たちに、「研究者」というロールモデルを示し、彼らのための道を作っていく(整備する)ことも、私にできることだと思っています。

(7)の②については、大きく分けるとふたつあります。ひとつは、2節にも書いた「格助詞の習得」にかかわることです。いま、私は日本語の歴史という観点から「日本語の格助詞とは何か?」ということについて研究をおこなっています。この研究成果は、もしかしたら、日本語の格助詞が歴史的にこのように変化してきたとわかることで、現在の日本語の格助詞をもっとシンプルに整理・説明することにつながるかもしれません。そして、この格助詞の体系は、より第二言語としての日本語教育において説明がしやすいツールとなるかもしれず、日本語教育(聴覚障害の子どもたちも含めて)への貢献にもなり得るかもしれません。[11]

また、これは「理論」と「実践」のあいだのインターフェイスともなりうると思っています。現在の「日本語学」という学問は、どのように音を組み立てるか、どのように単語を組み立てるか、といった「どのように日本語の体系を整理・説明するか?」という「理論」中心の研究領域になっています。ですが、どんな学問でもそうだと思うのですが、「理論」だけで研究が進むわけではありません。日本語学の場合、「実践」は「日本語教育」が挙げられます。

二〇一七年一二月二日に筑波大学で開催された日本語文法学会において、「日本語文法研究と教育との接点」というシンポジウムが開催されました。その中で、「(現在は)日本語の文法研究という理論と、日本語教育という実践のあいだに相互の関連がない」と指摘がありました。このシンポジウムでは、同時に、「日本語研究の理論と実践から、新しい言語研究を創出しないといけない」という提言もありました。とすれば、私の興味のきっかけとなった、「聴覚障害者たちの日本語」は、第二言語としての日本語習得にかかわる研究に一石を投じる可能性があるといえるのではないでしょうか。つまり、「なぜ、聴覚障害者の格助詞の使用にエラーが起こるのか?」という理論と、「それを教育の現場でどのように教えるべきか?」という実践とをつなぎ得るのではないかと思うのです。[12]

そして、この「聴覚障害者と日本語」という分野は、日本語学の理論と実践をつなぐ、新しい言語研究となり得るだけではなく、聴覚障害児教育への貢献にもなり得るのではと考えています。

(7)の②のふたつ目は日本手話の研究にかかわることです。日本語だけではなく、ひとりの聴覚障害者として、日本手話の研究にも関心を持っています。いま、私がおこなっている日本語の研究は、私が日本手話の研究をする、あるいは日本語と日本手話の対照研究をする際の下地になり得ると思っています。

このように、聴覚障害およびそれに関する言語現象を含めた新しい学問分野を創出することが、私が日本語学を研究する意義かな、と今のところは(大風呂敷かもしれませんが)考えています。そうして、周縁者である私がいつか、「日本語(または、言語そのもの)」と「聴覚障害」を結ぶ「結節点」となることができれば、という気持ちを持ってこれからも研究を進めていきたいと思っています。

参考文献

[一] 佐々木冠『水海道方言における格と文法関係』くろしお出版、二〇〇四年
[二] 坂井美日「現代熊本市方言の主語表示」『阪大社会言語学研究ノート』一一、二〇一三年、六六—八三頁
[三] 岡﨑友子、衣畑智秀、藤本真理子、森勇太編『バリエーションの中の日本語史』くろしお出版、二〇一八年
[四] 橋本進吉『助詞・助動詞の研究』岩波書店、一九六九年
[五] 庵功雄『やさしい日本語——多文化共生社会へ』岩波新書、二〇一六年

注

1 以下、特に注記しない限り、この稿で言う「日本語」は、現代の方言や、昔の日本語(『源氏物語』に出てくるような)など、時空間的なバリエーションを含めた日本語全般を指します。そして、「現代の日本語」と言うときは現代という共時態

における日本語、特に、いわゆる「共通語」を指すものとします。

2　ただ、「友達の歌う声が聞こえる」という表現はできると思います。ただ、本文中にも書いたような、「友達の歌う」はできませんね。その一方で、「が」は、「友達が歌う声が聞こえる」「友達が歌う」どちらも可能という違いがあります。この違いもおもしろいなと思っています。

3　ここで、こういう事情でこうなったんですよ、と示せたらとても格好いいのですが、残念ながら私もまだ結論がなかなかつかめていないので、「なぜ」については申し訳ないながら省略します。今後の大きな課題です。

4　「大坂に」のほうについては、橋本(一九六九)[四]が指摘するように、古代日本語には「で」という格助詞そのものがありませんでした。「で」という格助詞が生まれることで、「に」にもともとあったはたらき(機能)が「で」にうつったと考えられますが、その過程についてはまだよくわかっていないところも多くあります。

5　「情報保障」とは、情報にアクセスしにくい障害を持つ人に対して情報を提供するということを指します。耳の聞こえない私の場合、手話通訳や文字通訳が情報保障の手段になります。

6　「文字通訳」とは、聴覚障害者に対して文字(書記日本語)によってその場の音声情報を伝えるという情報保障の方法です。私は主に、ノートパソコンを用いて複数人が連係して打っていく「PC文字通訳(パソコンノートテイクとも言います)」を利用しています。

7　場合によっては、実際にその手話通訳あるいは文字通訳を見て、学術手話通訳に対応できる人かどうかチェックをおこなうこともあります。

8　学術的な通訳が可能な人は、比較的都市部(東京や大阪)に偏っています。そのため、都市部を離れた土地での学会等の開催はハードルとなりがちです。

9　近年では、たとえば、庵(二〇一六)[五]のように、日本語教育・日本語学の成果を聴覚障害児への教育に活用するという提案もあります。ただ、障害と日本語学を結ぶことに主眼を置いた取り組みは、少なくとも「日本語の文法」といったトピックと比較すれば、まだまだ少ないといっていいのではないかと思われます。

10　この原稿を読んでいただいた方に指摘されて気付いたのですが、「障害と関係ないことをしたい」と考えていながら、結局は研究のきっかけからして障害を非常に意識している(障害に「Uターン」している)のです。実は、私自身も、指摘されるまでこの矛盾にまったく気付いていませんでした。「日本語教育」や「特別支援教育」ではなく、障害がまったく関係ない「日本語学」の研究を選んだことで、研究テーマと障害とのつながりが私自身見えなくなっていたのかもしれません。「障害」が人生に及ぼす影響の大きさや、個人としての私から「障害」を切り離す難しさをあらためて感じています。

11 手話で育った耳の聞こえない子どもの場合、日本手話が第一言語(母語)になり、日本語は第二言語になります。耳の聞こえない子どもたちに対しても、第二言語としての日本語教育のニーズはあり得るということです。

12 ただし、私は、「聴覚障害児に日本語を習得させたい(させるための研究をしたい)」とは考えていません。日本手話ネイティブになれなかった聴覚障害者である私の気持ちになってしまいますが、聴覚障害児が、彼らにとって自然に獲得できる「日本手話」だけで生きていけるのならそれで良いじゃないか、と思う気持ちもあります(そのためには、おとなである私たちがもっとがんばらないといけないと思います)。ただ、「日本語を獲得したい」聴覚障害児がいるのならば、彼らがスムーズに日本語を習得するためのリソースはあったほうがいい、というスタンスでいます。そして、それは、本文中にも書きましたが、「聴覚障害児への日本語教育」だけではなく、日本語を習得したいと思う人たちにとっても便利なリソースとなる可能性もあるはずです。

III

当事者とは誰か？

今、障害者の、障害者による、障害者と非障害者のための学問・文化活動が生まれ、結実しつつあります。それは従来の活動の拡大ではなく、本質的に異なるものなのです。

第III部では、非障害者視点では決して実現しえなかった新しいタイプの学究活動を紹介します。

11

ユニバーサル・ミュージアムの“理”を求めて

触常者発、「無視覚流鑑賞」の誕生

広瀬浩二郎

はじめに――障害者が主導する「理のバリアフリー」

二〇一七年九月、京都大学バリアフリーシンポジウム開催に当たって、僕は以下のような趣旨文を書きました。

障害者差別解消法の施行により、各方面で「合理的配慮」が模索されています。大学における障害学生支援の分野ではハード面、ソフト面の対応が充実し、障害の有無に関係なく、「ともに学ぶ」インクルーシブな教育環境が整備されてきました。

しかし、そもそも「合理的」とは何でしょうか。世間一般の〝理〟とは、健常者、マジョリティによって創出されたものです。障害者、マイノリティはさまざまな場面で、否応なくこの〝理〟に合わせることが求められます。「合理的配慮」が、〝理〟に合う／合わないという以前に、「合わせる」ことを一方的に強いるなら、差別解消は絵に描いた餅で終わってしまうでしょう。

既存の〝理〟を疑い、頭だけではなく、身体を動かして、真理を探究するのが京都大学の伝統です。本シンポジウムでは、「創る理」「操る理」「奏でる理」の三部構成で、「理のバリアフリー」を具体化する方途を示します。三つのセッションを通じて、真理に立脚する「合理的配慮」の指針を提示できれば幸いです。

上記の趣旨を踏まえて、本章では「ユニバーサル・ミュージアム」(誰もが楽しめる博物館)を取り上げます。日本におけるユニバーサル・ミュージアム(以下、UMと略記)の現状と課題を概説するためのキーワードが〝理〟です。本章は、次の三つの問いに対する答えを示す形で記述を進めます。

一、理由=なぜUMが二一世紀に誕生・発展したのか(過去)。
二、理念=今日のUMは、どんな形で各方面に拡がっているのか(現在)。
三、理想=UMは今後、どこへ向かうのか(未来)。

博物館は、来館者が「目に見えないもの」と自由に交流する学びの場です。そのような博物館を創り、操り、奏でるのは、多様な〝識〟を持つ有識者でしょう。障害者は、多数派とは異なるユニークな〝識〟の持ち主だといえます。近代文明をリードしてきた見常者(視覚に依拠した生活を送る人)たちが「進歩」の過程で見失ってしまったのは、「目に見えないもの」を実感できる聴識・触識ではないでしょうか。既存の常識・知識ではとらえきれない障害者の〝識〟を活用することにより、従来の視覚依存型の博物館は改変を迫られるはずです。

京大総合博物館の前館長・大野照文氏は、「大学附属博物館ではなく、博物館附属大学になるべきだ」と主張しています。博物館が大学、そして社会を先導するというのが、この発言の真意でしょう。大野氏の指摘を敷衍し、障害者が主導する「理のバリアフリー」が社会を変える可能性について、本章ではUMの実践事例に基づき考えていきたいと思います。

1 誰のためのユニバーサル・ミュージアムなのか

国立民族学博物館では過去三回、UMを主題とするシンポジウムを開催してきました。初回のシンポジウムは二〇〇六年です。ニューヨーク・メトロポリタン美術館のエデュケーター(アクセス・コーディネーター)に米国の先進事例を報告してもらいました。当時、日本のミュージアムではバリアフリー、ユニバーサルデザインへの関心が少しずつ高まっており、質疑応答が盛り上がったことを記憶しています。シンポジウム全体を通じて、「よし、日本もこれから頑張るぞ!」という意識を参加者が共有することができたのが大きな成果といえるでしょう。

二〇一一年のシンポジウムでは、国内の博物館関係者の発表のみで二日間のプログラムを組むことができました。シンポジウムの議論をリードしたのは、自然史系・考古系の博物館スタッフです。化石・岩石、土器・石器など、さわれる資料が豊富な博物館では、すでに一九八〇年代から子ども向けのハンズオン展示の開発・普及が進んでいました。そこに視覚障害者の観点が加わることにより、ユニバーサルな「さわる展示」への挑戦が始まったともいえます。

二〇一五年のシンポジウムの特徴は以下の二つです。まず、美術館関係の実践報告が増えたことが挙げられるでしょう。近年、絵画資料など、触学・触楽することが困難な二次元作品を視覚障害者に伝えるという課題に、真正面から取り組む美術館が確実に増加しています。いうまでもなく、視覚障害者が絵画を鑑賞するとは、単なるバリアフリー的な施策ではありません。視覚芸術の本質を探究し、その新たな魅力を発見するのが「視覚を使わない美術鑑賞」

の最終ゴールです。二〇一五年のシンポジウム以後、各地で個別に活動していた美術館学芸員は、点から線、面を形成します。彼らがUM運動の中核を担うようになったのは、じつに頼もしいことです。

二〇一五年のシンポジウムの第二の特徴は、観光・まちづくりなど、他分野の研究者・実践者との連携でしょう。ミュージアムで試行錯誤してきた「さわる展示」の事例を観光・まちづくりの現場に応用すれば、視覚中心に組み立てられている社会の諸制度、慣習を問い直すことができます。シンポジウムでは「ユニバーサル・ツーリズム」を指向するツアー企画など、ユニークな事業が紹介されました。二〇二〇年の東京オリンピック・パラリンピックに向けて、ユニバーサル・ツーリズムは一種のブームともなっています。ユニバーサル・ツーリズムが地に足の着いた理念として成熟するためにも、UM研究の進化と深化は重要でしょう。

日本におけるUM運動の現状は、以下の二冊の拙編著に詳述されています。『さわって楽しむ博物館――ユニバーサル・ミュージアムの可能性』(青弓社、二〇一二年)、『ひとが優しい博物館――ユニバーサル・ミュージアムの新展開』(青弓社、二〇一六年)。拙編著の副題からわかるように、二〇一二年段階ではUMの多様な可能性を提示し、「誰もが楽しめる博物館」の具体像に迫るのが書籍刊行の狙いでした。二〇一六年にはUMという概念が日本社会にある程度定着したことを前提とし、その新展開をめざす方向性について、多角的に論じています。二冊の拙編著を通読すれば、日本のUM運動がこの一〇年間で、いかに広がり深まってきたのかを知ることができるはずです。

それでは、なぜUM運動は博物館・美術館はもちろん、社会全般に影響を与えることができたのでしょうか。UMは、視覚障害者が楽しめる博物館を増やす運動と密接にリンクしています。しかし、どちらかというとそれは目的ではなく、結果です。UMが「for the blind」の精神で完結していれば、おそらく現在のように幅広い分野からの賛同者を得ることはできなかったでしょう。

ＵＭ運動の要諦は以下の二点にあります。

① 「さわる展示」は目が見える・見えないに関係なく、万人が楽しむことができる。

② 「さわる展示」を構想するに当たって、「触常者」（触覚に依拠した生活を送る人）とも称される視覚障害者の触覚活用術を積極的に取り入れる。

支援（for）という福祉的な枠組みを乗り越える手段を追求する過程で、独創的なＵＭが生まれるのだと総括できるでしょう。

ＵＭを具現する方策はさまざまです。手話を含む多言語対応、高齢者・車いす使用者に配慮した施設整備などもユニバーサルの一例といえます。そんな中で、視覚障害者が日本のＵＭ運動を牽引してきたのは紛れもない事実です。そもそも博物館・美術館は「見る／見せる」文化施設として成立・発展した歴史を持っています。視覚優位・視覚偏重の近代的な価値観に「ＮＯ」を突き付けることができるのが視覚障害者なのです。

ＵＭの「可能性」を示し、「新展開」を探った後に何が来るのでしょうか。今後のＵＭ運動にあっても、視覚障害者が果たす役割の重要性は変わりません。では、なぜ視覚障害者は「for」の発想を超克し、ＵＭ運動を先導できたのでしょうか。次節以降で考察してみたいと思います。

2　触覚文化財の保存と活用

二〇一八年三月、京都盲唖院関係資料（京都府立盲学校所蔵）が国の重要文化財指定を受けました。近代初期の盲教育に関連する資料が、重要文化財として国に認められたのは画期的です。これを契機として、盲学校や視覚障害教育に対する一般社会の関心が広がることを願っています。

僕は二〇〇六年に国立民族学博物館で企画展〈さわる文字、さわる世界〉を立案・実施しました。本展は、僕が最初に担当した「さわる展示」です。展覧会開催に際して、京都府立盲学校から多数の資料を借用しました。世間ではほとんど知られていない盲学校の資料を展覧会を通して公開し、「さわる文字」「さわる世界」のすばらしさ、奥深さをアピールしたい。これが僕の年来の希望でした。そんな経緯もあるので、今回の重文指定のニュースを聞き、個人的にも喜んでいます。

木刻凸字（京都府立盲学校所蔵）

京都盲唖院関係資料の代表とされるのが木刻凸字です。〈さわる文字、さわる世界〉展でも、来館者にもっとも感銘を与えたのがこの資料でした。点字発明以前、視覚障害者たちはどんな方法で文字を学んでいたのでしょうか。彼らは、さまざまな素材の浮き出し文字を用いて、墨字（目で見る文字）の形を触学していました。仮名、漢字の部首などが木片に浮き彫りされているのが木刻凸字です。紙や金属など、他の素材に比べ、木はさわり心地がよく、耐久性にも優れているので、木刻凸字は文字学習のツールとして多用されました。

点字が盲学校に導入されると、木刻凸字が教育現場で使われることはほとんどなくなりましたが、この資料には明治初期の盲唖院に関わった人々の思いが凝縮しています。どうにかして生徒たちに文字を読んでもらいたいという教師の熱意。自分の手で文字を読んでみたいという生徒たちの切望。そして、盲啞院のために読みやすい文字を工夫した職人たちのこだわり。制作から一〇〇年以上を経た今、木刻凸字に実際に触れてみると、上質の木材を使用していることがよくわかります。それぞれの文字が触知しやすい大きさ、形に加工されていることにも驚くでしょう。

木刻凸字は飴色に変色していますが、それは何百人もの生徒が繰り返し熱心にさわったのが原因です。度重なる触学により摩耗し、凸部分が擦り減っているものもあります。盲学校での触読を目的として作られ、多数の人々の手でさわられてきた資料が文化財指定を受けるのはきわめて珍しいことです。国の文化財となれば、これまで以上に保存の必要性が強調されるでしょう。〈さわる文字、さわる世界〉展のような外部への貸し出し、露出展示に対する制約が強くなるのは確かです。

一方、多くの人がさわることによって、文化財としての価値を積み上げてきたのが木刻凸字の本義ともいえます。文化財の保存・継承に力点を置く博物館の立場からすると、資料にさわるのは基本的にタブーです。どんなに注意深くさわっても、資料の汚損・破損は避けられません。触学・触楽は時に有効ではあるが、資料の劣化を惹起するというのが博物館の常識となっています。それでは、前述した変色・摩耗は木刻凸字の劣化なのでしょうか。木刻凸字とはまさしく手で作られ、手で使われ、手で伝えられてきた触覚文化財です。生徒たちが活用することによって生じた変化は、触覚文化財の証として積極的に評価すべきでしょう。

重文指定を受けた後、僕たちが木刻凸字にさわることはどこまで許容されるのか。京都盲啞院関係資料に関して、今後難しい判断を迫られるケースが出てくるのは間違いありません。触覚文化財は、さわることの意味を社会に問いかける貴重な資料です。できれば、優しく丁寧に、さらには真剣に触学・触楽するという「さわるマナー」を徹底させる教材として、木刻凸字などの触覚文化財が博物館等で活用されることを期待します。

3　当事者団体の歴史

次に盲学校創立以前、前近代の盲人史を振り返ってみましょう。混乱を避けるために、まず本章で用いる「盲人」「視覚障害者」「触常者」の区別について説明します。

盲人――目が見える人とは別世界の存在として生きた前近代の目が見えない人。琵琶法師・瞽女《ごぜ》たちの盲人文化は独自性を持つが、排他的な側面も有していた。

視覚障害者――近代以降の目が見えない・見えにくい人。目が見えないことはマイナスであり、克服すべき「障害」と意識される。近代の視覚障害者史は「見えなくてもできること」を増やす苦労と工夫の歴史といえる。盲人は目が見えない人のみを指すが、視覚障害者には弱視者（目が見えにくい人）も包含されていることにも注意したい。

触常者――「脱近代」を標榜する二一世紀の目が見えない人。盲人文化の精神と、視覚障害者の「完全参加と平等」の運動の成果を継承する。「感覚の多様性」に基づく新たな人間観を自覚・発信する役割を担う。

琵琶法師が史料に登場するのは一〇世紀、平安中期です。南北朝期には琵琶法師のギルド、当道座が確立します。『平家物語』を代表とする琵琶法師の芸能は師匠から弟子へ、聴覚と触覚を介して伝承されました。イタコ（盲巫女）、瞽女など、盲女の職業集団も、江戸期には各地で活動が盛んとなります。

このような芸能、宗教に加え、一七世紀には盲人の新職業として按摩・鍼・灸が普及しました。目に見えない体内の様子を手のひらと指先で察知する手技療法は、視覚障害者にとって適職といえるでしょう。昨今、日本では見常者が手技療法の世界に進出し、視覚障害者で按摩・鍼・灸を生業とする人の割合が減少しています。日本では按摩・鍼・灸が視覚障害者の専業だという意識は薄れているのに対し、今日に至るまで「盲人＝按摩」のイメージが根強く残るのが台湾・韓国です。これは、植民地時代に採用された日本の盲教育の影響ということができます。

前近代の日本にあっては、「of the blind」の強固な組織が維持されてきました。この「of the blind」の伝統が、近代盲教育の誕生に果たした役割は小さくありません。明治初期に当道座は廃止されますが、各地の盲学校では按摩・鍼・灸、音曲など、目の見えない教師が、目の見えない生徒に技術を伝授する職業教育が行われてきました。

僕が盲学校に在籍したのは一九八〇年代です。当時は大学進学者が増加しており、理療科(按摩・鍼・灸の専門課程)を志望する生徒は減っていました。明治期以降、日本の盲学校では「for the blind」の特殊教育(特別支援教育)のノウハウが蓄積されています。僕の恩師の普通科教員の大半は見常者です。社会科・理科などの学習では、見常者の教師から触察の意義について実践的指導を受けました。また、視覚に頼らない「ウェイ・オブ・ライフ」(生き方＝行き方)を身体で実感し、「見えなくてもできる」自信を得たのは、体育や美術の授業のおかげです。

盲学校では「for the blind」の理解者に囲まれながら、当事者同士のコミュニケーションを通じて、「of the blind」の結束力を養うことができるのが重要でしょう。「あいつにできるのなら、俺だって」。こんな素朴なライバル心で、生徒たちは切磋琢磨するのです。盲学校は全盲者・弱視者の「生きる知恵」を鍛えます。また、当事者ならではの「生の声」を聴くことができるのも盲学校です。この二重の意味において、盲学校は視覚障害者の「生の技法」を育むフィールドであるといえます。通常、「盲学校」の英訳は「school for the blind」ですが、「school of the blind」

の側面を有していたことも忘れるわけにはいきません。

近年、インクルーシブ教育が国際標準となる潮流の中で、盲学校の児童・生徒数が激減しています。切磋琢磨する同級生、先輩・後輩がいなければ、「of the blind」の精神は育成できません。当道座の成立以来、脈々と受け継がれてきた視覚障害者たちの「生の技法」は危機に瀕しているともいえます。瞽女や琵琶法師の後継者が消滅し、宗教・芸能の領域で活躍する視覚障害者が少なくなったのは時代の趨勢でしょう。当道座の解体後も、「of the blind」の伝統を死守したのが按摩・鍼・灸に従事する視覚障害者です。彼らは同業者として連帯し、業界の発展に寄与しました。

第二次大戦後、日本の障害者施策は欧米の「機会均等」の理念を範とし、雇用促進、職域拡大を追求しています。大学で学んだ視覚障害者たちが、公務員・教員などとして、多種多様な分野で個性を発揮できる環境が徐々に整ってきました。視覚障害者の職業選択の幅が広がるのは、人類にとって進歩のバロメーターです。

その一方で、「見えないからこそできる」適職という考え方は失われています。「盲人＝按摩」という固定観念から脱却できない韓国・台湾は、はたして欧米や日本よりも遅れているのでしょうか。大学進学率、一般企業への就職率など、数字だけで優劣・善悪を判断するのは禁物です。就労の機会均等が保障されたとしても、マイノリティの視覚障害者が、見常者中心の社会で生きがいを持って働くのは容易ではありません。按摩・鍼・灸に代わり、「of the blind」の主柱となるような二一世紀の適職は生まれるのでしょうか。

この一〇年—二〇年ほどの間に活発化したUM運動の背後には、「of the blind」のダイナミズムが息づいています。現在、さまざまなミュージアムで試みられている「さわる展示」は、盲学校で積み重ねてきた触学・触楽の授業を見常者向けにアレンジしたものとも解釈できるのではないでしょうか。盲学校の生徒たちが博物館に来ることにより、博物館が変化します。そして、盲学校の生徒は博物館で触察能力を実践的に磨くことができるのです。このような連環により、UMは成長し続けるのでしょう。

さて、「of the blind」の拠点である盲学校が求心力を失ってしまった今日、成人の当事者団体の存在意義が問われています。第二次大戦後、身体障害者福祉法の策定に当たって、日本盲人会連合(日盲連＝視覚障害者の当事者団体)が、障害者コミュニティ全体を結集・主導したのは周知の事実です。残念ながら、現在の日盲連には往年のバイタリティはありません。若者世代の組織離れが運動団体の弱体化を招いているのは、どこも同じです。とくに、視覚障害者の場合は職業・教育のニーズが多様化し、仲間意識が希薄となっています。さらに福祉制度の充実により、視覚障害者のQOLが向上し、運動から「切迫」「必死」という要素がなくなりました。運動の停滞とは、ある意味では幸福なことなのかもしれません。

こういった状況下、視覚障害者の当事者団体が今後進むべき道を示唆しているのがUMです。視覚障害者(触常者)のイニシアティブにより実現する「さわる展示」は、UMをめざす一手段であると同時に、必須要件ともなっています。「さわる展示」の根底にあるのは、触常者が博物館を変えるという「from the blind」のベクトルです。UMにはまだまだ未開拓・未整理の部分が多くあります。しかし、「of the blind」の歴史を踏まえ、博物館・美術館の常識を改変する手段を提案してきたUMの実績は評価できるでしょう。

第二次大戦後の障害者運動は、「of」と「for」を両輪として推進されてきました。その運動が曲がり角に差し掛かっているのは、誰もが認めるところでしょう。別の言い方をすれば、二一世紀の今日、生存権を求め格闘してきた障害者運動の目的はほぼ達成されたのです。障害者たちの関心は、生きることそのものから、よりよく生きることへとシフトしたともいえます。よりよく生きる手段を探り当てるために、これまでの障害者運動で軽視されてきた文化・芸術分野から「from the blind」の風を起こしてみたいというのが僕の願望です。文化・芸術活動は運動の目的にはなりにくいですが、手段として新しい運動を盛り上げるカンフル剤となるのではないでしょうか。

かつて、京都盲唖院では木刻凸字を用いて、生徒たちが文字の読み書きを学びました。木刻凸字は、生徒たちの学びの手段だったのです。その手段を突き詰めていったところに触覚文化財が生まれました。触覚文化財は、文字を読む手段を身につけた生徒たちが各自の手で育てたものです。文化・芸術活動を手段とすることによって、二一世紀の当事者団体を活性化できるのではないでしょうか。木刻凸字は一〇〇年の時を経て、現代の視覚障害者を触発し続けています。

二〇〇一年、僕は関西地区の有志とともに「視覚障害者文化を育てる会」(4しょく会)を結成しました。本会は各地のミュージアムの協力の下、〝触〟をテーマとするイベントを実施しています。4しょく会を支える根本原理は、「当事者性」の拡張、ユニバーサル化です。「of」(障害者、自立)と「for」(健常者、支援)という二〇世紀的な二分法は、誰が当事者なのかを明確にする一方、当事者性を狭める弊害も含んでいました。何らかの意味で「障害」に関与する人はすべて当事者性を自覚・発信しようと、4しょく会は呼びかけています。障害/健常の枠を乗り越えて、当事者性を共有する同志たちが社会変革に関わるのが、4しょく会流の「from the blind」だといえるでしょう。

視覚障害者の生存権保障を掲げて奮闘した日盲連に比べれば、4しょく会の規模は小さく、成し得たことも微々たるものです。でも、本会は文化・芸術面において、日盲連とは一味違う「from the blind」のユニークな当事者団体になったという自負は持っています。この自負を支えているのは、UM運動で培った博物館・美術館関係の人脈です。ミュージアムと視覚障害者の生活をつなぐこと。これが、博物館で働く視覚障害の当事者、研究者である僕のライフワークだと認識しています。

なお、4しょく会の趣旨、概要については拙著『目に見えない世界を歩く』(平凡社新書、二〇一七年)で解説しているので、詳しくはそちらをご参照ください。

おわりに――「無視覚流鑑賞」の胎動

最後に、「創る」「操る」「奏でる」というキーワードを使って、UMの未来を展望することにしましょう。UMとは視覚障害者支援を突破口として、新たな博物館を創造する運動です。視覚以外の感覚で楽しめる博物館を具体化していくことは、視覚優位の現代社会のあり方を問い直す作業にリンクします。「社会を変える」意識を持って、僕はこの一〇年余、UMの実践的研究に取り組んできました。UM運動が万人に開かれるために、当事者が果たしてきた、あるいは果たすべき役割について確認・検証するのが本章の眼目です。理由・理念・理想のすべての〝理〟において、視覚障害者はUMにとって不可分な存在であることを不十分ながら論証してきました。

視覚障害の当事者である僕がUM運動を提唱・推進するというのは、「創る」出発点ではそれなりに意義があったと感じています。しかし、そろそろUM運動は「操る」段階へとシフトすべき時期にきているのではないでしょうか。先述したように、僕はUMに関する二冊の編著を刊行しています。二〇二〇年ごろには三冊目の本が出せないものかと、密かに計画中です。「可能性」「新展開」の次は、やはり「大流行」でしょうか。UMが大流行するためには、視覚障害の有無に関係なく、僕以外のUM研究者・実践者がさらに増えて、互いに批判・評価し合うことが大事だと思います。

もともと僕は日本史の研究者です。博物館に就職して、「ユニバーサル」について、あれこれと考察するようになりました。数々の「さわる展示」を行う中で、UM理論を拡充してきたともいえます。博物館をユニバーサル化する新しい〝理〟を練り上げる過程で、本来の専門である障害者の歴史、琵琶法師・瞽女の「語り」をとらえる視座が変化しました。琵琶法師の『平家物語』は、音と声により伝えられた口承文芸です。前近代社会においては、文字を媒介としない聴覚芸能こそがユニバーサルな娯楽であり、それを自在に操ったのが盲人たちでした。琵琶法師・瞽女は消滅しましたが、彼らの芸能には近代的な博物館の展示スタイルを再考するヒントが内包されています。

文字に書かれない歴史を明らかにするのが「ユニバーサル史学」だとすれば、僕はようやくその入口に差し掛かったばかりの未熟な研究者です。ユニバーサル史学を縦横に操るレベルにはまだ達していませんが、博物館と歴史研究がつながったことに知的興奮を感じています。今後、さらに盲人史研究を継続していけば、「ユニバーサル」の理念は厚みを増すでしょう。逆に、視覚障害者の立場からUMを探究するプロセスを通じて、近代化の意味、人間の感覚の可能性について複眼的に考えることができるはずです。盲人史研究は、UM理論を操る上で大きな武器になると僕は確信しています。

UMを具現する展示やワークショップを創り、実践事例を操る。その先にあるのが社会と切り結ぶ「奏でる」です。UMは博物館の枠を飛び出して、他分野の活動とも連携しつつ、多数派への異議申し立てを続けています。現在、僕が宣揚しているのはミュージアムにおける「無視覚流鑑賞」です。「視覚を使えない」弱者支援、もしくは障害者の疑似体験ではなく、「視覚を使わない」新たな美術鑑賞法が無視覚流だと定義できます。無視覚流鑑賞をユニバーサルな生き方(行き方)として定着させるのが僕の目標です。博物館が実証してきた「見学」の伝統・効果を否定するつもりはありません。従来型の視覚鑑賞と無視覚流鑑賞が共存・相互乗り入れすることにより、見常者のライフスタイルは自由で柔軟なものになっていくのではないでしょうか。

無視覚流鑑賞は直接的には来館者と展示資料、つまり者と物の関わり方のエッセンスを示しています。者と物の関わり方が変われば、者と者のコミュニケーションの形態も深化・進化するでしょう。UMが人間のコミュニケーションのあり方を改変する。これが「奏でる」境地です。

本章で力説したように、UM運動、その(とりあえずの)集大成である無視覚流鑑賞の根底には「from the blind」のエネルギーが流れています。「奏でる」とは、さまざまな属性を持つ有識者が、それぞれの〝識〟を積極的に発信すること、多彩な〝識〟が交響楽のように重なり触れ合うことです。博物館とは障害者のみならず、多種多様な「from」を取り入れ育てていく実験場として最適のフィールドだといえます。UMは、二一世紀を生きる僕たちにユニバーサル(普遍的)な世界観・人間観を指し示すことができるのでしょうか。UMの大流行に向けて、有識者たちの果敢な挑戦はこれからが本番です。UMの理由(過去)、理念(現在)、理想(未来)を集約する宣言として、「無視覚流鑑賞の極意六箇条」を掲げて本章を締め括ることにします。

無視覚流鑑賞1——全身を使って大胆に現代アートを味わう(国立台湾美術館にて)

無視覚流鑑賞2——指先と手のひらに意識を集中し、仏頭から歴史を感じる(ビクトリア&アルバート博物館にて)

無視覚流鑑賞の極意六箇条

無視覚流とは「思い遣り」である。

創る人(制作者)・操る人(学芸員)・奏でる人(来館者)の思いは、目に見えない。

さまざまな思いが交流・融合し、「思い遣り」が生まれる。

視覚は量なり、されど大量の情報には、かならず死角がある。

視覚はスピードなり、されど迅速な伝達は上滑りで、記憶に残らない。

無視覚流は「より少なく、よりゆっくり」を原則とし、作品の背後に広がる「目に見えない世界」にアプローチする。

さあ、視覚の便利さ(束縛)から離れて、自然体で作品と対峙しよう。

みんなの「思い遣り」は、視覚優位・視覚偏重の美術鑑賞のあり方を改変し、新たな「動き」を巻き起こす。

一、手を動かす=まずは触角(センサー)を伸ばして感じてみる。

二、体を動かす=心身の緊張をほぐし、感性を解放する。

三、頭を動かす=触角がとらえた情報を組み合わせ、作品の全体像をイメージする。

四、口を動かす=作品の印象、感想を声に出し語り合う。

五、心を動かす=作品・他者との対話を介して、自己の内面と向き合う。

六、人を動かす=ミュージアムが発する能動・感動・連動の波が社会を変える。

12

ひとりのサバイブ

群立的思考の方法

木下知威

鳥の羽音、囀《さえず》る声。風のそよぐ、鳴る、うそぶく、叫ぶ声。叢《くさむら》の蔭、林の奥にすだく虫の音。空車《からぐるま》荷車の林を廻《めぐ》り、坂を下り、野路《のじ》を横ぎる響。蹄《ひづめ》で落葉を蹶散《けち》らす音、(…)

——国木田独歩「武蔵野」

1 「ひとり」と「世界」の繋がり

「武蔵野」のワンフレーズを思い出すときがある。それは公園の雑木林を散歩しているとき、木々のあいだにさしかかったときだ。

国木田独歩(一八七一―一九〇八)の短編「武蔵野」は一八九八(明治三一)年に発表された。この原稿を書いている二〇一八年からちょうど一二〇年前のことだ。独歩が雑木林を歩いているときに聴いた音は、わたしにとって聴くことのできない音である。先天性の聴覚障害があり、耳がまったく聞こえないからだ。

しかし、一二〇年をはさんで、わたしはその音を聴いた。独歩が武蔵野を歩いたときの視覚、聴覚、触覚といった諸感覚の総和

——統覚がわたしのなかに立ち上がっていることによって。ひとりで林のなかに立っているにもかかわらず、何かと一緒にいる状態が同時におとずれている。

この曖昧な状態をどのように理解すればよいだろうか。

これを考えるには、「ひとり」という個の状態を定義する必要がある。手がかりとなるのは、哲学者のハンナ・アーレント(一九〇六—一九七五)がいう独りぼっち、孤立、孤独の定義である。[1] ひとつずつ確かめてみよう。

独りぼっち(loneliness)とは、「他人に囲まれながら、彼らと接触することができず、(…)他のすべてのものから見捨てられている」ことである。[2]

孤立(isolation)とは人の生産活動において必要なことである。アーレントによれば——、

> 人間は(…)自分の仕事とともに孤立しようとする傾向がある。(…)一方では行為(praxis)とも、他方では純粋な労働とも異なるものとしての製作(poiesis—物を作ること)は、そこに作り出されるものが工芸品であると芸術品であるとにかかわりなく、つねに人間共通の関心事からのある程度の孤立の中でなしとげられる。孤立の中でも人は人間の営為〔human artifice〕としての世界〔world〕と接触を保っている。[3]
>
> (傍点は筆者、以下同様)

孤立は、人が何かを創造するときにおとずれるものである。無心になり、それを通じて世界とのつながりを保っている。

孤独(solitude)とは、「自分自身と一緒にいることができる」ことである。それは「「自分自身と話す」能力を持っ

ている」からであり、「すべての思考は孤独のうちになされ、私と私自身との対話である」という。[4] けれども、それは他者が存在しないということではない。鏡にうつるもうひとりの自分と相対できるように、わたしたちは他者を思い浮かべて対話することができるからだ。「私自身」は「私」だけを意味するのではなく、孤独は「世界との接触を失うことはない」のである。[5]

ところで、孤立と孤独は独りぼっちになることがある。孤立については、

> 人間の創造性の最も根源的な形式は、共同の世界〔common world〕に自分自身の手による何ものかをつけ加える能力であるが、この形式が破壊されたときにはじめて孤立はまったく堪えがたいものになるのである。[6]

孤立が耐えがたいものになるときは、その人の世界が機械的な作業だけを繰り返し、また奴隷として命じられるままに作業をしているような「すべての人間活動が労働に転化されてしまっている世界」になったときである。[7] 孤独も、自分だけを頼りにすると独りぼっちに転じる。逆に、独りぼっちの人間が「自分自身を発見し、孤独の対話的思考」をすることで孤独になることができる。[8]

「ひとり」には独りぼっち、孤立、孤独という三つの状態がある。ここで注目したいのは、アーレントが「ひとり」について語るときに「世界」との繋がりを述べていることである。アーレントの「世界」は「公共」と関連づけて論じられてきた。[9]

このような「ひとり」と「世界」の繋がり方を、ここでは「群立」(assemblage)と規定してみたい。群立とは、多くの事物、他者、概念が共存していることを知覚できる有限の世界である。多くの植物が育ち、風が吹いて無数の葉

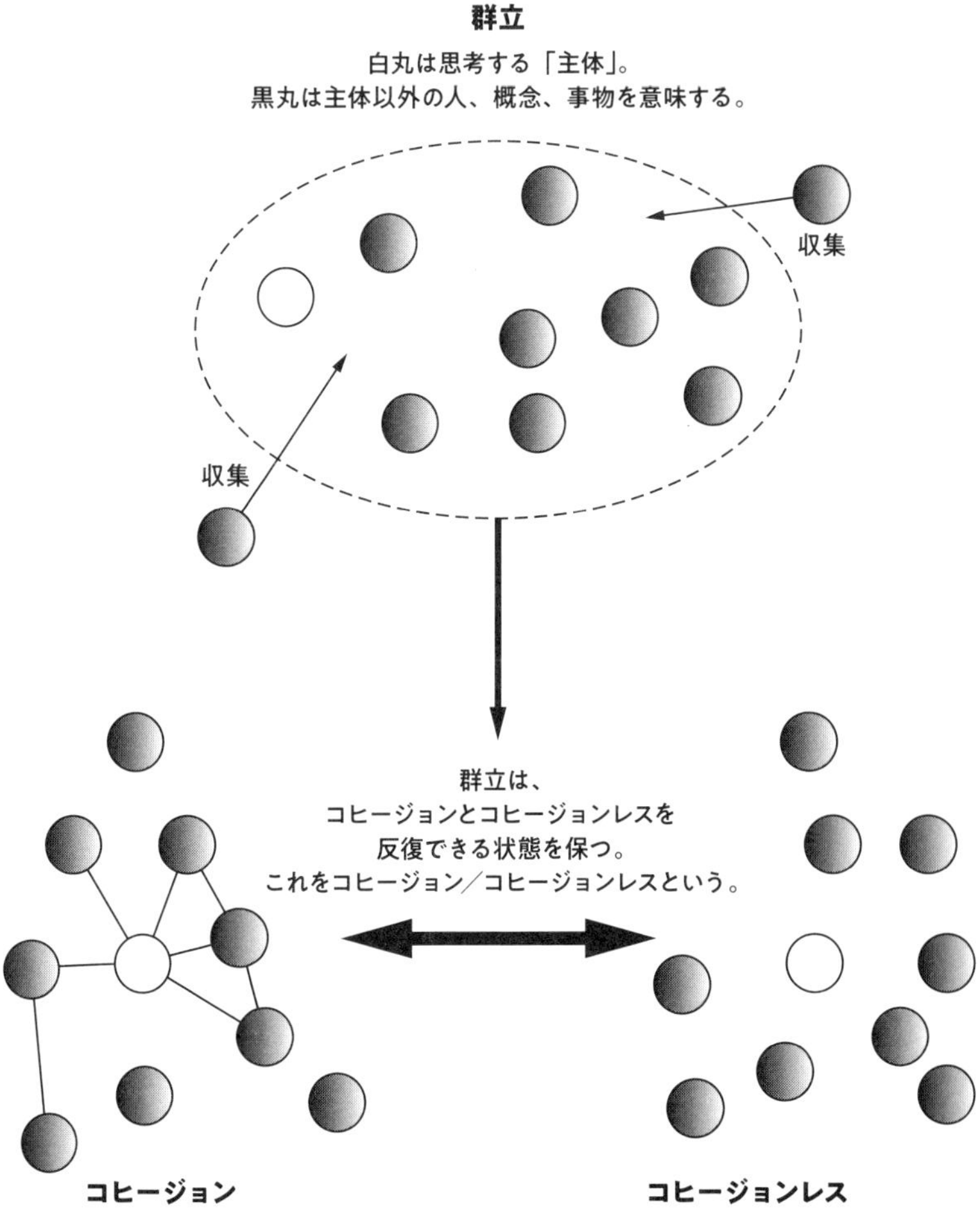

図１　群立、コヒージョン、コヒージョンレスの関係図

が飛んでいるような雑木林である(図1)。群立には、コヒージョンとコヒージョンレスというふたつのモードがある。

2 群立のモード——コヒージョンとコヒージョンレス

コヒージョン(cohesion)は「凝集」と訳されるが、何かの事物が密集していることである。べとべとして互いにくっついたキャンデーの塊を想像してみよう。パッケージの中にぎゅうぎゅう詰めにされ、糖分が溶けてくっつき合い、大きいマッスとなって身動きが取れない。

キャンデーの塊を人物に喩えると、満員のエレベーターが止まるまで、わたしたちは身動きができず、声を立てずにじっとしている状態である。介護でいえば、同じ時間帯に同じヘルパーから長年にわたる介護を受けており、環境の変化を最小限にとどめている状態である。また、デモ行進のように、同じ思いを共にする人たちが集まって主張することは政治・社会に対する真摯な反応である。これらがコヒージョンの一例である。

密集したそれらは凝集度が高く、堅牢さもあるが、この環境に抗うと周りも緊張し、網から逃れようともがけばもがくほど絡まってしまい、かえって動けなくなってしまう。さらに密集しているもの同士は至近距離にあり、動ける許容範囲も限られるために、未知との出会いも限られよう。このように、おのおのが密集していることをコヒージョンと呼ぶ。

対義語となるのが、コヒージョンレス(cohesionless)であり、「分散」と訳される。たとえば、キャンデーが袋のなかでバラバラになっている。エレベーターのドアが開き、人たちが降りて、からっぽになろうとしている。バスやカフェの中に人々が点在し、窓から外の風景を眺め、読書をするといった各々が思いのままにしている風景。このように各々が集まっておらず、分散していることをコヒージョンレスと呼ぶ。

コヒージョンとコヒージョンレスの具体例をみてみよう。漫画家の萩尾望都《はぎおもと》(一九四九―)は、漫画を描くことに煮詰まったときの対応を話している。[10]

> 煮詰まっているときにどうしたらいいかというと、(…)一番いいのは、手っ取り早く旅行に出ること、なるべくいろいろな人と話すことです。私は美術館に行ったり音楽を聴きに行ったりするのが好きです。美術館も演奏会場も人はたくさんいますよね。絵や音楽のほかにその場の雰囲気を吸収しているのがとても楽しいです。いろいろな人がいるということを知るだけでもいいのです。

漫画を描くには、机、文房具、コマ割りのノート、参考文献などが必要である。これらと関係を結んでいる萩尾は自由に身動きが取れない。これがコヒージョンである。仕事道具から離れ、外に出た萩尾が知覚するのは、絵、音楽、風景、見知らぬ人たちという密着していない存在である。これがコヒージョンレスである。

萩尾にとっての群立は、仕事道具、絵、音楽、風景、話し相手、会場にいるたくさんの人たち、場の雰囲気と広範にわたる。さらに、群立を構成するものは人だけではない。また、事物を専有・共有すること如何にかかわらず、コヒージョンとコヒージョンレスを繰り返している。これによって、萩尾は「ひとり」になっているのである。

煮詰まったときに、そこからいったん離れるのは萩尾だけでなく世の人たちが実践していることだ。もちろん、群立するものは人によって異なる。わたしたちは固有の群立をもち、コヒージョンとコヒージョンレスを使いこなすことで「ひとり」になり、思考している。

このように、ある人をめぐる集合が凝集・分散の状態を反復していることを「コヒージョン／コヒージョンレス」という。

要約しよう。群立は雑木林である。群立は人、概念、事物といったその人が認識するあらゆるものが無造作に群れだっている。わたしたちは固有の群立をもち、コヒージョン／コヒージョンレスをつくっている。これを行き来することで、思考のドライブをし、「ひとり」になる方法を見つけている。

これらを総称して「群立的思考」と呼ぶ。

3 群立を見つけ、動かす

わたしたちは、なにものかと関わりながら人生を生きている。人生における、群立的思考の方法を一緒に考えてみよう。

モデルとして、わたしが二〇一七年の夏にある論文を書いたことをとりあげてみたい。幕末から明治のはじめ、幕府がオランダとアメリカから輸入した書籍のなかに指文字の図が含まれていた。これが受容された過程についての論文である。[11]

指文字とは、手話において使われるもので、ひとつの音素文字に対してひとつの形を手指で表現する。アルファベットや五十音に対応した指文字があり、表現方法は地域によって異なる。

「研究」とは、研究会や学会における議論、これまでの成果の渉猟、収集したデータの観察などを元に問いをたてることからはじまる。この問いに基づいて調査・分析を行い、論文を執筆し、公開するかたちが一般的である。よって、研究はひとつのことに取り組みつづける持続力が必要である。研究では、みずからの仮説を検証するデータを必

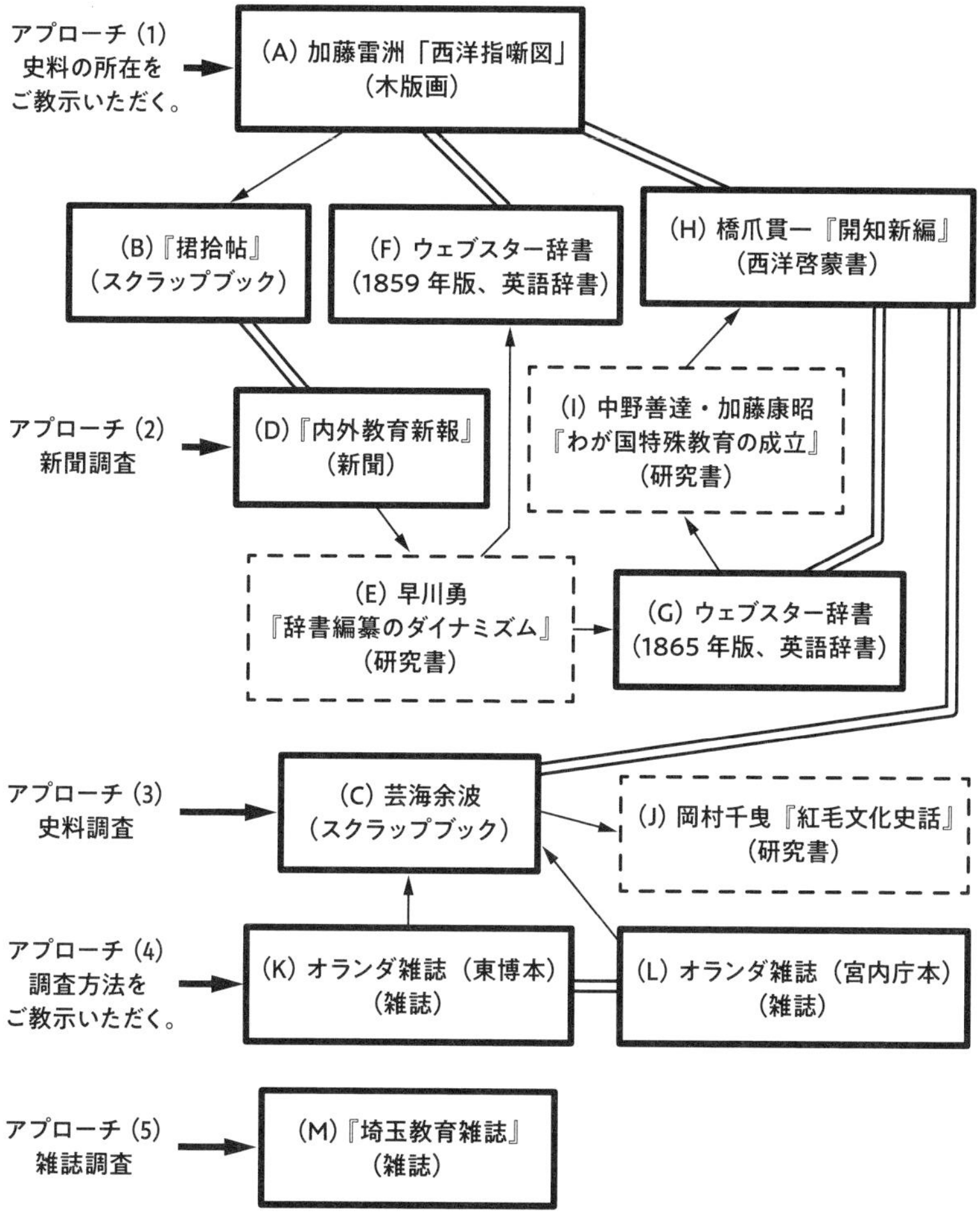

凡例
実線の枠：史料
破線の枠：参考文献
矢印：史料発見の経路
二重線：関連性が強い史料

図２　史料の関係図（筆者作成）

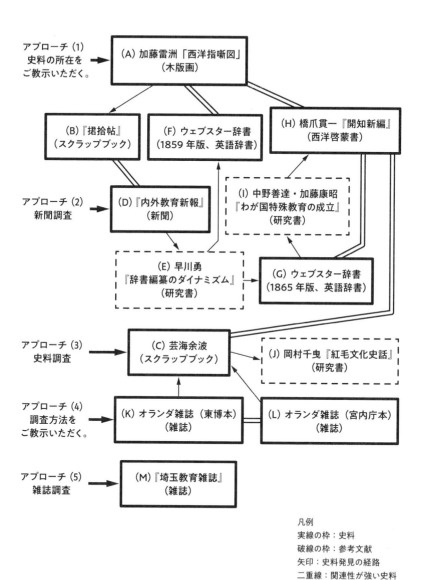

要とする。それはアンケート、統計、実験結果などが挙げられるが、ここでのデータは「幕末から明治のはじめに作られたもの」(史料)である。史料を発見し、組み合わせて、論文を構成したプロセスを記してみたい。

まず、論文中において引用回数が多かった一〇点の史料に絞って、関係図を描いてみよう(図2)[12]。

この論文は五つのアプローチによって成り立っている。最初の芽となったのはアプローチ(1)である。数年前、ある先生から「西洋指噺図《せいようゆびばなしず》」(A)をご教示いただいた。これはAからZまでのアルファベットを片手の指文字で表すのを木版画にしたものである。博物学者・田中芳男(一八三八―一九一六)のスクラップブック『捃拾帖《ぐんじゅうちょう》』(B)に貼り付けられていた一枚である。

しかし、(A)をつくった加藤雷洲《らいしゅう》のプロフィール、目的、田中との関係はわからなかった。なによりも、加藤はどこで指文字を見たのか明らかではない。いいかえると、(A)は(B)としか関係を結べない曖昧な状態である。この問いがこの論文の発端であった。

ところで、(A)をある先生から紹介していただくには、先生との出会い、わたしの研究について概要を理解していただくことが前提となる。本来は、近しい関心をもった人たちが集まる研究会や学会などアカデミックな場での出会いがある。この空間には研究にかんする情報や、日々の研究のモチベーションを得るチャンスがあるだろう。

しかし、わたしはそれらに参加することがきわめて困難である。なぜなら、ほとんどの研究会や学会では、手話通訳などの情報保障がないからだ。わたしはある研究会に参加しようとしたとき、研究会には手話通訳者を配置する予算がなかった。研究会の主催者は「無料で通訳の人が駆けつけてくれる制度でも行政が用意しないと、なかなか難しいのではないでしょうか?」といわれた。

彼の言葉は、わたしを独りぼっちにするものだった。わたしはともに行動する者がおらず、研究会における群立を見いだせず、研究会の参加者や発表内容とコヒージョン／コヒージョンレスになることができなかった。群立そのものを得ることの困難が生じると、情報や研究方法をつかむためのチャンスが限られ、研究の推進力も削がれてしまう。しかし、この深刻さからスタートしなければ、研究における普遍性は獲得できない。

そこで、わたしが採用したのは、代表的なソーシャル・ネットワーキング・サービス（SNS）であるtwitterを使うという、別の仕方である。これによって多くの人とやりとりを行った結果のひとつが、(A)にかんする情報をいただいたことであった。

アプローチ(2)　ところで、近代について研究するとき、新聞を調査することが欠かせない。新聞は近代において枢要なメディアだったからだ。これを通読しているときに、田中芳男の記事(D)を見いだしたことがあった。それには、田中が指文字を知っていることが記され、しかも英語辞書「ウェブスター辞書」に図があるという。さっそく、ウェブスター辞書の研究書(E)をひもときながら調査すると、辞書の版(F)と(G)によって、指文字の図は二つのパターンがあることがわかった。

このうち、(F)は(A)と同一であった。これは発見である。しかも、田中は(A)が貼られている(B)を制作した人物で、ウェブスター辞書に指文字の図があることを(D)で言及しているのである。(G)は西洋の情報がまとめられた本(H)に掲載された指文字の図と同一であった。わたしは以前から(H)を知っていた。障害児教育の歴史にかんする研究書(I)で言及されていたのを把握していたからである。

ほんの少し、群立が立ち上がりつつある。

アプローチ(3)　わたしは、以前から全国各地に点在する近世・近代の史料コレクションに注目していた。このなかに、早稲田大学中央図書館が所蔵している史料群がある。これらを閲覧したときに見出したのが、幕末のある藩主が作成したスクラップブック『芸海余波《げいかいよは》』(C)であった。これには江戸時代の中期から幕末までの国内外の引札、地図、模写などが夥しく貼り付けられており、指文字の模写図もあった。これはオランダ語で記されており、図柄もウェブスター辞書とは異なるものだった。ただ、(C)を作った人物について調査したときにピックアップした研究書(J)によって、この人物は海外への関心が高く、オランダ語を解する幕府の学者たちと交流していたことを把握していた。この点から(C)にある指文字の図は幕府の学者の周辺で作成されたという仮説をたてた。

アプローチ(4)　この仮説に基づき、幕府がオランダから輸入していた書籍を調査したところ、(C)にある図はオランダで発行されていた雑誌(K)(L)から複製したものだった。この調査方法のアイディアも、twitter で知り合ったある先生からご教示いただいた。

アプローチ(5)　日本人が指文字について述べている記事(M)を分析した。これも明治時代の雑誌を調査していたときに把握したものである。

要約しよう。この論文の成り立ちについて、わたしが行ったのは、ある問いの答えを考えるためにSNSも活用してアプローチしながら、群立の方法をさぐることだった。それは、数多の史料・文献をふるいにかけ、くっつけたり離したりすること――コヒージョン／コヒージョンレスの試みであった。この組み合わせによって、辿りつくべき結論が得られた瞬間、論文の構成とタイトルを決断したのである。

図2の群立についてさらに分析しよう。まず、取り上げたいのは演出家の危《き》口《ぐち》統之《のりゆき》(本名・木口統之、一九七五―二〇一七)のことである。危口は一九九九年に横浜国立大学を卒業し、建設現場で働きつつ、大学の友人たちと結成したロックバンド「ローリングジェットジャガー」のギタリストとして活動していた。そののち、二〇〇八年に立ち上げた「悪魔のしるし」で演劇に取り組んだ経歴がある。危口の家族を出演させる演劇《わが父ジャコメッティ》や、建築

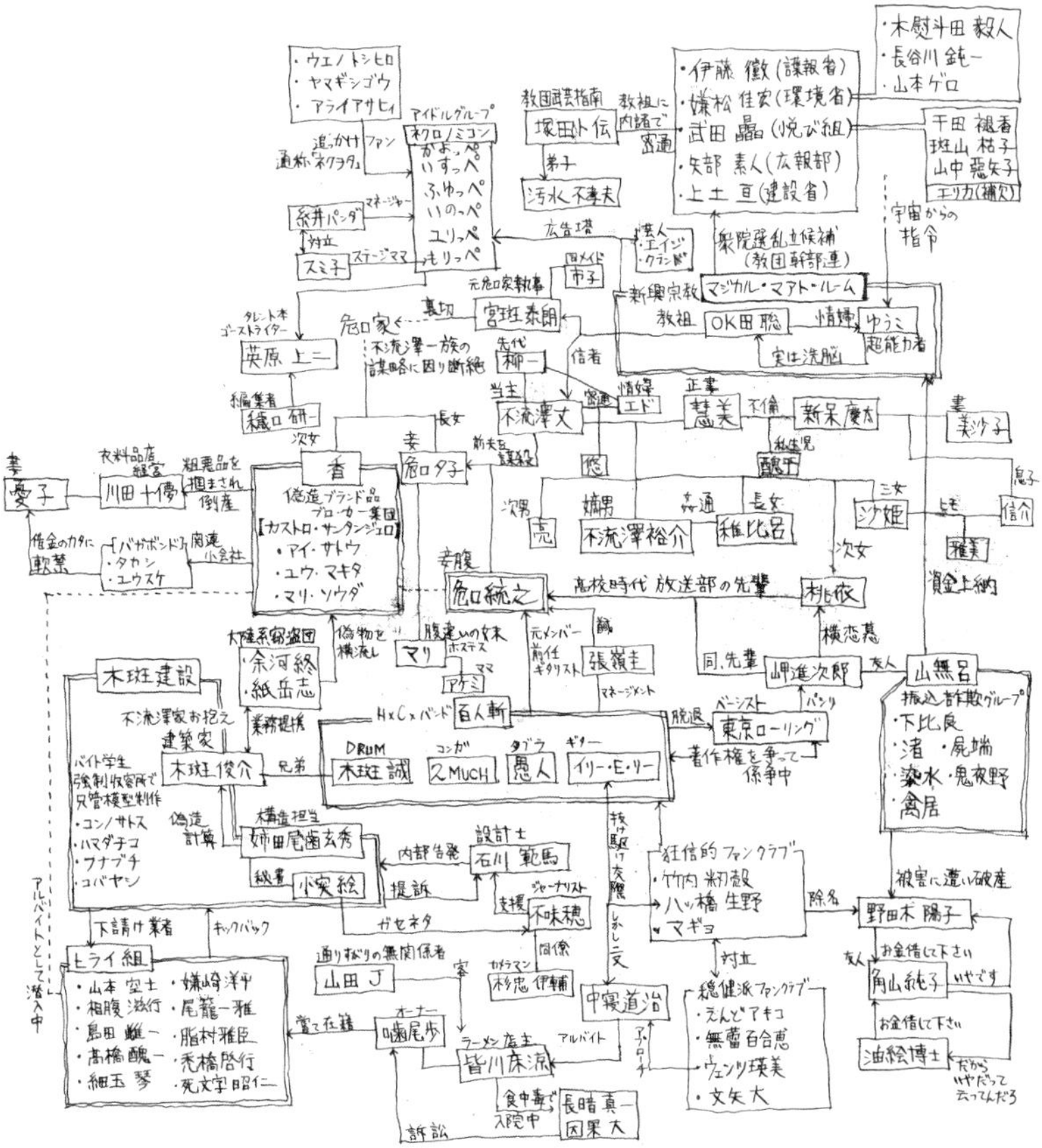

図３　危口統之が作成した人物関係図

空間にテトリス風のモニュメントを搬入する《搬入プロジェクト》といった参加型のパフォーマンスを行ったことで知られる。

そのなかで、危口はチャンバラ風のパフォーマンスを行っている。ルールは簡単で、斬られ役の参加者を百人募集する。バンドの演奏が流れるなか、応募した参加者たちと危口がチャンバラをする。参加者は死んだふりをして倒れ、最後に危口の催促で全員が立ち上がり、合唱をして終わる。

これは勝新太郎の時代劇「座頭市」や荒木又右衛門に触発されたもので、六回実行されている。その意図は「「参加型アート作品」を偽装することで集められた多大な人的資源の思い切った蕩尽—無駄遣いである」という[13]。ここで危口は、参加者たちの人物関係図を作成している(図3)[14]。参加者たちの多くは、日常において人間関係をもたないと思われる。そこで、危口がほどこした操作は氏名の変更と関係の形成である。

まず、「悪魔のしるし」メンバーの神尾歩を「噛尾歩」と変えたように、参加者たちの氏名をずらす操作がある。それに「除名」「訴訟」などただならぬ言葉と矢印によってフィクションの関係を組みたてている。人間関係図の全体が暗さを帯びているのは、これらの操作にくわえて硬質な手書きの字体と、危口が愛好したヘビーメタルからの影響もある。

しかも、危口はこの人物関係図をパンフレットとして配布している。これによって参加者たちはそのときだけのキャラクターという役割が与えられ、個々人の脳裏に自分たちが群立している様相を思い浮かべることができる。それぞれの物語が立ち上がり、一致団結してチャンバラに立ち向かうことができるのだ。

危口はどのような手続きでこの図を描いたのだろうか。彼が歿した現在となってはわからないが、手がかりとなると思われるのは、アメリカの画家エドワード・ホッパー(一八八二—一九六七)の代表作である《ナイトホークス》(一九四

図 4　Edward Hopper,《Nighthawks》, 1942
Oil on canvas, 84.1×152.4cm
The Art Institute Chicago; Friends of American Art Collection

二)である(図4)。

《ナイトホークス》は横に長いキャンバスで、都会の道路からビルディングの一階をみる視点で描かれている。そこにはガラス張りのバーがあり、厨房をかこんだカウンター席しか見えない。客は男女のペアに男性の三人、店員は一人だけの寂しそうなバーだ。バーの灯は明るく、ガラスを介して外の道路も明々と照らしている。ペアの男女で男はスーツに帽子、ブロンドヘアの女は苺色の半袖のワンピースだろうか、きれいな服を着ている。客たちはコーヒーを注文したのだろうか、テーブルに白いカップが置かれている。人物が会話をしているかはわからない。向かいのビルディングの壁に光がさしこんでおり、二階の窓にはカーテンが開かれている。


あなたは、この状況から何を想起するだろうか?　読み進めるのをいったん止め、考えてみてほしい。


あなたが想起したのは、真ん中に座っている男の寂しそうな背中か。隣りあって座る男女の秘密めいた関係か。女性の半袖から感じる、暖かそうな季節か。バーで働く男の真っ白な服と周囲の対比か。どこか寒々とした外か。誰もいない道が醸しだす静寂か。開かれたカーテンとさしこむ光がつくる早朝、夕方、夜中ともわからない曖昧な時間か。あなたのなかに想像としての物語が湧き上がってきたはずである。

この絵画について考えていると、ひとつのイメージが浮かんでは沈み、また新たなイメージが浮上してくる。これは芸術がもつ根源的な力でもあるが、この浮沈するイメージの動きが群立的思考において重要である。

浮沈するイメージを留めるには、手書きのノートやアウトライナーなどで書き留めることが必要だ。アウトライナーとは、パソコンやスマートフォンで文章を段落単位で整理し、階層化することができるソフトウェアである。[15] わた

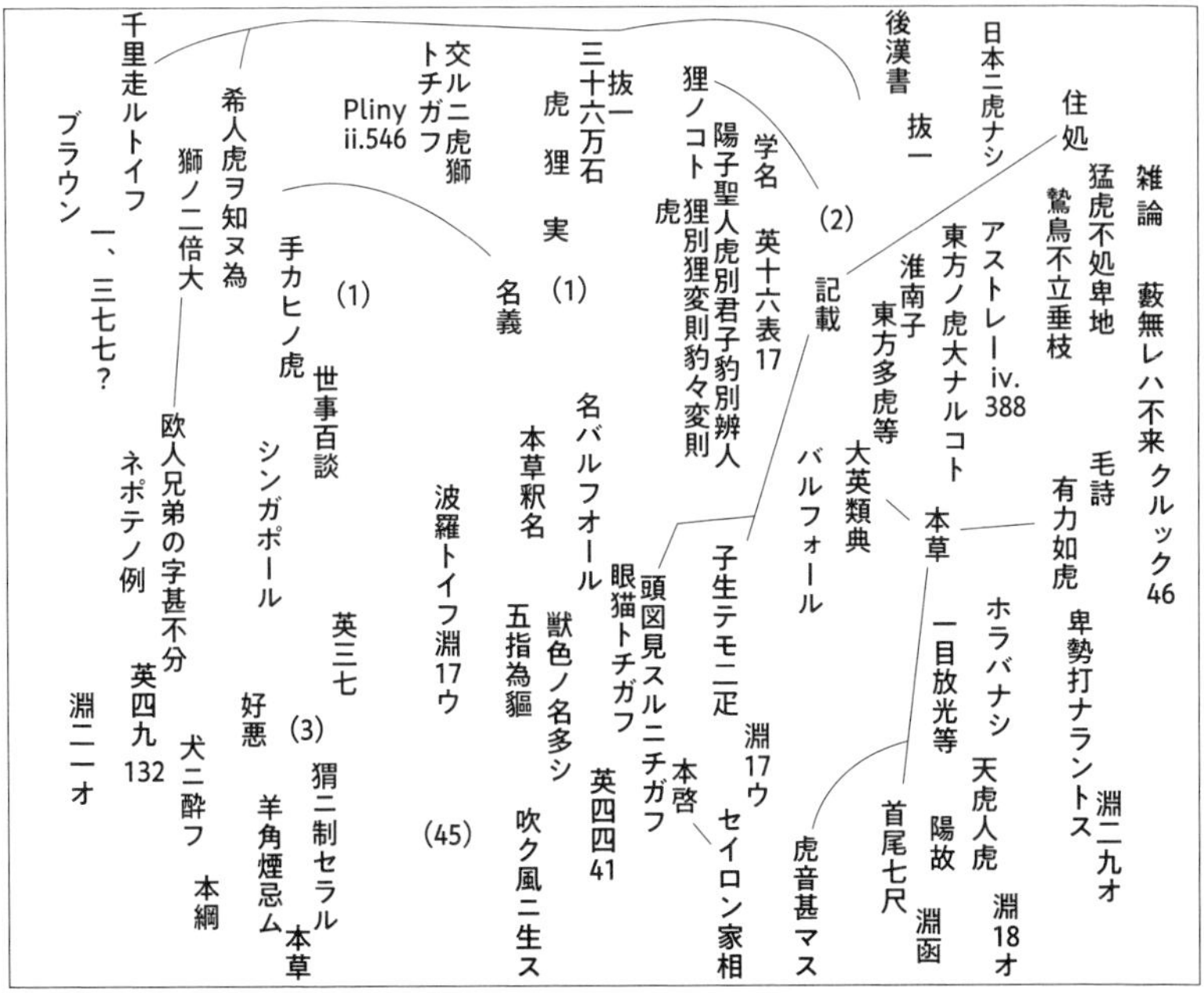

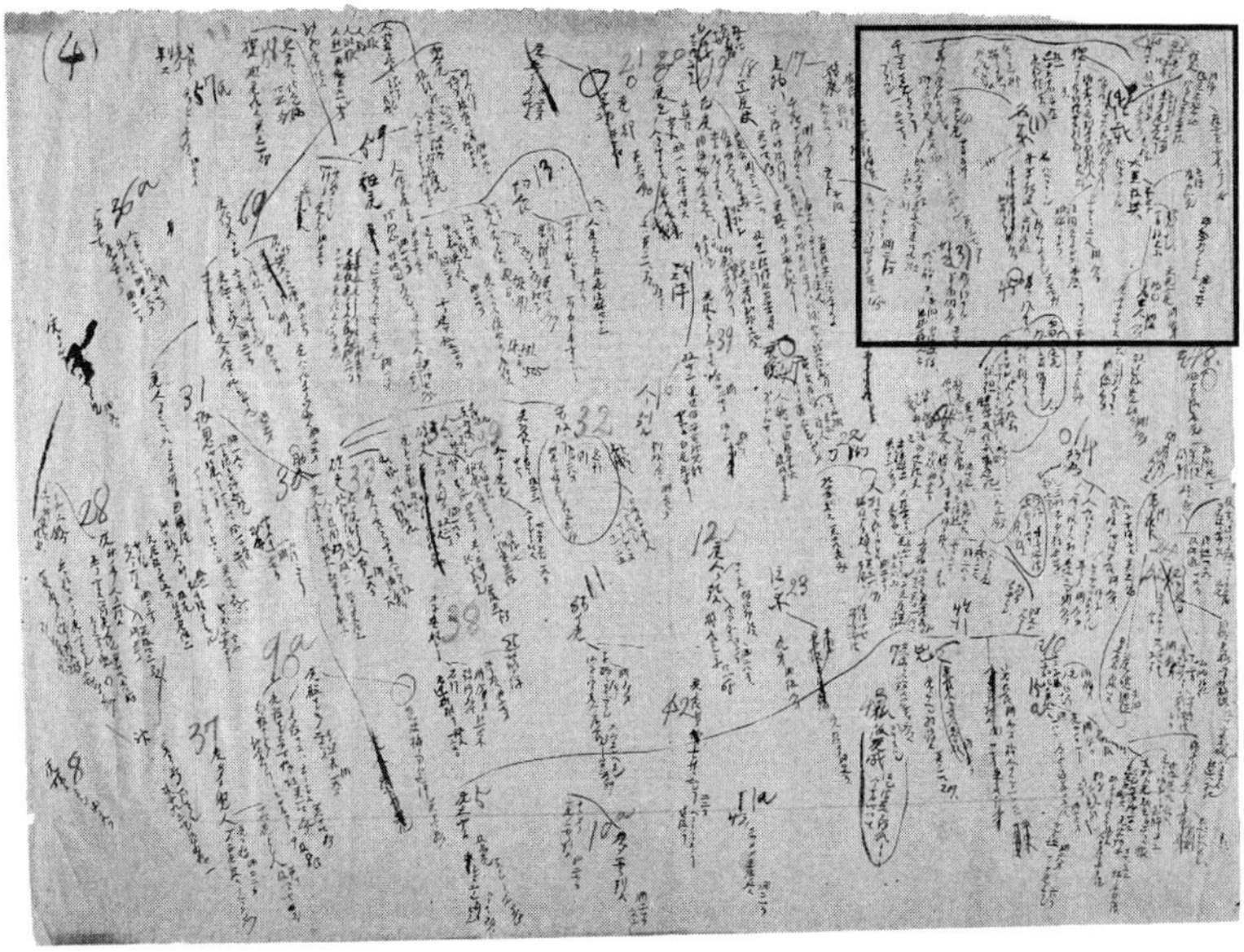

図５　『十二支考』虎の腹稿（南方熊楠顕彰館蔵）。
上は腹稿の右上部を翻刻したもの（資料提供・松居竜五氏、撮影協力・国立科学博物館）。

したちはこれに依って、想起したことを短く記しながら、論文構成の見取り図――アウトラインを作成し、執筆を行っている。

アウトラインについては、博物学者の南方熊楠《みなかたくまぐす》(一八六七―一九四一)の方法を参照するのがよい。熊楠の著作に、干支についての伝承をまとめた『十二支考』がある。このうち、一九一四年に発表された虎の章のアウトラインとなる「腹稿《ふっこう》」は七点が現存する。そのひとつを示そう(図5)[16]。

腹稿には短い文、固有名詞、略号などがびっしりと走り書きされており、容易に理解しがたい。これらは熊楠がロンドン在住時に調査したときのノート、中国・清で編纂された辞書、仏典と漢籍から採録したノートをもとに記したものである[17]。つまり、熊楠は自らのデータベースから虎をめぐる逸話を組み合わせ、コヒージョン/コヒージョンレスで考えながら、線と数字を入れることで全体の構成とプロットを定めようとしているのである。

要約しよう。危口、熊楠、わたしが作ったものは、群立を言語、社会、歴史、文化、共同体という知の総体を手がかりにコヒージョン/コヒージョンレスを試みて、固定したものである。それができるのは、《ナイトホークス》で示されたように、わたしたちは浮かんでは消えるイメージを想起する力を有しているからだ。思考の方法を照応してみれば、相違点はほとんどないだろう。思考の方法が問題なのであって、フィクションかそうでないかは重要なことではない。

アーレントが「ひとり」について述べたように、わたしとわたし自身の対話と、わたしの持つ技能を最大限に発揮すること。これを群立によって達成し、作られたものを投げ出すことで、世界と関わろうとしているのである。これが群立的思考の方法である。

4 「ひとり」と「群立」を同時に生きる

群立的思考は他者や事物を群立させ、コヒージョン／コヒージョンレスを探りながら、ひとりになることによって目的を遂げようとする方法である。

従って、群立は数を必要とする。群立できるものが多ければ多いほど、組み合わせのパターンも無限大に増加し、「ひとり」になる機会も得られるからだ。「群立」と「ひとり」は相反するものではなく、共存することができる。

わたしは聴覚障害によって言語の習得に困難が伴い、「独りぼっち」になりやすい身体において、量的に何かを集めることを目指さなければならない。そこで、美術館・博物館やギャラリーに出かけ、展示されている作品や空間と出会い、人がつくりあげてきた世界に飛び込んでいる。わたしの身体と時間を、この世を去った作家、同じ時代を生きる作家、ギャラリスト、作品、居合わせた鑑賞者たち、作品についての言説と並置することで、群立のチャンスを得ようとしているのである。また、公文書館や資料館におけるリサーチで、興味深い資料をご覧になっている方がいらっしゃれば、ためらいを感じながら声をおかけすることがある。親切に教えていただいたことも、警戒されたこともある。

このように、わたしは群立における数を獲得するために、古人と今人が同時に存在できるように、生死の境界を取り払い、時空を超えたフラットな場を必要としている。

一方で、わたしの群立は見知らぬ人への接触を試みる意味で、ハイリスクであり、傷つくことがある。そのためのリカバリーが必要だ。日常の小さなことで良い。遊歩する、好きなものを食べる、お茶を飲む、関心のある本を読む、四季おりおりの風景を眺める、日帰りの旅に出かけるといったことだ。このリカバリーを蓄積することによって、新たな群立を得るための道が拓かれていくのだ。

群立的思考をめぐる旅もそろそろ終わる。あの雑木林に戻ろう。

> 鳥の羽音、囀《さえず》る声。風のそよぐ、鳴る、うそぶく、叫ぶ声。叢《くさむら》の蔭、林の奥にすだく虫の音。空車《からぐるま》荷車の林を廻《めぐ》り、坂を下り、野路《のじ》を横ぎる響。蹄《ひづめ》で落葉を蹶《けち》散らす音、(…)

雑木林を歩き、木々のあいだで足をとめると音が聴こえてくる。それは、「武蔵野」を読んでいれば聴こえてくるというものではない。

そうではなく、独歩が紡いだ物語と、わたしのいる雑木林が時空を超えて群立する。これによって独歩とわたしはコヒージョンを形づくった。その刹那、わたしは独歩として音を聴いている。

彼の統覚を間借りすることによって、雑木林を満たす音を聴いているのである。それができるのは、わたしが聾者であることと無関係ではない。身体障害というのは、身体のある機能が欠如していることにより、他者の身体と感覚を容易に間借りできる可能性が秘められているからだ。

わたしがふたたび歩きはじめると、独歩と別れる——コヒージョンレスとなる。きっと、いつか、どこかで再会するだろう。けれども、音は同じように聴こえまい。ジャズ奏者のエリック・ドルフィー(一九二八—一九六四)が、“(…)When you hear music after it's over, it's gone in the air, you can never capture it again(…)”とつぶやいたように[18]。しかし、まだ響いていないあたらしい音は、未来の群立への梯子なのだ。

わたしたちは、邂逅《かいこう》と別離を繰り返しながら群立をつくり、コヒージョンとコヒージョンレスの反復によって、ひとりのサバイブをしている。

そう、《ナイトホークス》のように……。

注

1　ハンナ・アーレント『全体主義の起原3』新版、大久保和郎、大島かおり訳、みすず書房、二〇一七年、三四六―三五四頁。この項は、哲学者の國分功一郎の発言から示唆を得た。「対談　来たるべき当事者研究」『みんなの当事者研究』熊谷晋一郎編、金剛出版、二〇一七年、二九頁。
2　アーレント、三四九―三五〇頁。
3　アーレント、三四七頁。
その他、アレント『人間の条件』志水速雄訳、ちくま学芸文庫、一九九四年、三〇四頁。
4　アーレント、三四九―三五〇頁。
5　アーレント、三五〇頁。
6　アーレント、三四七頁。
7　アーレント、三四七頁。
8　アーレント、三五〇―三五一頁。
9　齋藤純一『公共性』岩波書店、二〇〇〇年。
10　「女子美術大学特別公開講座「仕事を決める、選ぶ、続ける」レポート」「萩尾望都作品目録」http://www.hagiomoto.net/news/2017/10/(二〇一七年一二月二〇日閲覧)

11　木下知威「指文字の浸透――蘭学・洋学における西洋指文字の受容」『手話学研究』二六巻、日本手話学会、二〇一七年、五三―一〇二頁。全文はインターネットからダウンロード可能である。

12　「指文字の浸透」では一〇四点の史料・文献を使用している。このうち、五回以上引用されている一〇点に基づいて図2を作図している。

13　危口統之のツイート、悪魔のしるしウェブサイトより。https://twitter.com/kigch/status/515138521040818176 および、http://www.akumanoshirushi.com/100M.htm(二〇一八年一月三〇日閲覧)

14　人物関係図は、二〇〇九年七月二八日に六本木スーパーデラックスでパフォーマンスが行われたときのパンフレットとして参加者に配布された(悪魔のしるしの石川卓磨氏のご教示による)。『危口統之一〇〇〇』(一〇〇〇BUNKO、二〇一八年)にも掲載された。

15　アウトライナーは、WorkFlowyとDynalistが主流である。論文のアイディアを作る、To-Doリストとしても用いるなど、その可能性は広い。その概要については以下参照。Tak.『アウトライナー実践入門』技術評論社、二〇一六年。

16　「腹稿」の一部翻刻については、「南方熊楠――一〇〇年早かった智の人」展(国立科学博物館、二〇一七―一八)の展示パネルを参照し、再構成した。

17　松居竜五「「十二支考」の誕生」『南方熊楠――複眼の学問構想』慶應義塾大学出版会、二〇一六年。また、以下の論文においても「十二支考」における熊楠の記憶の想起について検討している。雲藤等「南方熊楠の記憶構造――和文論文の検討を通して」『熊楠研究』七号、南方熊楠顕彰会、二〇〇五年、二四―五二頁。

18　一九六四年四月一〇日から一一日の深夜にかけて収録されたインタビューの発言より。http://adale.org/Discographies/deRuyter.html(二〇一八年一二月一〇日閲覧)

13

当事者研究からはじめる「知」の歩き方

獣道と舗装道路をつなぐ

熊谷晋一郎

はじめに

私たちのささやかな日常は、ほのかな期待に色付けられている。それほど大きな欲望や野心を持っていなくても、今日と同じくらいには明日も健康で、友人と同じくらいには幸せで、たまにはおいしいものを食べ、美しいものを観ることを期待しているものだ。大切に思う誰かと、心や体の深いところでつながりたいと願い、そして、ほんの少しでも誰かの役に立ちたいとも願ってしまう。

しかし生きていれば、こうした期待を打ち砕くような現実に直面することは、けっして珍しいことではない。病気や怪我によって、昨日とは違う身体を生きなくてはならなくなることもある。経済的な問題で、予想していた暮らしを継続することが困難になることもある。友人にはできることが、自分にはできないであるとか、友人はなれるものに、自分はなれないという事実を突きつけられ、焦燥感や置いてきぼり感に飲み込まれる時もある。大切な誰かにとって、自分の存在はそれほど大切なものではないと知ってしまったり、自分が不要な存在なのではないかという不安に飲み込まれることだってある。

そんな時、私たちは立ち止まらざるを得なくなる。淡い期待がそれなりに満たされているうちは、よどみなく流れる川のように、私たちの人生は順調に時を刻んでいく。しかし、期待が打ち砕かれるや否や、時は止まり、ぐるぐるとした反芻が始まる。なぜ、私だけうまくいかないのか。どうしたら、期待通りに現実を動かすことができるのか。人の心は、そして社会というものは、どのような論理や規則性を持っているのか。いつの間にか私の中に胚胎していたこの期待は、どこからやってきた、誰の期待だったのか、などの問いの形で。

躓きから発せられるこうした問いは、それに答えを与えてくれるような「知」を求める。そして大学という場所は、同じように躓きを経験した先人たちが、蓄積し、練り上げ、継承してきた様々な知の、強大なアーカイブと言える。それはあまりに巨大で、自分の躓きにヒントを与えてくれるような具体的な知がどこにあるのか、簡単には見つけ出せないほどである。しかし、医療や福祉の現場ではなく、他ならぬ大学という場で「支援」を実践することの意義は、人生に躓いた学生や教職員、そして、学外の市民に向けて、個別の問いにヒントとなるような、「生き延びるための知」を提供することではないだろうか。

ただし、私たちの躓きにヒントを与えてくれる知とは、大学のような場で制度的に蓄積・更新・共有・継承される、整備された知だけを指すのではない。私たちは人生に躓くと、「私ほどの不幸を背負った人はいない」「どうせ誰も、等身大の私の苦悩を理解してくれない」と考え、孤立しがちになる。しかし多くの場合、数えきれないほどたくさんの、無名の先人たちが、大学の外で、自分と同じようないばらの道を通ってきている。確かに、まったく同じ人生を歩んだ人は二人といない。しかし、たくさんの先行く仲間が歩んできた、星の数ほどある物語の中には、私の物語とも重なる共通項がある。その先人の足跡は、いわば整備されていない「獣道」として、後から来た私たちの足元を照らしてくれている。

筆者が専門にしている当事者研究という分野は、こうした獣道の総体を、蓄積・更新・共有・継承すること、そして、そのための方法を探求することを目指している。それとともに、東京大学先端科学技術研究センターに開設した当事者研究分野では、後述するように、こうした獣道を、いわば舗装道路のように整備された専門知と、様々な様式でつなぐことをも目的としている。獣道と舗装道路が交わることは、双方に対して新しい課題や発見をもたらすだけでなく、大学という場においてでしか実現できない支援のプラットフォームを構築することにつながるだろうというのが、本稿での主張だ。

当事者研究という営み自体は、今世紀初めの日本において、先行する障害者運動や自助グループの実践を批判的に継承しつつ、制度化された知の外側で誕生した在野の実践である。当初は、周囲の人には聞こえない声が聴こえたり、見えないものが見えたり、周囲の信念体系とは大きく異なる信念体系を持つことによって特徴づけられる、統合失調症という精神疾患をもつ当事者の間で誕生した。その後、薬物依存症や発達障害、脳性まひ、慢性疼痛などの分野に広まり、最近では、障害や病気の有無を超え、ホームレスや被災者、当事者の家族、小学生、大学生、教員、支援者や医師などの間でも始まっている。

本稿ではまず、筆者自身の個人史を導きの糸として、当事者研究が生まれるに至った歴史的な経緯を概観する。そして次に「共同創造」をキーワードに、獣道と舗装道路の連携の試みとして、海外での取り組みや筆者らの行っている研究の紹介を行う。それらを踏まえて最後に、当事者研究から始める、生き延びるための知の再編成と、それが大学ならではの対人支援の在り方に与える示唆について考える。

1　当事者研究の背景

当事者運動と専門知の連携によるパラダイムシフト

筆者は生まれつき、「脳性まひ」[1]という障害を持っている。おそらく何らかの感染症にかかったのだろう、生まれて数日後に高熱が出て、そのまま集中治療室に運ばれた。幸い一命は取り留めたものの、脳の中で、全身の筋肉のそれぞれに運動指令を下している運動野と呼ばれる場所が損傷され、後遺症が残った。

脳性まひとは筆者のように、生まれる前後に何らかのトラブルに見舞われ、その後遺症として運動機能や姿勢維持機能に障害がおよんだ状態を総称する概念である。一口に脳性まひといっても、トラブルの種類や損傷部位、障害の内容には個人差が大きく、様々な状態がこの概念のもとに括られている。

筆者が生まれた一九七〇年代、脳性まひは、早期に発見して早期に濃厚なリハビリ訓練を行えば、高い確率で改善する障害であるとみなされていた［一］。筆者自身も物心つく前から、一回一時間半の訓練を一日四—五回行うのが日課であった。訓練は子供心に、とても痛く、つらいものだった。

しかし一九八〇年代になると、訓練の長期的な効果について多くの研究報告がなされ、当初考えられていたような治療効果は存在しないことが次々と明らかになっていった［二］。またそれと同時期、一九七五年「障害者の権利宣言」、一九八一年「国際障害者年」そして一九八三—九二年「国連・障害者の十年」など、世界的に障害者の人権問題にかんする意識が高まり、世界各地で同時多発的に勃興しつつあった当事者運動が互いに連携をし始め、大きな勢力となりつつあった。エビデンス主義と当事者主義が互いに手を取り合って、パターナリスティック[2]な権威主義からの解放が成し遂げられたと言える。

当事者運動は、障害についての人々の考え方を大きく変えていった。かつて障害とは、障害者の体の中に宿るものであり、医学的な方法でそれを取り除くことで初めて解決されると考えられ、取り除けなかった者は地域社会から隔絶された障害者施設や病院などの全制的施設(total institution)〔三〕に収容されるのが基本とされていた。今日このような障害の捉え方は、障害についての「医学モデル」と呼ばれている。

しかしそのような考え方に対して、当事者運動は異議申し立てをし、障害とは障害者の体の中に宿るものではなく、少数派の体と、その体を受け入れない社会との「間」に生じる摩擦こそが障害だと訴えた。その上で、変わるべきは障害者の側ではなく地域社会の側であり、障害者はインクルーシブな社会の中で他の人々と平等な機会を保障され、主体的に生きる権利があると主張したのである。当事者運動が主張したこのような障害の捉え方は、障害についての「社会モデル」と呼ばれる〔四〕。

当事者運動において主張された社会モデルの考え方は、障害者自身の自己認識をも大きく塗り替えるものであった。「私の身体が悪いのではない、私の身体を受け入れない社会のほうが悪いのだ」という新しいパラダイムは、リハビリ漬けの毎日の中で、自分の身体を矯正すべきものとして否定し続けてきた筆者にとっても、まさに目から鱗の発想の転換であった。

筆者は、十代の頃に当事者運動の思想に触れて以来、現在に至るまで大きな影響を受け続けている。それは、先人たちが切り開いた、生き延びる上で必要不可欠な獣道であったたし、それが、エビデンスに基づく専門知とタッグを組んだことで、新しい知と実践を切り開いたという史実は、その後の当事者研究にも大きな影響を与えている。

答えのない問い

しかし、当事者運動に導かれながらも、それとは理念や方法などの面で異なる「当事者研究」という新しい実践が必要とされた背景には、こうした社会モデルの発想だけではうまく扱えない様々な新しい問題が、障害の領域で浮上しつつあるという事情がある。筆者の個人史においても、この新しい問題は、「痛み」という形で現れた。

今から四年ほど前、三〇歳を過ぎた頃に、ある朝起きると、首の後ろから左腕にかけて、これまで経験したことのないような、電気の走るような強い痛みに襲われた。初めて経験する感覚は、強い不安を伴うものである。この感覚は、何を意味するのだろうか。何か大きな異変が体に生じているのだろうか。次にどのように動けばいいのだろうか。昨日と同じように体を動かしても、取り返しのつかないことにならないだろうか……。未経験の痛みは一瞬のうちに、昨日まで空気のように享受していた「私のからだはこのようなものであり、このように動かせばこのように応答するはずだ」というベーシックな期待を打ち砕き、筆者の経験の構造に、深い不確実性の影を落としたのである。

その後、痛みの原因を明らかにし、そして取り除くために、筆者はいくつかの病院を受診した。レントゲン写真やMRI検査を行ったが、どの病院でも、「大したことはないので、痛み止めを出しておきましょう」と言われる。検査結果は大したことはないのかもしれないが、現に、自分が主観的に経験している痛みは、生活を破壊するほどに大きなものだった。専門的な解釈と主観的な経験との間のギャップは埋めがたく、筆者は、別の見立てを求めてドクターショッピングをすることになった。しかし、どの病院においても、結果は変わらなかった。

「専門知の中に答えがないのであれば、獣道にコンサルトをしよう」と思い、先輩の障害者に相談をしたりもした。しかし、「健常者に近づこうと思って、小さい頃にリハビリをしすぎたツケが回ってきたんだよ」など、因果応報的な解釈の枠組みを提示されるばかりで、結局、実際にどうすればよいのかが分からなかった。

痛みに襲われた時の筆者のように、自分の身体に関する見通しを失うと、二次的に様々なものが失われる。たとえば意思決定能力である[五]。次の行為に関して、いくつかの選択肢の中から一つを選ぶためには、各々の選択肢について、それを選んだらどのような結果が訪れるかについて、ある程度の予期ができている必要がある。したがって選択と結果をつなぐ予期が失われると、これが困難になる。次に右足を一歩前に出していいかどうかさえ、逡巡を伴うものになってしまうのである。

当事者運動において、意思決定は重要な能力とみなされることが多かった。「自分でできる必要はないが、自分で決めることだけは譲らない」という自己決定の原則が当事者運動の中で重要視された背景には、いつ水を飲むべきか、いつトイレに行くべきか、何を食べるか、どのように生きていくかなど、生活や人生の重要な決定にかんして、障害者本人ではなく、家族や介護者の意思が優先されてきたという苦い歴史がある。そのような歴史をくりかえさないためには、自己決定の原則が重要なものであることは論を待たない。しかし、この原則は同時に、当事者の中に、意思決定能力に基づく序列化が生じうる可能性を示唆してもいる。痛みの経験を通して筆者が痛感したのは、意思決定能力の背後に、その前提条件として、ある程度安定した予期が必要不可欠であるということである。思えばこれまで主に障害者運動をリードしてきたのは、たとえ障害が重くても、日内変動や季節性変動、進行や軽減といった継時的なゆらぎの振幅が小さい、安定した身体状態を享受してきた障害者たちだったと言えるかもしれない。障害者の間で新たに浮上している問題の一つを表すなら、障害の質や量でなく、ゆらぎの次元、そしてそれに関連した不確実性の痛みということになるのかもしれない。

筆者の経験は、脳性まひにおいて珍しいことではない。従来、脳性まひは非進行性の障害とみなされてきたが、近年、脳性まひ者も三〇歳前後になると、それまでできていたことができなくなったり、体のあちこちが痛くなったりという「二次障害」という現象が起きることが知られるようになってきた。二次障害には、「できないことが増える」という側面と、「痛い」という側面の二つがある。このうち前者は、社会モデルで対応可能である。そもそも社会モデルは、何かができない身体を問題であるとは考えず、そのような身体のまま生きられない社会に問題があると考える。したがって二次障害でできないことが増えたとしても、それに応じて社会が支援すればよいということになる。

しかし痛みのほうはどうであろうか？　痛みは社会モデルで解決しうるだろうか？　それとも痛みはやはり身体の中に宿るものであり、医学モデルの枠組みで捉え、医学的な方法で取り除くべきものなのだろうか？　しかし、舗装道路にも獣道の中にも、こうした問いに答えてくれるような知はどこにも存在していなかったのである。

新しい知を求めて

こうした不可解な痛みは慢性疼痛と呼ばれることがある。長年、慢性疼痛の認知行動療法に携わっているリハビリテーション医の本田は、慢性疼痛の本体が「過剰な医療依存」であると述べている[六][七]。その上で、慢性疼痛の治療に当たっては、「医療従事者がすべての痛みを取り除けるわけではない」という認識を共有した上で、同じ経験を共有する仲間や専門家の「側方」支援を受けつつ、痛みを持ったままで、快適な体の動かし方や生活習慣を自ら発見していく態度へと変化していくことが重要であるという。すなわち、慢性疼痛という問いと向き合うためには、誰かが手軽に解釈や対処法を与えてくれるだろうという、受動的な知の消費者ではなく、知らないことを自ら調べ、発見していこうという知の生産者、言い換えるなら研究者としての態度設定を行う必要があるということだ。これは、自分の苦労の意味やメカニズム、対処法について、他者に丸投げにするのではなく、自らそれを研究対象として引き受けようという、当事者研究の態度設定にも通じるものである。

筆者はその後、痛みに関する医学的文献のレビュー、痛み診療や痛み研究の一線で活躍している専門家との議論、痛みを持つ当事者の方々――とりわけ発達障害、依存症、線維筋痛症の当事者――からのインタビュー、質問紙票調査などを重ねてきた。

いまだに分からないことはたくさんあるものの、痛みについての医学的な研究の進展には目を見張るものがある。痛みを考える上で期待や不確実性に注目することが重要であることや、今ここで生じている痛みの「知覚」である急性疼痛とは対照的に、期待から大きく逸脱した、躓きの出来事の「記憶」として慢性疼痛を捉えられるかもしれないこと、慢性疼痛の場合には医学モデルだけでは痛みを捉えきれず、むしろ医学モデルで解釈することが、「この痛みがなくならない限り、私の人生における様々な課題は解決しない」という、「破局化」と呼ばれる思考パターンを導き、かえって痛みを悪化させうるということが、むしろ医学的研究の中から示唆されつつあることも知った。

また、躓きの記憶という点で共通したメカニズムを持つトラウマと慢性疼痛が、実際に合併しやすいこと、トラウマが急性疼痛の慢性化に対するリスク要因であること、痛みの存在が、後のPTSD発症を予測することなども学んだ。そして、慢性疼痛と薬物依存症もまた、臨床像やメカニズムの面で共通する要因を持っていること、両者をつなぐ蝶番の一つがトラウマであることなども分かった。実際、二〇〇一年にアメリカ疼痛医療学会(American Academy of Pain Medicine)、全米疼痛協会(American Pain Society)、アメリカアディクション医学会(American Society of Addiction Medicine)の三学会は共同で、痛みと依存症は別の診断カテゴリーではなく、互いに重なり合う疾患概念であるということを共同声明として発表しているほどである。

以上の医学的な先行研究の勉強は、いわば目立たない細い舗装道路を探り当てるような過程だったが、それだけでは、どの知識が信じるに値するのか、そして何より、現にここにある痛みと、どのように向き合っていけばよいのかについて、見通しを得ることはできなかった。それを与えてくれたのは、薬物依存症を持ち、多くのメンバーがトラウマや慢性疼痛も合併している「ダルク」という自助グループとの共同研究だった。

ダルクなど、依存症の自助グループは長い歴史を持っており、世界中にネットワークを張りめぐらしている。それは、他の当事者コミュニティでは見られないほど、複線的で冗長で豊かな獣道である。彼らは、成功だけでなく失敗の歴史を遺産として大切にする文化を持っており、利害に基づく社会変革を目指す「運動」ではなく、自分を見つめ、互いに言葉を交わし、そこで得られた発見に基づいて行動しては再び自分を見つめなおすという独自の実践を重ねてきた。これは、筆者が出会った二つ目の獣道だった。そして歴史的には、北海道浦河町にある「浦河べてるの家」の当事者研究も、この二つの獣道、すなわち当事者運動と、依存症自助グループの二つが合流して生まれた。

ダルクに出会ったのは二〇〇八年頃にさかのぼる。それ以降、「体の痛みと依存症に関する当事者研究」、「刑務所の当事者研究」[3]、そして「子育ての当事者研究」など、様々な共同研究を重ねてきた。

特に、子育ての当事者研究において筆者が講師として選定された手続きは次のようなものだった。まず、はじめから専門家に話を聞くのではなくて、第一段階として、仲間同士でじっくりお互いの困りごとを話し合い、仲間の中で解決できる部分はどこだろうと考えた。第二段階として「ここはやっぱり専門家の意見を聞いてみたい」という疑問が三つほど挙がった。一つ目が「発達障害って何だろう」、二つ目が「子どもにしつけをするってどういうことなんだろう」、三つ目が「子どもが使う汚い言葉をどう考えたらいいんだろう」であった。この三つのテーマに関して、講義を依頼された。どれも難しいテーマなので、筆者は、「正解はこれです、という話はできませんが、皆さんが当事者研究を進める上でヒントになるようなお話ができればと思ってやってきました」と述べたのちに講義を行い、ディスカッションした。

当事者研究の魅力の一つは、一見何のかかわりもないように思える困難の間に共通する構造が発見され、深い共感が心の中にじわりと広がる瞬間にあるが、とりわけ慢性疼痛との向き合い方が、トラウマや依存症との向き合い方を参考にすることができ、そして実際、痛みと付き合いやすくなるという発見は、筆者自身にとってとてつもなく大きいものだった。

彼らとの共同研究が教えてくれたのは、「痛み、依存行動、トラウマはいずれも、期待通りに生きようとする自分の足を引っ張るもののように感じるかもしれないが、そうではない」ということだった。それらを拙速に消そうとするのではなく、その経験や行動が、人生全体や人間関係、社会経済的な状況など、自らが置かれたより広い文脈の中で、どのような意味を持っているのかを探求すること。「それらが何らかの面で、自分のことを助けてくれているのではないか」「それらの症状は、自分の期待の設定や人間関係、ライフスタイルを見直すべきだという貴重なシグナルなのではないか」と考えてみること。痛みから意味を奪い、「ただ取り除くべきもの」と捉えれば、薬物は増え、無力感は強まるだろう。共同研究を通じて発見したこうした知見は、慢性疼痛に限定されるものではなく、症状から意味を奪うすべての傾向に挑戦している当事者研究全体の理念とも通底するものだと言える。

一般的に医学では、症状を、その意味を解明することなしに取り除くことは危険な行為とされることが多い。たとえば、腹痛の原因を解明することなしに腹痛を取り除いたとしたら、虫垂炎を見逃してしまうかもしれない。精神科においてだけ対症療法をしている。その点で当事者研究が一般医学に近いと言える。「症状の意味」を重視する当事者研究のスタイルは、けっして主流派の医学的実践と矛盾するものではない。慢性疼痛や精神科領域においても、「症状の意味」を重視するという指針を徹底する必要がある。このように当事者研究は、全面的に専門知を受け入れるわけでも、排除するわけでもない。

人生に躓いた、すべての人々を当事者と呼ぶならば、当事者の日常は待ったなしである。痛みの渦中にいた筆者自身がまさにそうであったように、人生からの問いかけに何らかの意味でヒントを与えてくれる知であれば、それが専門知であろうと、当事者の経験知であろうとなりふり構わず、貪欲に得ようとする。そして、専門知であろうと経験知であろうと、分け隔てなく、鵜呑みにすることもできなければ、初めから排除することもできない。

大学の中に置かれた支援の場においても、単に大学外で展開されている医療的・福祉的な支援実践をなぞるのではなく、あらゆる獣道と舗装道路をつなぐような大きな地図を広げ、目の前にいる当事者に対して、生きるための知の歩き方を指し示すような、大学にしかできない支援はないものだろうか。

2 当事者の知と専門知の連携

当事者と専門家との共同創造

獣道と舗装道路をつなぐプロジェクトを指し示す言葉の一つが、「共同創造(co-production)」である。

共同創造とは、公的サービスの創出に市民が参画する実践のことである。もともと共同創造という用語は、警察官が巡回をやめ、パトカーでのパトロールに切り替えた一九七〇年代後半に、シカゴ近隣の犯罪率が上昇した理由を説明するため、後にノーベル経済学賞を受賞した政治学者・経済学者のエリノア・オストロムたちによって提案されたものだ[八]。オストロムは、シカゴの警察官と、シカゴの住民との人間関係が希薄になったことで、警察官が効果的に自分たちの仕事をするのが難しくなったのだと考えた。言い換えると、犯罪を未然に防いだり、いち早く発見したりするという、警察官が提供すべき公的サービスは、警察行政の中に蓄積された専門知識と同じくらい、サービス利用者である市民が持つ知識、資産、努力に大きく依存しており、地域社会が警察を必要とするのと同様、警察は地域を必要としていたというわけである。

この共同創造という方法は、行政によって一方的に考案され、提供される公共サービスを、市民が受動的に消費するという、取引に基づくサービス提供の方法とは対照的である。伝統的な「市民参画」とは異なり、共同創造では、市民は単に相談される存在ではなく、立案、設計、実施、そしてサービス管理の一員となる。身体障害者運動などでは、街づくりや建築物のユニバーサルデザインなどの領域で共同創造の例は多い。近年ではアメリカ以外でも、デンマーク、フランス、英国、ドイツ、チェコ共和国など、多くの国で、保安、環境、医療分野における公的サービスの共同創造に関する社会実験が開始されている。

近年は、医学や対人支援の領域においても、共同創造というアプローチが注目されつつある。社会学者の猪飼は、その著書『病院の世紀の理論』[九]の中で、二〇世紀は、人々が「病気になった。病院に行った。元通りになった」という「復元の物語(the restitution narrative)」を語り、医療に対して復元を期待する時代の空気を産み出したと述べている。抗生物質や抗精神病薬の発見など、治療医学の権威が卓越していた前世紀においては、医師や病院に高い権威が付与されていただけでなく、健康という概念も、治療医学の権威によって強い影響を受けていた。二〇世紀において「健康」とは、治療医学的な意味において病気でないことを意味し、それを取り戻す手段も医学的治療であるということが前提されていたのである。

しかし今世紀になると、治らない病気を抱える高齢者の大集団が形成された。そのような中で「健康」の定義も、治療不可能であっても健やかに生活することへと変化していったのである。これは、医師によってパターナリスティックに定義される健康観から、QOL(Quality of life)やPRO(Patient-reported outcomes)など、支援者と当事者の討議によって民主的に定義される健康観への移行を意味する。

「どのような状態が、望ましい状態なのか」「サービスは何を目標に置くのか」という問題に対する答えは、突きつめればエビデンスではなく価値観に基づいている。精神保健サービスの領域では、これまで、製薬産業、医療テクノロジー産業、学術界が新しい研究や治療法開発において先導的な役割を果たしてきたが、彼らの優先順位は必ずしも、当事者や支援者の優先順位と同じではない。その結果、個々人のウェルビーイングのみならず、経済合理性の観点からも、潜在的に有益な研究領域の多くが無視されることになる。

精神障害当事者（精神保健サービスユーザー）の価値観を基軸にしながら形成された支援や治療の過程をリカバリー（あるいは主観的リカバリー）と呼び、リカバリーを重視して行われる支援実践はリカバリー・アプローチと言われる。リカバリーは、精神疾患を持つ当事者の手記の公開を機に一九八〇年代からアメリカで普及した概念である。こうしたリカバリー概念には多様な解釈があるものの、結果ではなくプロセスを示し、その焦点は「人生の新しい意味と目的」の創造にあるという点は共通している。リカバリーは、ここ一九九〇年代後半以降に生じたメンタルヘルス領域におけるパラダイム転換を象徴する概念と言われている。

当事者コミュニティ内の共同創造

一方、日本の当事者研究の実践の中では、「当事者に聞けば、当事者視点のリカバリーが分かるというほど簡単ではない」とも言われてきた。なぜなら、当事者の多くは主流派向けにデザインされた価値観に包囲されており、たいていの場合、そこで社会に適応しようと努力を強いられているからである。

実際、ダルク女性ハウス代表の上岡の私信によれば、グループにやってきたばかりのビギナーが思い描く回復のイメージは、「フルタイムで働ける」「恋人や家族ができる」「薬物やアルコールが止められる」「自らの意思で自分をコントロールする」「苦痛が完全になくなる」「さびしくなくなる」「強迫症状がなくなる」「疎外感がなくなる」など、主流派が想像するような回復のイメージをなぞっていることが多い。しかし、仲間とともに言葉を交わしていくにつれて、①自分の言葉でしゃべれるようになること、②自分の都合も優先できるようになること、③変化する自分の身体と付き合えるようになることなど、回復のイメージが徐々に等身大のものへと変わっていくのである。

当事者同士でのつながりがなく、主流派に囲まれた当事者の思い描くリカバリーと、仲間との間に何らかの共同性を構築した当事者たちの思い描くリカバリーは、しばしば異なることがあるという認識は重要であると思われる。少数派同士は、主流派同士と比べて分断されがちであり、少数派の獣道は雨風にさらされて消えやすく、後から来た当事者はそれを見逃しやすい。当事者と専門家との共同創造が、単なる専門家による当事者の吸収合併に陥らないためには、当事者コミュニティ内部での、獣道の共同創造にも力を入れなくてはならない。

大学内での共同創造

共同創造は、対人支援サービスにとどまらず、大学をはじめとした知の生産の場においても試みられている。たとえば二〇〇四年に設立された非営利組織ジェームズ・リンド同盟(James Lind Alliance: JLA)[4]は、「臨床研究に当事者視点を導入する」という目的で活動を行っている。ＪＬＡでは、当事者、支援者、臨床家が「優先課題設定パートナーシップ」を組み、合議によって、もっとも重要だと思われる課題を特定し、優先順位を付け、その結果を公表している。

こうした合議の結果は、研究資金提供者に対して、当事者、支援者、臨床家にとって何が重要なのかを教えてくれる。メンバーは協力して、治療効果に関して不確実な事柄(uncertainties)を集め、国のデータベースに登録する。登録された内容はすべて、既存の知識や研究によってすでに解明されていないかどうか、データアナリストによってチェックされる。こうして残った不確実な事柄は、優先順位付けの合議的プロセスを経て、「優先して研究すべき課題――トップ一〇リスト」へとまとめられる。二〇一二年時点までに、統合失調症、喘息、尿失禁、めまいなど、三〇以上の疾患でリストが発表されている。

またマンチェスター大学の精神病研究ユニット(Psychosis Research Unit: PRU)[5]では、臨床研究の共同創造が試みられている。PRUの公式サイトによると、PRUでは、一般に精神病症状とみなされる経験や信念は、しばしば、困難な人生の出来事に対する、十分に理解可能な反応であるという、「ノーマライジング・アプローチ」がとられている。このア・プリオリな前提は、当事者研究でも重視されている「症状の有意味性」「症状は常にすでに自分助けである」といった、既述の理念と相通じるものである。

誰でも生きていれば、たくさんの困難に直面する。そんな時は普通、友人や家族、同僚など、周囲の人々に相談をするだろう。そして時には、対話を通じて、お互いの置かれた状況や思いをより深く知り合うきっかけになることもある。さらに、一緒に作り上げた困難や経験についての解釈をもとに、互いに協力し合いながら、折り合いをつけたり、状況を改善したりして、私たちは生きている。

しかし、一部の苦労、たとえば周囲の人には聞こえない声が聴こえるであるとか、周囲の人と大きく異なる信念体系の中で生きる苦労といったものは、それを表明するや否や、隣人と分かち合うことが困難な病理とみなされ、病院など、特殊な空間で扱われてしまう。当事者は、隣人とともに苦労の解釈や対処法を編み出していくという、当たり前の作業の機会を奪われ、専門家に丸投げせざるを得ない状況に置かれている。そして、苦労はその意味を奪われていく。つまり、苦労の背景にある状況や思いを深め合うことなく、「ただ取り除くべき無意味な症状」として、治療対象にされてしまうのである。これは精神医学以外の医学領域で研修医が教わる、「原因が分かるまでは症状を安易に取り除くな」という基本から見ると、例外的なものだと言えよう。腹痛を訴える患者を前に、虫垂炎なのか急性膵炎なのかを診断する前に、腹痛という症状を取り除いてしまえば、取り返しのつかないことになる可能性がある。PRUが採用するノーマライジング・アプローチは突飛なものではなく、こうした医学の基本原則を精神医学や臨床心理学にも適用しただけの常識的なものであると思う。ただし、他科ではもっぱら症状の意味を皮膚の内側に探るのに対し、精神医学で取り扱う症状の多くは、皮膚の外側にも意味を探究しなくてはならないという違いはあると言えよう。

症状の有意味性を裏付ける先行研究の例として、人類学者のルーマン(Luhrmann)は幻聴内容の文化比較によって、アメリカの幻聴が攻撃的でネガティブであるのに対し、ガーナの幻聴は支持的でポジティブな内容が多いことを見出し、幻聴の内容が、当事者を取り巻く地域文化(local culture)の影響を受けていると述べている[一〇]。このことは幻聴が、一〇〇パーセント個体の皮膚の内側に原因帰属できるような、単に取り除くべき病理ではなく、現在本人が置かれている社会環境の改変の必要性を示唆する「意味」を持っているとも解釈できる。

北海道浦河町にある「浦河べてるの家」が長年挑戦し続けてきたのは、当たり前の「困難の分かち合い作業」を精神障害当事者の手に取り戻し、症状の有意味性を再確認するという、極めてシンプルなことだった。しかし、そんな当たり前の社会を実現しようとしただけで、異なる知覚や信念体系、思考や行動のパターンへの不寛容さや、病気や障害に対するスティグマなど、たくさんの障壁がそれを阻むような社会に、私たちは生きている。PRUを始め、現在、世界中で起きつつある精神医療改革は、こうした障壁を少しでも減らすことで、精神障害を持つ当事者が、地域の中で当たり前に隣人と自分の経験や苦労について話をし、一緒にその解釈や対処法について考えていけるような文化をつくろうという方向を向いている。「浦河べてるの家」をその嚆矢とする当事者研究の取り組みも、そうした世界的潮流と方向性を共有していると言えるだろう。

精神保健サービスにおけるリカバリー・アプローチ同様、ノーマライジング・アプローチの論理的な帰結として、研究の中でも当事者の生きられた経験(lived experience)が重要な位置を占めることになる。実際にPRUでは、研究課題の設定、研究のデザイン・実施・公表において、精神病症状の生きられた経験を持つ当事者の参画は必要不可欠なものとみなされており、そのために、当事者をサービス・ユーザー・リサーチャー[6](service user researcher)として雇用するとともに、Service User Reference Group(SURG)を設置し、コンサルテーションを行っている。

PRUでは一五年前に二人のユーザー・リサーチャーが雇用され、ここではリカバリーの質的研究を行っている。質的な研究に基づいて質問紙票がつくられ、今は全国的な介入に使われているという。また一〇年前からは、毎年新しい臨床研究が行われており、ユーザーからのフィードバックによって測定・評価尺度を変えている。臨床研究がユーザー視点から影響を受け続けることが、研究の共同創造を実現する上でとても重要であり、PRUの取り組みは国際的に高く評価されている。

我が国においても、当事者研究を基盤とした知の共同創造の試みは始まりつつある。二〇一五年四月、東京大学先端科学技術研究センターに「当事者研究分野」という新しい講座ができ、筆者はそこで責任教員を務めている。具体的には、当事者研究の方法を研究する「当事者研究のやり方研究会」[7]を中心に当事者研究のファシリテーション技法を研究し、その結果を講習会用の教材として公開したり、クラウドソーシングの技術によって当事者研究から新規に「仮説抽出」をし、他の専門分野と連携して「検証実験」を行ったり、当事者研究という営み自体が、当事者の生きやすさにつながるかどうかを確かめる「臨床研究」を共同創造したりといった活動をしている。さらに、当事者が獣道を検索しやすくするために、自然言語処理技術を活用して、自分が入力した躓きと類似した他の当事者のエピソードを表示する、「エピソードバンク」というシステムの開発を進めている。最近では、在野の障害者や大学研究者同士だけでなく、授業や書籍、アウトリーチ活動などを通じて、障害の有無にかかわらず、大学生の中にもサークルとして当事者研究を実践する人々が増えてきている。

おわりに

筆者は大学の中で、当事者研究という分野についての研究や教育を行う傍ら、障害を持つ学生や教職員が、他の大学構成員と同等の参加機会を実現できるよう支援をする、バリアフリー支援室という部署も担当している。筆者自身、今から約二〇年前に、障害を持つ学生として大学生活を送っていたのだが、今は彼らを支援する立場にあるのだから、不思議なものだ。

大学生の頃は、小さい躓きや大きな躓きを、いくつも経験した。障害ゆえのものもあれば、そうでないものもある。ある時は障害を持つ先輩の言葉に、ある時は友人との夜通しの議論に、ある時はモグリで受講した女性学に、またある時にはゼミで学んだ法律や、授業で学んだ医学に助けられた。自分自身のこれまでを振り返った時に、大学という知の宝庫に身を置いていたあの数年間、啐啄同機《そったくどうき》に、一生の羅針盤になるような知の数々に触れることができたように思う。

大学の中の支援室が持つべき専門性には、たくさんのものがあると思うが、そのうちの一つが、大学の中にある豊かな専門知と、様々な当事者の経験知に関心を持ち、両者の接点を探るような、まさに当事者研究が大切にしている専門性だと、筆者は考えている。

参考文献

[一]加藤直樹、茂木俊彦編『障害児の心理学』青木書店、一九八二年
[二]上田敏『リハビリテーションを考える——障害者の全人間的復権』青木書店、一九八三年
[三]ゴッフマン『ゴッフマンの社会学3　アサイラム——施設被収容者の日常世界』石黒毅訳、誠信書房、一九八四年
[四]星加良司『障害とは何か——ディスアビリティの社会理論に向けて』生活書院、二〇〇七年
[五]熊谷晋一郎『ひとりで苦しまないための「痛みの哲学」』青土社、二〇一三年
[六]本田哲三「ランチョンセミナー　慢性腰痛に対する認知行動療法」『日本腰痛学会雑誌』一一(一)、二〇〇五年、二〇―二六頁
[七]熊谷晋一郎、五十公野理恵子、秋元恵一郎、上岡陽江「痛みと孤立——薬物依存症と慢性疼痛の当事者研究」石原孝二、河野哲也、向谷地生良編『シリーズ精神医学の哲学3　精神医学と当事者』東京大学出版会、二〇一六年、二二五―二五一頁
[八]綾屋紗月編著『ソーシャル・マジョリティ研究——コミュニケーション学の共同創造』金子書房、二〇一八年
[九]猪飼周平『病院の世紀の理論』有斐閣、二〇一〇年
[一〇]Luhrmann, T.M., Padmavati, R., Tharoor, H., & Osei, A.(2015). Differences in voice-hearing experiences of people with psychosis in the U.S.A., India and Ghana: interview-based study. British Journal of Psychiatry, 206, 41-44. これは非常にいい文献だが邦訳はない。興味のある向きは、ぜひ挑戦してほしい。

注

1　脳性まひとは、「受胎から新生児(生後四週以内)までの間に生じた脳の非進行性病変に基づく、永続的なしかし変化しう

る運動及び姿勢の異常である。その症状は満二歳までに発現し、進行性疾患や一過性運動障害、または将来正常化するであろうと思われる運動発達遅延は除外する」と定義される(「厚生省特別研究報告」一九六八年)。

2 相手の意向にかかわりなく、よかれと思って相手を守ってあげようとするさまを言う。

3 二〇一四年七月から一〇月まで、月一回全四回に渡り、ダルク女性ハウスの薬物依存症当事者約五名との共同研究として刑務所経験によって身についてしまったルールについての当事者研究を行った。共同研究の結果は同年一一月一五日に開催された第一一回全国当事者研究交流集会における分科会にて合同発表した。

4 公式サイトが充実している。興味のある読者はぜひ参照されたい。

5 公式サイトが充実している。興味のある読者はぜひ参照されたい。

6 東京大学では二〇一八年一〇月から、このユーザー・リサーチャーの雇用を始めている。先端科学技術研究センターでも三名雇用している。

7 二〇一六年一二月現在のメンバーは、向谷地生良、上岡陽江、五十公野理恵子、向谷地宜明、山根耕平、綾屋紗月、石原孝二、宮路天平、熊谷晋一郎の九名。

14

デザインで世界は変えられるのか？

ライラ・カセム

はじめに

デザインで世界は変えられるのか？――私はデザイナーなので、この問いには、「はい！」と答えます。毎日そう信じて活動しています。ただ一方でこれは、社会がデザインをどう受け入れるかにも関係する問題です。人によって考え方も違います。でももし同じ質問をデザイナーにしたとすれば、彼らの多くは「世界は変えられる！」と即答するのではないかと思います。

世界を変えること。それは、人をどう変えるかと直結しています。だから、現場の人をどれだけ説得できるか、エンパワメント[1]できるかが鍵となってきます。「変える」ことは、その人を「変貌させる」ことではありません。自分ができることを見つけながら、どれだけその人に影響を与えられるか。それは音楽、教育、アート、福祉など、分野を問わず同じでしょう。

デザインの特徴は課題との向き合い方にあります。私たちの身の周りにはさまざまの問題や課題が山積していますが、デザイナーの役割は、自分のスキルをもとに創造的に手を動かしながら課題と向き合うこと。そうすることで解決策などを探っていくことです。これは、デザイナーの仕事の醍醐味の一つでもあります。私が専門とするグラフィックデザインでは、単に人を助けるための解決策を探るというより、情報をよりわかりやすく提供することを心がけます。どのようにしたら、人々にわかりやすく世の中に伝えられるのか。近所のお祭りのチラシであれ、大規模なキャンペーンであれ、仕事の大きさは関係ありません。とはいえ、「変われるかどうか、変えられるかどうかは人次第」、そう思ってやらないと変革も生まれません。私はといえば、グラフィックデザイナーの立場から、デザインと福祉の現場にいる人をつなげたいと思い、プロジェクトを企画したり、そのデザインをゼロから生み出すことを手がけています。障害者福祉施設などでの商品開発、ワークショップのファシリテーション、仕組みづくりなど、現場の人たちを含め、さまざまな分野の方々とコラボレーションしています。

私は、デザイナーでもあり研究者でもあります。だから解決策を見出すだけでなく、その解決策がどのような影響を与えたかを考え、明確にすることも必要だと感じています。でも、このまま話を続けると、少し話が難しく硬くなりそうです。まずは私が一体何者であるかからお話ししたいと思います。

1 一風変わった幼少期

一九八五年、私は、スリランカ人の父とイギリス人の母の間に日本で生まれ、育ちました。父の仕事は、国際交流に関係するものが多く、職場も多国籍で多人種。愛知県の東加茂郡(現、豊田市)の小さな村では、留学生との交流プログラムを実行したこともありました。父は、そのお礼として、田んぼと小さな古民家を借り、私も子ども時代のほとんどの週末には日本の田舎で村の人と交流しながら畑や田んぼ仕事を手伝ったり、兄と泥や川で遊んでいました。父は陽気で、さまざまな同僚や出会ったばかりの人をすぐに家に招くクセがありました。学校から家に帰れば誰かしら違う国や文化の人がいて、暇さえあればホームパーティーをしていた記憶があります。

母は英字新聞の美術コラムの記者でした。三〇年前は現在同様、いや現在以上に、働く女性に厳しい社会でした。母は子育てをしながらその合間を縫って、取材やインタビューに出かけました。私も、学校が終わってからよく同行しました。未熟児で生まれた私は、脳性麻痺で歩行困難もありました。一人の働く女性として、また外国人と障害児の母として、母は兄と私を育てました。そしてその環境に立ち向かっていたように思います。たとえば美術館では、障害者への配慮が少ないと感じたことをきっかけに、障害当事者とともにいろいろな美術を鑑賞し楽しむ活動を始めました。具体的には視覚障害者との鑑賞プログラムや、知的障害者団体のアーティストと支援者とのアート・ワークショップなどです。その度に私も兄も同行してさまざまな人と交流をしました。

このような経験を通して、私は幼いながら、世界にはいろんな人がいると理解していました。そして、自分はどのような場面にあっても、他の子とは違っている。これも子どもながらに自覚し、割り切っていました。いろいろな経験もしました。女子だからといってサッカー部に入部を拒否されたこともありました。また私はしゃがんでものを拾えないため、足でものを動かします。人と同じようにできないということでいじめにもよく合いました。

やがて、一三歳になったときに、(自分の国籍である)イギリスに引っ越しました。イギリスで私は、肌が暗めのミックス(多人種)で、日本からの帰国子女でもありました。自分の中に多様な観点、つまりアイデンティティがありました。いつの頃からでしょうか、幼少時代の話を友人に話すうちに、私は自分自身のことを簡潔に「一人国連」と呼ぶようになりました。実際の国連にはさまざまな国籍、性別、人種、背景の人が集まっていますが、私の中にもさまざまな観点とアイデンティティがあります。「あなたは、私と違う」といわれたとしましょう。私は、嫌な気持ちにならずに「はい、そうですね」と割り切ることができます。それは、自分の中にある多様な観点に気づけたからに他なりません。

この本を読んでいるあなたは、私と比べて、「私はそんなに多様じゃない」と思うかもしれません。しかし家族構成や出身地、生い立ち、趣味……、なにもかもがあなたのアイデンティティの一つ。さまざまな経験をすればするほど、その多様なアイデンティティは明確になってくるものだと思います。私の場合は、その気づきが人より早かっただけかもしれません。そして今もなお、ライラ・カセムという一人国連は更新中。模索は続きますが、次はどのようなところで、どんなことをしたいのだろうと考え、日々生きています。今思えば、兄とともに、本当に貴重な子ども時代を過ごしたと実感します。それが今の活動の原点かもしれません。同じ人間といっても、人は一人ひとり違う。違うからこそ違いが楽しめて新しい気づきを得ることができるのです。

2 デザインにおける理想と現実

イギリスで高校を卒業すると、周囲からの勧めもあって、スコットランドの美術大学でグラフィックデザインを学びました。学ぶことは本当に楽しい。大学ではグラフィックデザインのことを「ビジュアル・コミュニケーション・デザイン(Visual Communication Design)」と呼んでいました。それは伝えたいメッセージに応じて表現方法を選び、人の脳や心に訴える視覚言語を作るというもの。作品はポスターでも本でも、映像でもインスタレーションでもいい。

一年生の一学期はパソコンさえも使わせてくれず、ひたすら活版印刷とコピー機を使いまわして作品を作っていました。課題が出される度に(その課題に関して)ひたすら調べ上げては案を練りあげます。「人に伝える視覚言語」を作るプロセスでは、何度も新鮮な衝撃を受けました。ものを作りながら誰かに影響を与えられる職業が実在するんだと強く感じ、没頭しました。

イギリスでは日本と違って、大学在学中に就職活動はしません。なので大学を卒業してから、自分自身で仕事を探さなければなりません。私の場合、卒業がリーマンショックの時期に重なったこともあり、就職は厳しく、定期的にさまざまな事務所でインターンをしながら技術を身につけました。給料はほぼなし。そろそろ動き出さないと！

結局、私はインターンという肩書きで一年間、日本のデザイン事務所で働くことにしました。生まれ故郷のことも気になっていた頃でした。その事務所は、もともと公共の現場でのデザインを多く手がけており、時々、私は大学のアクセス(バリアフリー)マップの作成など、公共や福祉に関連する仕事に携わりましたが、これは、私自身が障害者であるということもあったかもしれません。

貴重な経験ではありましたが、今から振り返ると、人に直接的に影響を与えられる仕事ばかりではないのだと感じ始めていました。デザイン事務所の現実は、ビジネスや消費者マーケットをまわしていくために、さまざまなことをやらなければいけないはずです。つぎつぎと疑問がわき上がってきました。――私は誰かを本当に幸せにできているのか？　自分のデザインを通して誰かによい影響を及ぼしているのか？　シャンプーボトルのグラフィックを作成しながら私はふと思いました。デザインするという作業自体は苦でなくても、そのような思いが常に頭をよぎり、私は困惑するばかりでした。疑問はさらにわき上がります。

なぜ事務所にこもって、顔の見えない消費者のためのデザインをしなければならないのか？　デザイナーが社会に、人にインパクトを与える方法はあるのではないか？　そう考え始めました。大学で学んだ「人に伝える視覚言語」はもっと幅広い形態でいろいろな場所で活用できるのではないのか？　悩ましくずっと考えていた矢先にインターンシップ期間は終わりました。

さあ、次はどうする？　ライラ。

3 グラフィックデザインの歴史

グラフィックデザインの歴史はあまり知られていませんが、たいへんおもしろいものです。

グラフィックデザインの始まりは何でしょうか。古代エジプトの壁に刻まれた記号？ たしかに、情報を省略して文字や記号という形式で簡潔に示す視覚言語の表現として、古代エジプトのヒエログリフは間違っていません。しかし現在のグラフィックデザイナーという職業形態の始まりの一歩を言い当てるとしたら、その歴史は少し違ったものです。概要を説明しましょう。

一九世紀終わり頃イギリスで産業革命が進むにつれて、イギリス各地から多くの人が、特定の場所へ働きに出かけるようになります。移動を通して、街(都市)ができました。背景も違い、語学スキルもさまざまなレベルの人が集結した街に、建物と道路が作られていきます。そして物流が始まり、ものを認識するための看板やパッケージ、ラベルといったものが生まれました。それらは、読み書きができない人を含めて、あらゆるレベルの言語能力の人々に通用する視覚言語でなければなりません。

図1　企業ロゴの始まりとしても知られる、ロンドン地下鉄の有名なマーク

ロンドン地下鉄がよい例です。地下鉄の有名な丸いマーク(図1)は企業ロゴの始まりです。地下鉄内のサイネージ(標識)用に開発されたジョンストン・フォントによって、情報の提示のされ方は統一されるようになりました。路線図(図2)も、現代の地下鉄路線図やグラフィックデザインにおいて重大

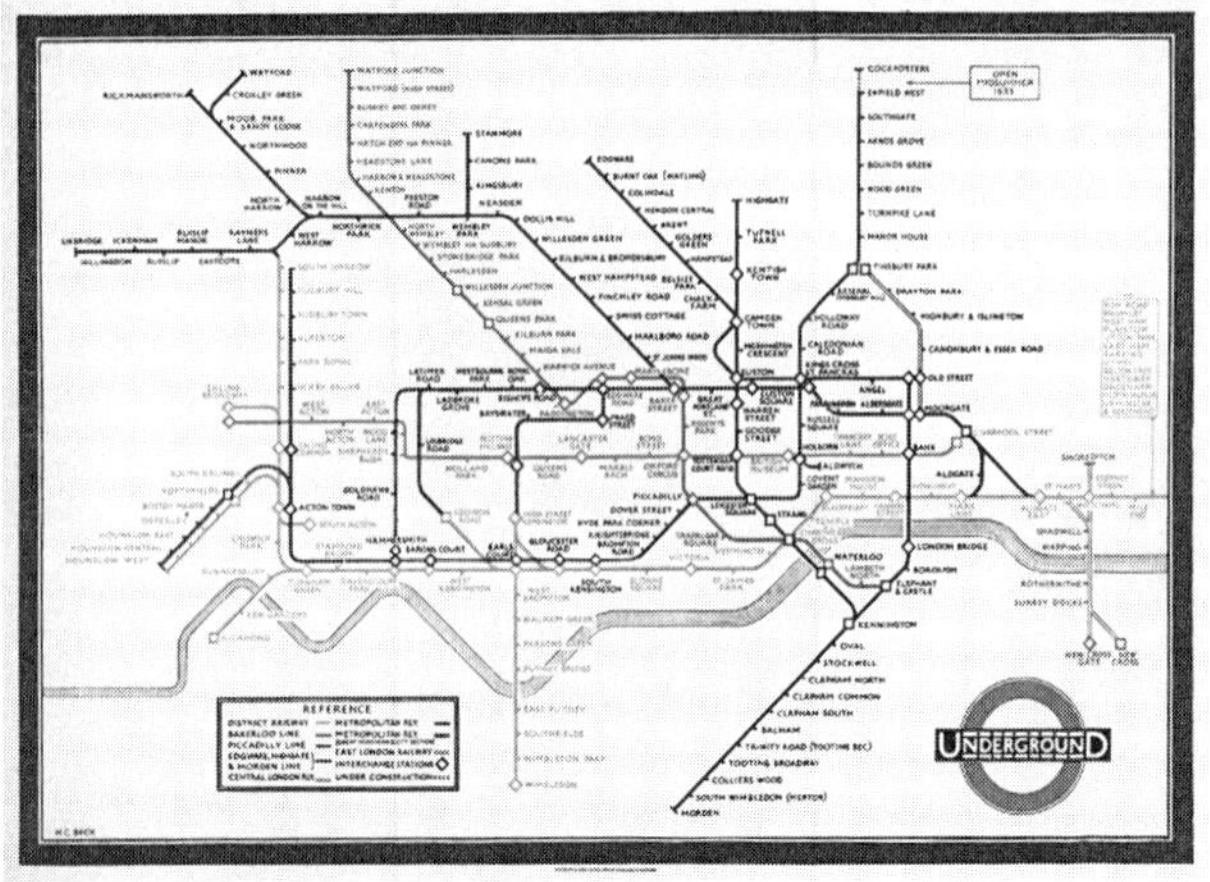

図2　ハリ・ベックが1931年にデザインした地下鉄路線図

な、そして最初の象徴的な例と言えます。公共の郵便ポストが赤い色で統一されていることもカラーブランディングの始まりです。また、ジョック・キネアーとマーガレット・カルバートによる国全体の道路標識の文字と記号の統一も、公共の空間で、どう情報をわかりやすく伝えるかを徹底したグラフィックデザインのよい例です。特にイギリスでは、グラフィックデザインは、車が走り、建物が立つ、その都市の発達、人々の暮らしとともに育ってきました。

そして人々の情報処理がより複雑になるにつれて、グラフィックデザインは、デジタルの分野にも広がっていきます。もともと手作業だったグラフィックデザインは更新を続けていきます。それは、世の中がどんどん複雑になっていく中で、人々が身の周りの情報や出来事をより理解しやすくなるようにするため。グラフィックデザインには、ビルや車といった物質的なものを作りあげなくても、物事をよりわかりやすく、明確にすることができるという特技があります。だからこそ、未知の可能性があるのです。

しかし実際のグラフィックデザインの大半の仕事内容を見ると、それはまだとても狭い広告や商業目的の世界、あるいは、人の購買意欲を高めるためなどの、経済的な側面でしか活用されていません。たとえばロゴや印刷物を作るときには、大抵は「とりあえずこれを作って」とクライアントにお願いされ、業者扱いされがちです。私は業者ではなく、デザイナーなのに……。でもグラフィックは多種多様だからこそ、さまざまな現場で、視覚的な情報における問題解決の力の源が発見されていい。それぞれの場でいろんな人が実力を発揮してもいい。もしその現場に「デザイン」という概念がなかったとしても、人に伝わり、役立つ視覚言語を提供し、人を幸せにすることはできるはずです。

4 ともに動き考える——インクルーシブデザインから見えるもの

グラフィックデザイナーであるニック・ベル(アーリーバードデザイン事務所)は、「解決策という硬い枠にとらわれず、未来へのビジョンや、人々が自分をどのように見るかを一緒に考え、相手に実現させるのもデザイナーの役割である」と述べています。

多様化・複雑化し、さまざまな人たちが入り交じる現代だからこそ、他分野の人がいるチームでともに働くことが、今後はさらに重要に、そして必然になってきます。この理念は新しい考えではなく、四半世紀ほど前から活発に実施されているさまざまな参加型デザインなどにも通じています。

参加型デザインとはどんなものかをお伝えするために、まず私も取り入れている「インクルーシブデザイン」についてお話しします。インクルーシブデザインは、プロダクトデザインなどデザインの種類ではなく、デザインするにあたって使うプロセス(手法)の一種です。その手法の定義は次のように表現されます。

> 特別なアダプテーションや特殊なデザインを必要としない、できる限り多くの人が使用でき、アクセスが可能な商品やサービス(または両方)のデザイン
>
> (The British Standards Institute, 2005)

この目的を果たすためにインクルーシブデザインでは、商品やサービスを作るデザインプロセスにおいて、エンドユーザー（消費者、利用者）として、これまであまり想定されてこなかった障害者や高齢者など、「マイノリティ」とされる人々を導入します。

障害者についていうと、障害を考える代表的な二つの見方として、医療（医学）モデルと社会モデルがあります。簡単にいえば、医療（医学）モデルは医療の導入によって障害の症状を治療し、障害を改善・克服できるという考え方、社会モデルは、障害をもたらす原因は、社会での公的機関、サービスそして商品などにアクセスできないことにあるとする考え方です。つまりバリアに突き当たった瞬間に「障害」というものが発生するのです。インクルーシブデザインでは、後者の社会モデルから障害を見ており、より多くの人に届く包括的なデザインのあり方（実践と結果）を目指しています。インクルーシブデザインの目標を達成するためには、二つのアプローチがあります。

一つは、マイノリティであるユーザーの観点をデザインプロセスに取り入れて、インクルーシブな商品やサービスを作ることです。つまり、障害がある人や介護者、高齢者などの多種多様なものの使い方や観点を、デザインのインスピレーションとして取り入れていくのです。

ものやサービスが障害者や高齢者に使いやすくデザインされていないからこそ、マイノリティの人々やその保護者、家族がうまく使用できないという事態が起こっています。しかし逆にいえば、その「デザインの失敗」が多ければ多いほど彼らは、それを把握し攻略する技を日々蓄積しています。その独自の視点と攻略する技こそが、よいデザイン解決のヒントになります。ユーザーが多様であればあるほど、いろいろな観点が増えていきます。

たとえば絆創膏を開発するワークショップを紹介しましょう。これは、英国王立芸術大学院（以後ＲＣＡ）のヘレン・ハムリン・センター・フォー・デザインの「ＤＢＡ（デザインビジネス協会）チャレンジ」で行なわれたものです。

このときは、リウマチをもつ人や視覚障害をもつ人が参加しました。究極のシナリオを想定し、「手を使わずに絆創膏を貼れるか？」という課題をかかげ、リウマチや視覚障害者、腕のないユーザーも加わりました。さまざまなユーザーの視点を取り入れ、貼り方の検証を経て、そしてデザイナー自身の指を切った時の経験を踏まえて、絆創膏そのものではなく、絆創膏のパッケージに問題があると気がつきました。そこから片手でもつまんで取れる絆創膏のパッケージのデザイン案が生まれたのです。ある極端な状況にあるユーザー(エキストリームユーザー)を想定することでより包括的な解決策への糸口が見つかったというわけです。

もう一つのアプローチは社会で不利な立場にいる人、たとえば障害のある人が参加し、経済的に自立できる仕組みとデザイン成果を築くものづくりと、ことづくりです。

現在、成人の障害者の雇用が世界各国で課題とされています。重度の知的障害、重複または精神障害の人が通う作業所などはありますが、彼らは、企業の下請けの梱包や単純な組み立て作業をして安い賃金をもらっています。生活介護(生活面のスキルを教えたり、音楽や美術などの療育活動)の事業においては、その作業からはほとんど収入を得られていません。また認知特徴によっては午前九時から午後五時まで会社で働けない人もいます。その仕事も、特性にあったものかというと、すべてがそうではありません。

しかし作業所などではすばらしい創造性や技術が存在します。絵を描くことが好きな人、文字を書くことが好きな人、梱包の速さだったら誰にも負けない人など、さまざまです。ですから、インクルーシブデザインでは、場所、そしてそこにいる人々の長所を組み取り、デザインを通して作業所内で何かを作りだすこと、そしてその方法を建設すること、もしくは外とのコラボを生み出すことを目的にしています。いわば職場の改革。実際、私もそのようなプロジェクトを障害者施設・作業所で展開したり、委託を受けて行なっています。これもあとの節で少し詳しく説明しましょう。

インクルーシブデザインでは、他人と同じゴールを共有し、共存し合いながらベストのアイデアと解決策を導くことを教えてくれます。これはバリアフリーを目指すためだけではなく、地域活性化や働き方改革などのプロジェクトにも応用できる幅広いアプローチです。より複雑化する世の中にあるさまざまな社会課題を根本から解決できます。

5 サラエボでのデザインプロジェクト

さて、二〇〇七年に大学を卒業し、インターンとしてデザイン事務所を転々としながら悩みを抱えていた頃、私は、今のデザイン活動の根本となったプロジェクトと出会いました。二〇〇九年、母がＲＣＡで担当していたデザインプロジェクト「ＤＢＡチャレンジ」が好評を博していました。デザイナーと障害者がともに消費者向けのサービスや製品を作るプロジェクトでしたが、その噂を聞きつけて、ボスニア出身の若いデザイナー、ナターシャ・ペルコビッチから新しいプロジェクトのオファーが母のもとに届きました。

それは、政府からの援助金がカットされて存続危機に陥っていた、聴覚障害の職人を雇う四つの作業所の商品を改良し、賃金を得る道につなげたいというものでした。サラエボのブリティッシュ・カウンシルと協働し、イギリス在住のデザイナーをチームリーダーとして招聘、作業所の職人と地元デザイナーを率いて新しい商品のプロトタイプ(試作品)を仕上げるプロジェクトです。私は先輩デザイナーのゲロ・グルドマンとともに印刷作業所「ピズモリック(Pismolik)」のチームと関わりました。

このとき、もっとも印象に残ったのは、聴覚障害のある職人たちは高い製造技術をもっているのに、自尊心が低かったこと。彼らはワークショップ会場をちょこまか歩いたり車椅子で動き回る私を不思議がるのです。

エディナ（職人の一人）「あなた美大へ行ったの？　いいわね。私も行きたかった。」
私「なんで行かなかったの？」
エディナ「私にその権利はないと思った(I didn't think I had the right.)」

私の中で悲しさ、怒り、絶望など、さまざまな感情がわき上がりました。

五日間のプロジェクトではお互いのスキルや視点を共有し、印刷で出る廃材を使った生活用品を作りました。グラフィックデザイン特有の統一性と継続性を視野に入れたブランディング能力が大いに発揮されただけでなく、職人たちも自信をつけてプロジェクトは成功しました。現在は、地元デザイナーのがんばりもあり、自らも新商品を作り、ピズモリックは赤字経営から黒字経営となりました。デザイナーとして成功をうれしく思う反面、エディナの言葉がどうしても忘れられませんでした。

6 「できない」から探す「できる」

その後、東京藝術大学大学院のデザイン科に入学。自分らしいデザインの仕方を根本的に探そうと思いました。藝大に受かったのは奇跡そのもの。実はそもそも、私は絵を描くのが苦手です。身体的な理由ではなく単に絵がヘタなのです。特にデッサンがとても苦手で、人の絵がうまく描けません。恩師である研究室の松下計先生とは、今でも笑いながら「口で藝大に入ったな」と二人でジョークにしています。

藝大に入学した当初は周りの人に圧倒されてばかりでした。皆は手を動かすその技能は世界一と言っていいほど。

デザイン科の生徒にもかかわらず、絵の具、木材、鉄筋、刺繡などさまざまな素材を自由自在に扱い、思うがままの制作物を作りだします。いわばマジシャン。さあ、果たして絵が描けない私はどうしたらいいものか？　課題が出る度にヒヤヒヤしながら制作を続けました。そして絵も描けない私が、果たしてこれからものを作るデザイナーとして、何をしていけばいいか。ここでも悩み迷い、自信もなくしかけました。

そのとき、先生に相談したところ、こうおっしゃいました。「ライラは日本語も英語も堪能だし、喋りがうまいし、世界も旅して、いろんな経験をしている。ライラにしかできないことをやればいいんじゃない？」

たしかに私は手を動かせる藝大生より、技術的には劣っている。でも基礎的なデザインスキルはあるし、何よりも人と接することが好きで、喋りやプレゼンはうまい方。情報の整理も得意です。

先生の言葉で、私はサラエボのことを思い出しました。あのワークショップで感じた感覚を日本でできるように……。うん、そうだ。できることを最大限活かせばいいんだ。

7　わからずとも現場に足を運ぶ――綾瀬ひまわり園との出会い

サラエボのようなプロジェクトをするにはどうしたらいいだろう。まずは博士課程（後期）に入ることにしました。入ったら最低三年はプロジェクトを続けることができると思ったからです。そして知的障害者とコラボレーションしたいと思いました。その理由は二つ。一つは、知的障害者は障害者の中でも就職がもっとも困難で、貧困率が高いから。そして、もともと好きだった知的障害や自閉症をもつ人によるアート作品を、デザインを通じて経済的・社会的エンパワメントにつなげられないか、と思ったからでした。

進学一年目、二〇一二年、コラボしてくれる障害者施設を探しにとにかく東京中をまわりました。その中で、ご縁があって、二〇一三年に知り合いの家族が施設長を務めていた社会福祉法人あだちの里綾瀬ひまわり園(以下、ひまわり園)とつながることができました。

ひまわり園は足立区綾瀬で知的障害をもつ成人に、主に就労継続A型、B型と生活介護事業を行なう典型的な障害者福祉施設です。クリーニング(A型)、ベーカリーや下請けの梱包作業(B型)、生活介護事業などを行なっています。

ひまわり園のような障害者福祉施設兼作業所は、全国で現在五三〇〇か所ほどあります(厚生労働省調査、二〇一八年四月現在)。特に就労継続B型と生活介護の収入はとても少なく、事業内容によっては月二〇〇〇円—三万円と、施設の設備と経営体制によって異なります。生活介護においては〇円というところもあります。重度の知的障害者が多いひまわり園では、生活介護事業の一環として、アート活動がセラピーとして実施されていました。ひまわり園のアートの時間は週一回で、一回二時間程度。監修するスタッフは福祉支援の専門家。アートの専門家はいません。当初は既存の塗り絵に色ぬりしたり、施設のイベントのための飾りなどを作っていました。

現場には、「このアートを世の中に出したい、もっと知ってもらいたい」という意欲があっても、どう行動していけばいいかわからないという悩みがありました。また支援スタッフには、「アートはわからない、難しい」という苦手意識もあります。サラエボのエディナの言葉を思い出しました。そして、デザイナーがどれだけ貢献したにせよ、現場の人の意識が開花、いわばエンパワメントしなければなにも継続できないのではないかと思いました。

そこで始めたのは、研究者としてまず現場を見ることです。一つはアートをしているときの利用者(以後アーティスト)の目と手元(技術)。もう一つはスタッフ自身のもっている一人ひとりに寄り添う支援スキル。

目と手元からは、高い集中力と線ひとつひとつの力強さ、独自性、自身の好き嫌いを貫く意思の強さが見えてきます。スタッフは、コミュニケーション能力に長けていました。彼らは、障害が異なるアーティストそれぞれのスキルを把握し、変に先回りせずフットワーク軽く適切に対応するプロでした。

私はグラフィックデザイナーとして、このような素材を使ったらもっと絵が華やかになる、あんな素材や題材を使えばよりデザインに活かすことができると見分けられるスキルがあります。

そこで、デザイナー、アーティストとスタッフの三つのユニークなスキル、いわばそれぞれの専門性を掛け合わせ

図３　アート活動をしているところ。奥に座っているのが筆者。

図４　アート活動がきっかけになったポストカード

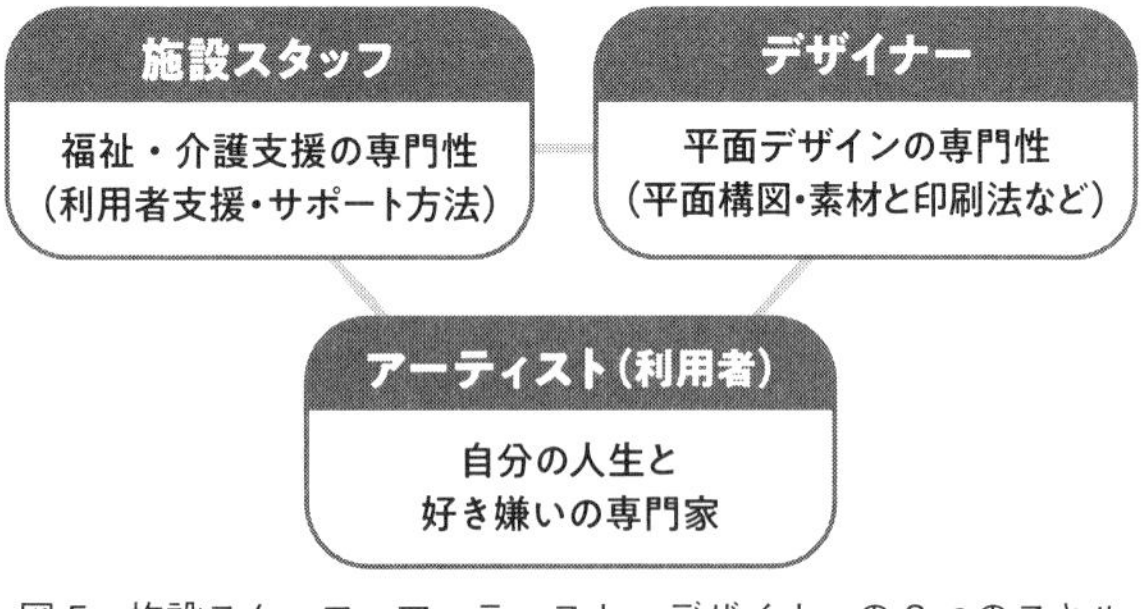

図５　施設スタッフ、アーティスト、デザイナーの３つのスキル

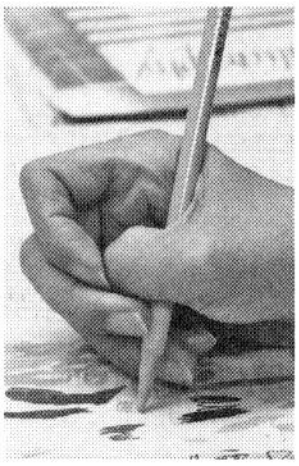

1. 使っている画材とサイズを変える
2. 動き・行動をアートに転換する
3. テンプレートをつくる
4. 新しい造形道具をつくる
5. 言葉でサポートし自立した決断能力をつける
6. 創造能力の開花または発展をもたらす的確な題材選び
7. 作品の真の意味を読み取る
8. グリッドの活用――自発的なドローイングの後押し

図６　創造力を開花させる８つの方法

ることにしました(図５)。さらに、二〇一四年から二〇一五年にかけて、スタッフとともに造形スキルを問わない、「創造力を開花させる八つの方法」を研究の一環として開発しました(図６)。アートの質は劇的に向上し、スタッフもアーティスト自身の自己肯定感も増しました。また、アートの能力は才能によるものでなく、創造力を発揮できる機会があるかないかの違いであるということに気づくこともできました。これは、全国の福祉施設や教育現場でも応用できると確信したのです。

アートの質の革新により、それ以降ひまわり園では「絵を使ってポストカードや商品も作れるのではないか?」と施設のスタッフ自身が言うようになりました。自分たちの力で現場を変えられるというエンパワメントが芽生え始めたのです。

現在でも、私は定期的にアートの先生としてひまわり園に通っています。しかし、私がいなくてもスタッフは、自主的にアートのサポートをしたり、作品展へアート作品を出したり、アートをパンのパッケージに使用したり、定期的にアートに関連する作戦会議を開いたり、デザイナーとコラボレーションしたり……。アートを通じて利用者の賃金に還元したり、施設を地域に開いていこうとする自主的な活動が増えています。

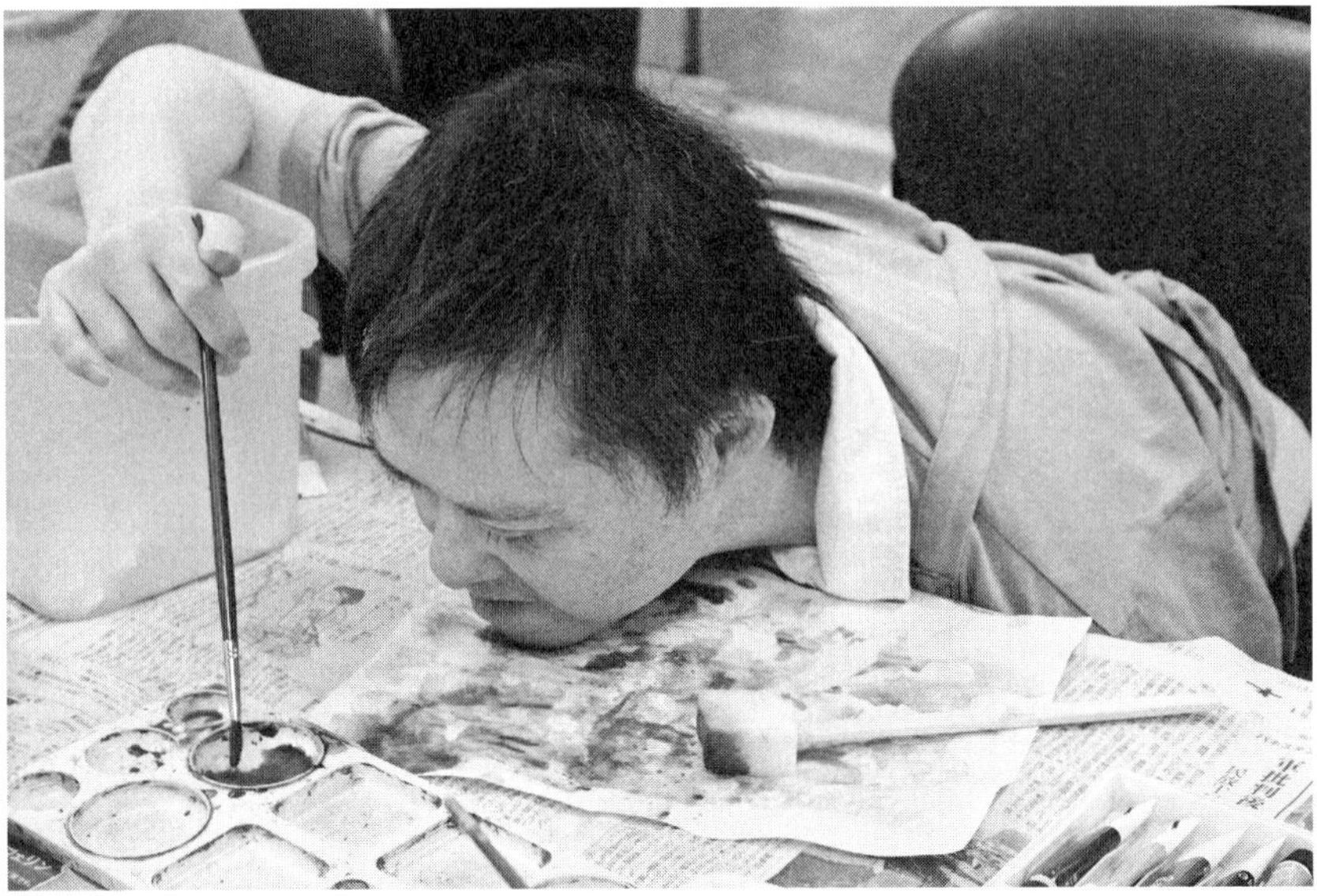

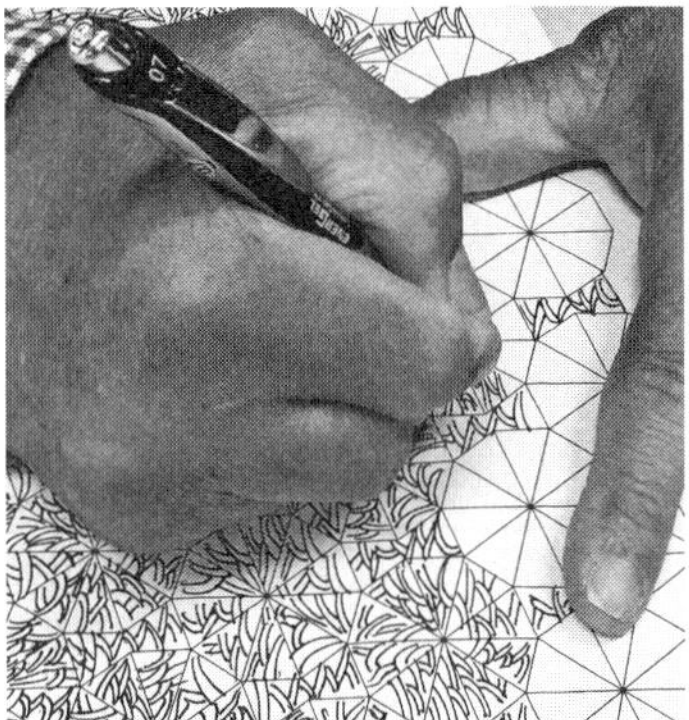

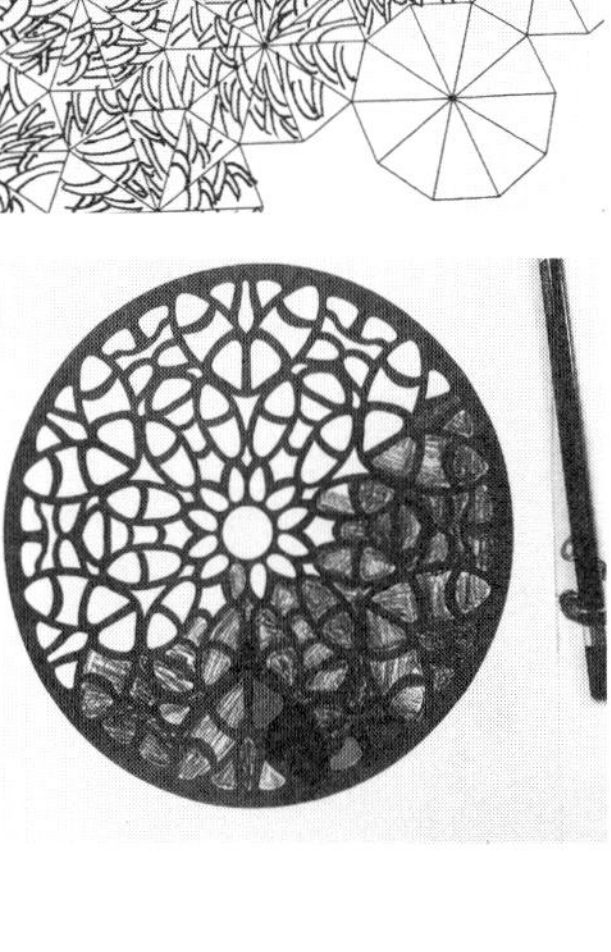

図7　綾瀬ひまわり園の「8つの方法」の実践模様。支援スタッフとともに、個人の「好き」を拡張しながら、描く題材や画材を工夫し、新しい道具を発見、独自の作品をつくっている。右中と左下はHさんの製作過程と作品。

図８　アート活動ではスタッフの懸命な支援が実り、現在は年齢や技術、経験を問わず、ひとりひとりの個性が明確に表れてきた。（左上から時計回りに）楡井二郎さん、福田龍介さん、菅沼亜矢さん、安澤美理さん、柴貴広さんの作品。

8　さまざまな人が混じり合うデザインプロジェクト

今ではこれまでのサラエボやひまわり園での経験を活かし、全国各地でさまざまなプロジェクトに関わっています。二〇一六年からは、エイブル・アート・ジャパン[2]とともに、SHIRO Lab. というプロジェクトに参加しています。その一環として仙台を拠点に地域の活性化をはかり、デザイナーと障害のあるアーティストをつなげ、二日間に渡って商品を作りあげる四八時間マラソンを開催しています。二〇一七年からは東北楽天ゴールデンイーグルスなどとコラボし、応援グッズを開発。こうした短期型プロジェクトを愛媛や岡山、そしてポルトガルの施設でも開催しました。

また、藝大のデザインの学生とひまわり園のアーティストがアート本を作りあげ、収益を分け合う「アートブックプロジェクト」、桑沢デザイン研究所の学生と渋谷区の障害者福祉施設がコラボし、自主製品や障害者のアートをパブリックデータへと転換する「シブヤフォントプロジェクト[3]」など、学生と地域をつなげる教育的なプロジェクトにも関わっています。

アーティストだけでなく、施設の支援スタッフも、外からプロの目が入ることによって自分たちが働く現場の価値を実感できます。そこに参加するデザイナーは口をそろえて言います。「障害のあるアーティストの作品は芸術的にも優れていて刺激になる。」

この発言には「障害者」と「健常者」という意識は存在せず、お互いスキルをもった者同士、作者同士としてのリスペクトが存在します。それこそが本来インクルーシブデザインが目指しているものです。誰もが対等に社会参加できる。そして文化と経済に影響を与えることができる。誰もが社会の重要な一員となれるということです。

9 自分を理解することから始まる改革

人のために何ができるか？――この問いを考えるには、まずは自分が誰なのかを把握することが重要だと思います。それは、自身の歴史、経験、スキル、いわばアイデンティティから成り立つもの。私は「一人国連」(二五二ページ参照)の女性、障害者、多人種そして、デザイナーでもある。そして自分が多様であるとわかると、自分の周りにも、さらに繊細で身近な多様性が見えてきます。

周りに日本人しかいない、「健常者」しかいない似た様な人間、なんてことはありません。同じ人種、性別で同じ場所に住んでいても、それぞれの歴史と経験と立場があります。好みも得意不得意もある。それがわかるだけで見えてくる景色も違ってくるでしょう。自分と人はどうがんばっても違う、でも違いがあるからおもしろそう。そう思うと身も心も軽くなると思います。アイデンティティは流動的なもので、時と場所で変わります。

私は朝一番に起きるとき、自分は障害者だと思って起きません。

私はよく一緒に活動する学生や子どもたちに言います。「別に将来、福祉の現場で働かなくてもいい。それは個人の自由。でも一度は福祉の現場へ足を運んだ方がいい」と、くどく言い続けています。自分とまったく違う環境にあって、自分とまったく違う人と接することで、初めて自分が何者かが見えてくるからです。

福祉の現場、特に障害者福祉では、同じ障害の枠と捉えられる人たちでも多種多様の性格と個性が共存しています。メンバーで同じダウン症、または自閉症の人であっても、性格は違うしスキルや特性も違います。特にデザインの学生であれば、自分がどんな人間でどんなデザイナーになりたいかも見えてきたりします。

専門家になりたいのなら、自分の専門だけでなく専門外の人との交流が必要になってくると、私は強く信じています。違う現実を見ることで自分の身の周りや社会での課題なども見えてきます。たとえば障害者福祉の現場では貧困、教育、雇用、職場の多様性などが見えてきます。自分を未知の世界に踏み込ませるのも大事な手段の一つです。また、私は自分の身体、そして絵が描けないということ、つまりできないことの可視化ができたから諦める力もついたし、できることを使って自分の活動する場所を探し、広げてこられたのだと思います。そして「できない」があるからこそもっと学ぼうとも思うのです。

もしこの本を読んでいるあなたも「意味のあることをしたい」「人のために役立ちたい」「世界を変えたい」そう思うのなら、まずは自分とはまったく違う人生を歩んでいる人と交流してみてください。隣に座っている人(他人)だって多様性があるし、新しい景色を見せてくれたり、自分の特性を気づかせてくれるかもしれません。一歩踏み出せば百の発見がある。その発見の一つに「何か」を変えられるヒントがあるはずです。

注

1 個人や組織の自己尊重を養い、自主性と主体性を高めること。

2 「社会の芸術化、芸術の社会化」をキーワードに活動するNPO法人。一九九五年から「エイブル・アート・ムーブメント(可能性の芸術運動)」を提唱しながら、アートの可能性や人間の可能性を再発見する活動を進めている。詳しくは、公式サイト http://www.ableart.org/ 参照。

3 渋谷区の障害福祉施設のアート作品をデジタル化し、施設の自主製品を作るとともに、誰でも無料でダウンロードできるデザインデータとして活用できるようにしたプロジェクト。渋谷区役所障害者福祉課と株式会社フクフクプラス主催。http://www.shibuyafont.jp/ 参照。

おわりに――「未開の知」と「知考合一」

二〇〇一年、国立民族学博物館(民博)に着任した直後に、僕は岩波書店からの原稿依頼を受け取った。それは〈いくつもの日本〉シリーズの第五巻『排除の時空を超えて』に寄稿してほしいというものだった。与えられたテーマは「障害者」である。「いくつもの日本」というシリーズ名は、これまでの「単一なる日本」が障害者を度外視してきたことを僕に再確認させた。また、「排除の時空を超えて」のフレーズは、健常者中心の社会から疎外されてきた障害者が、どうやって「いくつもの日本」の具体像を提示できるのかという問いを僕に投げかけた。

迷った末に僕が選んだ論題は、「麻原彰晃への旅、麻原彰晃からの旅」である。麻原彰晃(本名・松本智津夫、一九五五―二〇一八)は先天性の緑内障による視覚障害のため、熊本の盲学校で小学部―専攻科(按摩・鍼・灸の職業課程)時代を過ごした。彼は熊本大学医学部、東京大学法学部への進学をめざすが挫折する。学歴で健常者の上に立つことに失敗したのである。次に、彼は鍼灸院を開設し、偽薬作りで荒稼ぎする。しかし、一九八二年に薬事法違反で逮捕されてしまう。金儲けで健常者に対抗しようとする彼の野心は、社会の壁に再度阻まれるのである。

学歴、金儲けの後、彼が最終的にたどり着いたのが宗教だった。初期のオウム真理教において、麻原が新宗教の教祖、解脱と悟りを目標とするヨーガの修行者として、一定の霊的能力、カリスマ性を持っていたのは確かだろう。だが、周知のようにオウムは犯罪教団へと変貌し、一九九五年の地下鉄サリン事件を惹起してしまう。ハルマゲドン(世界最終戦争)を避ける方途を指し示すべき教団が、結果的に自らの予言を成就するために、社会にハルマゲドンを仕掛けるのである。

弱視だった麻原の視力は徐々に低下し、一九九〇年代にはほぼ全盲になっていたといわれる。麻原本人にとって、視覚障害とは健常者から排除される要因、「できていたことができなくなる」精神的危機を増幅させる不幸でしかなかった。教団が武装化し、非合法活動へ傾斜していく時期が、彼の視力低下と重なっているのは皮肉である。麻原の生涯を振り返ってみると、オウム教団／社会、健常／障害という単純な二項対立で善悪・優劣を決定するドグマが看取できる。

視覚障害者である麻原は、健常者とは異なる視点で「いくつもの日本」を探究するチャンスを得ていたともいえる。しかし、全盲となった彼は自己の内面を深く掘り下げるのではなく、覚醒剤などを用いる神秘体験を重視し、ひたすら「目に見える成果」を追い求めていく。麻原を弁護するつもりはないが、彼は「単一なる日本」の大波に飲み込まれた犠牲者だったということもできるのではなかろうか。

二〇一八年七月、麻原彰晃は処刑された。駆け出しの若手研究者だった僕は、いつの間にか五〇歳を過ぎ、職場でも中堅からベテランといわれる立場に差し掛かっている。麻原が処刑された年に、共編者として岩波の単行本作りに関わることになったのは、単なる偶然とは思えない。民博に着任後の一七年間で、僕は何をしてきたのか。「いくつもの日本」を模索する僕なりの研究と実践については、本書収録の拙稿をお読みいただければ幸いである。

誤解を恐れずに言うなら、僕は麻原彰晃、そして彼に追随したオウム信者たちにこそ、本書を読んでほしいと強く感じている。この本は間違いなく、「麻原彰晃からの旅」の出発点になるだろう。本書の編集を通じて、僕の頭を去来したのは二つのキーワード「未開の知」「知考合一」である。オウム真理教の草創期、一九八〇年代に麻原は原始仏典などに立脚し、出家主義を根幹に置く教義を確立する。教祖を中心とする若き教団には、いわゆる近代化が無視・軽視してきた「未開の知」を切り開くエネルギーがあった。ところが九〇年代に入ると教団は内閉化し、「知のスイッチ」を自ら切ってしまう。

オウムには「知る」ことに長けている学歴エリートたちが多く集まった。オウム信者は、近代的な学知では理解できない超能力、「未開の知」を与えてくれる「最終解脱者」として麻原を妄信した。彼らは教科書的な知識を身につけるのは得意だが、その知識を活用して「考える」ことができなかった。「知」と「考」の分離は、現代教育システムの弊害ともいえる。凶悪な犯罪に手を染めたオウム信者は、けっして特殊な存在ではない。彼らは「ごく普通の人」であり、今日もなお、僕たちの周りに潜在している。

オウムではグルのクローン化、つまり自分を空っぽにして麻原に絶対帰依することが強調された。これは「知考合一」の放棄である。そもそも、グル・尊師として教団内で崇拝された麻原自身、視力の低下とともに「未開の知」の探索を停止し、「知考合一」による自己革新、修行から離れてしまうのである。他者、さらには自己に対する想像力を失った宗教家、教団が破滅に至るのは当然の帰結といえよう。

学歴、金儲け、宗教……。監獄に隔離された麻原は沈黙し、第四の段階へと入り込んでいく。裁判で事件のことをほとんど語らなかった彼は精神障害なのか、もしくは詐病なのか。その真偽を判断することは僕にはできない。いずれにしても、死刑執行後の麻原が「排除の時空を超えて」僕たちに直接メッセージを発する可能性はなくなった。でも、僕の「麻原彰晃への旅、麻原彰晃からの旅」はまだ終わっていない。「障害」を切り口として、「いくつもの日本」の具体像を提示する研究を続けていかねばなるまい。

本書の読者には「障害」を媒介とすることにより、「未開の知」に出合い、「知考合一」の楽しさを味わっていただきたい。障害者は、常に多数派(健常者)の中で生きざるを得ない。障害者のウェイ・オブ・ライフ(生き方＝行き方)は、「未開の知」に満ちている。僕が専門とする文化人類学では、かつて「未開の地」を研究対象とし、そこからさまざまな示唆を得てきた。グローバル化が進展する現代にあって、地球上から「未開の地」はほぼ消滅した。次なる課題は、マジョリティから意識的・無意識的に排除されてきたマイノリティの生き方(行き方)の中に「未開の知」を探る研究なのではないだろうか。

障害者は日常的に多種多様な不自由と対峙している。不自由を解消、あるいは転換するために、彼らはじっくり「考える」。「さあ、困ったぞ、どうすればいいんだ」。こんな自問自答の積み重ねにより、障害者の生活は鍛えられる。障害者とは、いわば「知考合一」のプロなのである。

本書の読者には、まず「障害」について知ることで、これまで眠っていた「知のスイッチ」をオンにしてもらいたい。さらに、「障害」を単なる知識で終わらせるのではなく、「知考合一」のレベルまで進んでほしい。「障害」からはじまるリベラルアーツが日本社会に根付く時、僕たちは真の意味でオウム事件を克服したといえるのではないか。なぜならば、麻原彰晃を生み育て、彼を葬り去ったのは、紛れもなく僕たちの社会なのだから。

本書の刊行に当たっては、岩波書店の渕上皓一朗さん、松本佳代子さんに種々お世話になった。お二人の「未開の知」への好奇心、「知考合一」に基づく的確なアドバイスに敬意を表するとともに、心から感謝したい。

麻原彰晃を処刑した社会に向き合い、彼の「声なき叫び」を聴きながら

広瀬浩二郎

た　行

は・ま行

や・ら行

索　引

・章や節として取り上げた項目については、当該の章・節のページ全体をイタリック体で示した。
・項目「障害の医学モデル」「障害の個人モデル」「障害の社会モデル」では、それぞれ「医学モデル」「個人モデル」「社会モデル」という記述でもノンブルを示した。

木下知威(きのした・ともたけ)
1977年生まれ。横浜国立大学大学院工学府社会空間システム学(建築)修了。博士(工学)。専門は建築計画学、建築史、近代史。現在、日本社会事業大学非常勤講師。主な著作に「点字以前」(『一滴——洋学研究誌』)、『伊沢修二と台湾』(国立台湾大学出版中心)、「指文字の浸透」(『手話学研究』)など。

熊谷晋一郎(くまがや・しんいちろう)
1977年生まれ。東京大学医学部卒業後、小児科医として病院勤務。東京大学医学系研究科博士課程単位取得退学。現在、東京大学先端科学技術研究センター准教授。著書に『リハビリの夜』(医学書院)、『ひとりで苦しまないための「痛みの哲学」』(青土社)など。

後藤　睦(ごとう・むつみ)
1990年生まれ。大阪大学大学院文学研究科博士前期課程修了。現在、大阪大学大学院文学研究科博士後期課程在学。専門は日本語文法史。著作に「上代から中世末期におけるガ・ノの上接語の通時的変化」(『待兼山論叢』)など。

塩瀬隆之(しおせ・たかゆき)
1973年生まれ。京都大学大学院工学研究科修了(精密工学)。博士(工学)。専門はシステム工学。現在、京都大学総合博物館准教授。著書に『科学技術Xの謎』(共著、化学同人)、『インクルーシブデザイン』(共著、学芸出版社)など。

杉野昭博(すぎの・あきひろ)
1956年生まれ。大阪大学大学院修士課程修了(文化人類学)。ロンドン大学大学院(LSE)博士課程修了(Ph.D.)。専門は社会福祉学。現在、首都大学東京教授。著書に『障害学』(東京大学出版会)、『よくわかる障害学』(共著、ミネルヴァ書房)など。

林　達也(はやし・たつや)
1960年生まれ。京都大学医学部卒業。博士(医学)。専門は内分泌・代謝学、運動医科学、健康科学。現在、京都大学大学院人間・環境学研究科教授。京都大学学生総合支援センター障害学生支援ルーム室長を兼任。

松井彰彦(まつい・あきひこ)
1962年生まれ。東京大学経済学部卒業。ノースウエスタン大学大学院博士課程修了(Ph.D.)。専門は経済学。現在、東京大学大学院経済学研究科教授。著書に『市場って何だろう』(ちくまプリマー新書)など。

安井絢子(やすい・あやこ)
1985年生まれ。京都大学大学院文学研究科博士後期課程単位取得退学。専門は倫理学。現在、京都大学文学部非常勤講師。著作に「ケアの倫理の理論的展開」(『倫理学研究』)など。翻訳に『徳倫理学基本論文集』(共訳、勁草書房)など。

執筆者紹介

《編　者》

嶺重　慎(みねしげ・しん)
1957年生まれ。東京大学大学院理学系研究科博士課程修了。理学博士。専門は宇宙物理学。現在、京都大学大学院理学研究科教授。専門研究の傍らバリアフリー天文教育にも取り組む。著書に『新・天文学入門』(共編著、岩波ジュニア新書)など。

広瀬浩二郎(ひろせ・こうじろう)
1967年生まれ。京都大学大学院文学研究科博士課程修了。文学博士。専門は日本宗教史、触文化論。現在、国立民族学博物館准教授。ユニバーサル・ミュージアム(誰もが楽しめる博物館)の実践的研究に取り組む。著書に『目に見えない世界を歩く』(平凡社新書)など。

村田　淳(むらた・じゅん)
1981年生まれ。京都府立大学公共政策学研究科博士前期課程修了。専門は障害学生支援、福祉社会学。京都大学学生総合支援センター准教授(障害学生支援ルーム・チーフコーディネーター)。全国高等教育障害学生支援協議会理事ほか。

《執筆者(五十音順)》

磯部洋明(いそべ・ひろあき)
1977年生まれ。京都大学大学院理学研究科博士後期課程修了。専門は宇宙物理学。現在、京都市立芸術大学准教授。著書に『総説宇宙天気』(共著、京都大学学術出版会)、『宇宙倫理学』(共著、昭和堂)など。

岩隈美穂(いわくま・みほ)
1969年生まれ。オクラホマ大学大学院博士課程修了。博士(コミュニケーション学)。現在、京都大学大学院医学研究科准教授。著書に、*Struggle to belong*(Hampton press)、『超リハ学』(共著、文光堂)、『よくわかる障害学』(共著、ミネルヴァ書房)など。

江川達郎(えがわ・たつろう)
1983年生まれ。京都大学大学院人間・環境学研究科博士後期課程修了。博士(人間・環境学)。専門は健康運動学、分子健康科学、骨格筋生化学。現在、京都大学大学院人間・環境学研究科助教。京都障害者スポーツ指導者協議会理事。

カセム、ライラ
2016年東京藝術大学大学院美術研究科(デザイン専攻)博士後期課程修了。専門はグラフィックデザインと協働デザイン。現在、東京大学先端科学技術研究センター特任助教。主に障害福祉の現場でさまざまなデザインプロジェクトや企画を展開している。

川添信介(かわぞえ・しんすけ)
1955年生まれ。京都大学大学院文学研究科博士課程単位取得退学。専門は西洋中世哲学史。現在、京都大学理事・副学長。著作に『水とワイン』(京都大学学術出版会)、『トマス・アクィナスの心身問題』(知泉書館)など。

障害などの理由で、この本をお読みになれない方に本書のテキストデータをCD-Rにてお送りいたします。ご希望の方は、本書カバーのテキストデータ引換券(コピー不可)、180円分の切手を同封し、お送り先の郵便番号、ご住所、お名前を明記の上、以下の宛先までお申し込みください。

〒101-8002　東京都千代田区一ツ橋2-5-5
(株)岩波書店
『知のスイッチ』テキストデータ送付係

＊第三者への貸与、配信、ネット上での公開などは著作権法で禁止されています。
＊データはテキストのみで、イラストや写真などは含みません。
＊データの提供は、本書の刊行から5年以内といたします。

知のスイッチ　「障害」からはじまるリベラルアーツ

2019年2月21日　第1刷発行

編　者　嶺《みね》重《しげ》　慎《しん》　広《ひろ》瀬《せ》浩《こう》二《じ》郎《ろう》　村《むら》田《た》　淳《じゅん》

協　力　京都大学学生総合支援センター

発行者　岡本　厚

発行所　株式会社　岩波書店
〒101-8002 東京都千代田区一ツ橋2-5-5
電話案内 03-5210-4000
http://www.iwanami.co.jp/

印刷・理想社　カバー・精興社　製本・中永製本

ISBN 978-4-00-061317-0　Printed in Japan